我国物流产业碳中和经济协调发展研究

戴文娇　著

吉林科学技术出版社

图书在版编目（CIP）数据

我国物流产业碳中和经济协调发展研究 / 戴文娇著
. -- 长春 : 吉林科学技术出版社，2023.3
　　ISBN 978-7-5744-0338-3

　　Ⅰ. ①我… Ⅱ. ①戴… Ⅲ. ①物流 – 节能 – 协调发展
– 研究 – 中国 Ⅳ. ①F259.2

中国国家版本馆CIP数据核字(2023)第068439号

我国物流产业碳中和经济协调发展研究

著　　　　戴文娇
出 版 人　宛　霞
责任编辑　冯　越
封面设计　优盛文化
制　版　　优盛文化
幅面尺寸　185mm×260mm
开　本　　16
字　数　　230 千字
印　张　　12.5
印　数　　1–1500 册
版　次　　2023年3月第1版
印　次　　2024年1月第1次印刷

出　版　　吉林科学技术出版社
发　行　　吉林科学技术出版社
地　址　　长春市福祉大路5788号
邮　编　　130118
发行部电话/传真　　0431-81629529 81629530 81629531
　　　　　　　　　　81629532 81629533 81629534
储运部电话　0431-86059116
编辑部电话　0431-81629518
印　刷　　廊坊市印艺阁数字科技有限公司

书　号　　ISBN 978-7-5744-0338-3
定　价　　78.00元

面对全球气候变暖，以低能耗、低污染、低排放为基础的"低碳经济"逐渐成为了世人关注的热点。世界经济历经工业化、信息化之后，正在走向"低碳化"。早在2007年，我国政府就曾明确提出要大力发展"低碳经济"，建立以低能耗、低污染、低排放为基础的经济模式。物流和供应链的运作是当今空气污染和温室气体排放的主要来源，全球很多大型企业已将减少碳排放作为决策的一个重要参数。

根据荷兰环境评估机构公布的数据，2012年中国的CO_2排放量占全球排放量的29%，且在继续增加。埃森哲物流和运输业行业研究报告显示，物流和运输业每年产生的碳排放约为2 800 Mt，占人类所有活动产生的CO_2的5.5%，占整个产品生命周期排放量的5%～15%，未来经过努力，物流和运输业每年可以减少1 400 Mt的CO_2排放，其中60%的减排潜力来自本行业，剩下的40%可以通过整合上下游产业链来实现。研究表明，碳排放与雾霾同源，有协同减排效果。可见，碳减排问题已成为当今理论界和应用实践领域最迫切需要解决的课题。

低碳物流是低碳经济发展的重要组成部分，交通运输作为物流的重要环节，其合理化程度对提高物流运行效率、节能减排和提升区域竞争力具有重要意义。低碳物流的研究已得到学术界越来越广泛的关注，对物流全过程运作进行优化，建立高效的低碳物流系统势在必行。目前，对于低碳物流的研究，一方面集中在利用清洁能源与新技术在物理过程上控制碳排放；另一方面集中在对现有的物流系统进行调整或重构，改善物流的运作管理，以减少碳排放。本书对低碳物流的相关理论、低碳物流的实现路径等进行了研究，提出了低碳物流环境下选址—路径—配送联合优化方法，给出了碳限制下低碳物流与供应链优化建模方法、求解算法、仿真计算和灵敏度分析方法。本书既在理论与方法上有所创新，又给出了企业低碳物流的实现路径，因而具有较强的理论指导意义与应用参考价值。

目录 contents

第一章　绪论

第一节　研究背景与研究意义

一、研究背景

随着全球经济的高速发展，自然资源日益稀缺，生态环境不断恶化，环境污染持续加重，民众环保意识逐渐觉醒，环境问题已经引起人们的高度重视。发展循环经济，保护生态环境，走可持续发展的道路已经成为人类的必然选择。改革开放以来，我国经济高速发展，取得了举世瞩目的成就，自 2010 年以来我国已经超过日本，成为世界第二大经济体。但经济快速增长的背后是生态环境的持续恶化，环境保护问题难以回避。党的十八大报告着重强调要继续坚持环境保护的基本国策，大力推进生态文明建设。在编制"十三五"规划时，习近平总书记明确强调：要树立绿色、低碳发展理念，增强可持续发展能力，提高生态文明水平，建设资源节约型、环境友好型社会。由此可见，环境保护已经被提到了前所未有的高度。

从我国物流行业来看，物流行业起步虽晚，但发展迅猛，已逐渐成为我国国民经济的重要支柱产业之一。一方面，作为连接生产、消费的重要纽带，物流活动在经济活动中发挥着日益重要的作用，已经渗透人们日常生活的方方面面。但是从环保角度来看，物流行业化石燃料消耗大，二氧化碳等有害气体的排放量居高不下，货物包装中出现的资源浪费、环境污染现象也屡见不鲜，同时还存在物流仓储能耗大、物流配送效率较低等问题。因此，发展环保物流、低碳物流、绿色物流不仅是新的政策的要求，更是物流业实现可持续发展的内在选择。

另一方面，随着经济全球化的不断发展，国外物流企业不断涌入我国市场，国内市场中物流企业之间的竞争变得更加激烈，而且物流企业之间的竞争已经扩展到企业发展的方方面面，包括节约资源、降低能耗。换言之，这是一场物流企业综合竞争力的比拼，任何一个环节薄弱都会影响企业整体竞争力。但现有国内外学者关于物流企业竞争力的研究，对环境因素的影响还不够重视，阐述得不够深入。随着国内外环境管制强度不断提升，物流行业的竞争愈加激烈，环境因素对物流企业竞争力的影响会越来越大。在这样的竞争环境中，影响物流企业竞争力的因素有哪些，低碳经济时代物流企业的竞争力该如何评价，低碳经济时代我国物流业的碳排放情况如何，国内物流企业低碳化发展的路径有哪些，应该如何提升自身的竞争优势，都是当前研究亟待解决的重要问题，这些问题正是本书研究的出发点。

二、研究意义

从物流企业市场竞争角度来看，经过近 40 年的发展，我国物流企业无论是在数量上还是质量上都有了根本性的变化，但从整体来看仍存在很多不足。进入 21 世纪之后，我国物流业迎来了飞速发展的黄金时期，较低的行业门槛、开放的竞争环境和国外物流企业的积极涌入，使我国市场上物流企业之间的竞争更加激烈。国内物流企业为保持竞争力，往往以低价格换取快速发展，重推广而轻维护，重速度而轻服务，这导致一些快速崛起的物流企业面临发展瓶颈，甚至在激烈的市场竞争中逐渐被淘汰。从物流企业发展战略来看，一方面，在国内不断加强环境管制的情况下，物流企业作为能源消耗和碳排放大户，已经直接感受到了来自环境管制的压力；另一方面，随着民众环保意识逐渐觉醒，国内市场的绿色消费需求日益增多，这也为物流企业的绿色转型创造了一个发展机会。面对内外环境的变化，物流企业只有与时俱进，不断调整企业环境战略，切实加强环境技术创新，积极履行社会责任，才能增强竞争优势、不断提升市场竞争力。在此背景下，对物流企业的低碳化发展进行研究具有重要的理论和现实意义。

（一）理论层面

通过查阅文献资料可以发现，过往关于物流企业竞争力的研究，大部分都缺乏对环境管制作用的考虑。随着国家对环境问题的日益重视，政府环境管制力度的不断加强，环境管制对于物流企业竞争力的影响已经不能忽视。本书以环境管制理论和企业竞争力理论为指导，构建了基于环境因素的物流企业竞争力分析模型，分析了低碳时代背景下物流企业竞争力的影响因素，为分析环境管制对物流企业竞争力的影响机制提供了参考和借鉴。另外，对物流企业竞争力综合评价指标体系进行了研究，丰富完善了物流企业竞争力的评价指标体系，对物流企业竞争力评价体系进行了完善，可以为后续研究的进一步开展提供一定的理论参考。

（二）实证层面

首先，利用笔者构建的物流企业竞争力评价指标体系，可以将物流企业的竞争实力具体化、指标化、可量化，有助于对物流企业目前的竞争力水平做出较为客观的判断，同时有助于企业管理者对企业竞争力有更加科学和理性的认识，为物流企业竞争力的提升指明方向。其次，针对我国物流业的碳排放测算研究，不仅丰富了碳排放测算的实证研究成果，也为其他行业或其他地区的碳排放测算提供了经验。最后，针对低碳时代物流企业的低碳化发展方向问题，现有文献多是从宏观层面提供建议，缺乏相关的实证研究。本书通过研究环境技术创新和企业社会责任，为物流企业低碳化发展指明了具体的可操作路径。结合对上市物流企业的实证分析，本书详细论证了企业通过履行社会责任可以进一步提升其竞争力。这些创新性研究成果极大地增强了企业的社会责任感，拓宽了企业的发展视野，对促进企业实现经济效益和环境效益双赢具有重要的实际应用价值。

第二节 研究目的

在低碳时代的大背景下，环境因素对物流企业竞争力的影响更加明显，因此本书围绕低碳时代物流企业的发展问题开展相关研究，具体研究目的有以下 5 个。

第一，确定低碳时代物流企业的竞争力评价标准。在这一部分，本研究以物流企业竞争力为主要研究对象，通过对物流企业竞争力的影响因素进行分析，确定物流企业竞争力的评价标准，并将过去在物流企业竞争力研究中经常忽略的环境因素纳入物流企业竞争力的评价指标之中，构建了一个基于环境要素的物流企业竞争力分析模型。该模型从环境视角出发，从可持续发展的高度对物流企业竞争力影响因素进行研究。

第二，在节能减排呼声日趋高涨的背景下，分析我国物流业的碳排放现状以及呈现怎样的排放特征和规律。在这一部分，笔者对碳排放的测算方法进行了系统的梳理，结合物流业的特点，对我国的碳排放总量进行了定量计算，并采用 LMDI 模型（Logarithmic Mean Divisia Index，LMDI，即对数平均迪氏指数法）对我国物流业碳排放的影响因素进行了分析，从而找到影响我国物流业碳排放的主要因素及深层次的原因，为我国物流业的低碳化发展提供依据。

第三，在环境管制日益加强的背景下，研究物流企业低碳化发展的根本出路。环境技术创新是解决环境问题的根本途径，而且党的十八大报告明确提出，要充分发挥企业在环境技术创新中的主体作用。为此，本书针对物流企业的环境技术创新问题开展研究。在这一部分，笔者从我国物流企业环境技术创新的现状及存在的突出问题入手，并结合物流业的特点，着重对我国物流业环境技术创新的具体路径进行了深入剖析，包括考察物流运输、储存、包装、废弃等主要环节，为实现经济效益和生态效益双赢指明了方向。

第四，在环境意识普遍增强的今天，探索物流企业如何履行自身的社会责任。在环境管制不断加强的国际国内形势下，企业应当积极承担环境责任。本书详细探讨企业社会责任与企业竞争力之间的传导机制，并就企业对利益相关者的履责内容和履责程度与其竞争力之间的关联性进行了实证研究，从而为企业拓宽发展思路、积极培育良好的合作伙伴关系提供了理论指导。

第五，介绍物流业低碳化发展的国际经验。众所周知，美日欧的物流业低碳化发展不但起步早，而且成效好，因此总结发达国家的发展经验必然能为我国物流业的低碳化发展提供一些启示。为此，本书重点从发展历程、政策体系、发展经验等方面对发达国家物流业的低碳化发展之路进行深入剖析，以期为我国物流企业碳减排提供一些启示，最终实现经济效益与环境效益双赢。

第三节　研究方法与创新

一、研究方法

本书注重理论联系实际，坚持定性与定量相结合的基本原则，充分利用各学科的相关理论开展相关工作。概括起来，本书既有理论分析，也有实证研究，既有归纳总结等定性研究，也有评价测算等定量研究。在研究过程中综合运用环境经济学、计量经济学、竞争力经济学以及企业管理等多学科的理论知识。本书具体采用了如下几种研究方法。

（一）文献分析法

在研究前期，查阅国内外关于低碳经济和企业竞争力的研究文献，了解碳排放测算的基本思路和测算方法，准确把握该研究领域的研究进展和发展趋势，为本书的基础理论研究打下了基础，也为研究的开展指明了方向。

（二）专家访谈法

研究过程中开展了三次较大规模的专家访谈活动，分别是在开展的前期、中期和后期三个阶段开展。其中，在研究的前期阶段，通过与该研究领域专家访谈并向其咨询，进一步凝练本书的研究目标、找准切入点；在研究的中期阶段，召开一次小型的专家论证座谈会，旨在对本书的研究方法和研究手段以及前期研究结果进行诊断，以保证本研究的顺利进行和圆满完成；在研究的后期阶段，再次召集相关专家进行咨询，对研究成果进行讨论，为后续研究的开展奠定基础。此外，在研究的各个阶段，不定期与有关专家、政府主管部门领导和企业高层管理人士进行交流。这一方面是由本书的研究内容决定的，譬如开展企业环境技术创新活动的动因与障碍性因素研究时，就需要了解企业层面的原因，在开展企业社会责任研究时需要向政界、商界和学界的诸多专家咨询；另一方面，广泛听取社会各界人士的观点有利于创新研究思路，使研究更加客观有效，避免了研究中的主观臆断，有助于取得更为丰富的研究成果。

（三）定性分析和定量分析相结合

在物流企业竞争力评价指标确定的过程中，将定性指标和定量指标结合起来，增加了评价指标的可信度，减少了人为主观因素的干扰。在对物流企业的竞争力发展水平进行综合评价时，运用层次分析法和模糊综合评价法，使综合评价结果更加科学、合理和客观。

（四）理论研究和实证分析相结合

理论研究是实证研究的基础，实证研究是理论研究的发展，本书始终坚持将理论研究和实证研究紧密结合，具体体现在以下两个方面：其一，物流企业竞争力的评价模型建立之后，利用该综合评价模型，选取国内某物流企业，对该企业的竞争力发展水平进行了综合评价，并根据评价结果，对竞争力分析模型进行修正；其二，在研究企业社会责任时，对社会责任对企业竞争力的影响路径进行理论研究并进行实证检验。这种理论研究与实证研究相结合的研究思路不仅保证了理论分析的科学、合理，还为后面政策建议的提出提供了科学依据。

二、研究创新

本研究与以往研究相比，其创新之处体现在以下两方面。

其一，研究视角新颖。本书并没有像以往研究那样注重论证环境管制与物流企业竞争力之间的关联，而是从环境管制的外部压力出发，基于环境管制理论和企业竞争力理论，构建基于环境因素的企业竞争力一般分析框架，从而将企业竞争力理论推向了可持续发展的新高度，在研究视角上具有一定的创新性。

其二，研究内容新颖。物流业一直是我国的高能耗高污染行业，本书从企业环境技术创新和企业社会责任两方面对其低碳化路径进行分析，并以理论研究与实证研究相结合的研究方法对此进行了详细论证，为企业实现低碳化发展提供了发展方向，这在以往研究中并不多见。

第二章　低碳物流的理论、方法与应用

第一节　低碳与低碳化

一、"碳"世界

全球变暖是人类的行为造成的。"碳（Carbon）"，就是石油、煤炭、木材等由碳元素构成的自然资源。"碳"耗用得多，导致地球暖化的元凶"二氧化碳"就制造得多。随着人类的活动，全球变暖也在改变（影响）人们的生活方式，带来越来越多的问题。

工业革命以来，人们以煤炭和石油为能源，造成了高碳消耗和高碳排放，其后果是全球变暖和气候灾难。气候的变迁证实，"碳"的高排放需要支付极高的社会成本。面对环境不断恶化的现状，经济由"高碳"走向"低碳"成为别无选择的选择。"低碳化"成为引领新时代的时尚。

低碳技术涉及电力、交通、建筑、冶金、化工、石化等部门以及可再生能源及新能源开发利用、煤的清洁高效利用、油气资源和煤层气的勘探开发、二氧化碳捕获与埋存等。低碳化是不可逆转的潮流，当其成为与经济增长并不冲突的目标时，这一应对气候变化的方法，也就成为经济繁荣的机会。

二、低碳的内涵

"低碳"并不是一个人们耳熟能详的词语，人们常听到的与之意义相近的词是"节能减排"。企业永远是在追求利润，不可否认，成本投入是企业低碳发展无可回避的难点。低碳思维和观念能否在企业落地生根，归根结底还是取决于对成本的投入与产出。但是，大量的企业实践说明，大部分低碳技术和措施可以产生额外经济效益，能够提高企业盈利水平和企业竞争力。例如，莱芜钢铁集团有限公司通过技术创新和节能减排技术改造共获得83亿元经济收益，相当于其全年销售收入的10%。

世界气候组织对84家企业、36个城市、17家地方政府（这些样本的排放总量占全球排放总量的 8%）进行了统计，发现采用低碳技术、发展低碳经济后，这些样本企业和地区平均减排超过 14%，同时经营业绩都有不同程度的增长，没有一例因为发展低碳经济而阻碍业绩增长的。这也跟麦肯锡公司对成熟的低碳技术的研究结论一致：在已经发布的 200 多种低碳技术中，有超过三分之一的技术是"负成本"的，采用这些技术的收益大于投入。

低碳对于企业来说，确实可以促进能耗的减少、成本的降低。但是，低碳的价值不仅仅局限于能源、资源的使用效率方面，其提高产能所获得的经济收益往往要远大于减少能耗所带来的成本节约。从长远来说，低碳化是未来的发展趋势，其核心就是制度创新和技术创新，关键点是低碳思维的培养。只有这样，其进行的技术改进，采取的管理举措，才符合低碳经济发展的要求。

而且，低碳技术有全球应用价值。气候变化是全球性问题，这意味着一项有效的低碳技术可以在世界各国推广应用，新技术在广泛应用的过程中将获得较高盈利。

三、低碳化——第四次浪潮

"后京都时代"，气候变化和生态环境问题将上升为经济外交的焦点问题，低碳、减排、绿色、环保将成就世界新的话语权。美国奥巴马政府一改往届政府不参加京都协定的消极态度，选择经济低碳化作为化"危"为"机"和实现经济转型升级的主要政策手段，积极推动国会对气候问题进行立法。2009 年 6 月 26 日，美国众议院最终以 219 票对 212 票通过《清洁能源安全法案》，这标志着美国在气候变化问题上的立场已出现根本转变，同时也意味着美国已经着手进行"后京都时代"的国际竞争战略布局。世界经济发展历经工业化、信息化之后，正在走向"低碳化"。

全球低碳化掀起的第四次浪潮正在加速来临。在人类发展进程中，世界文明先后经历了三次浪潮，每次浪潮都有不同的内涵和特点。第一次浪潮是农业化，促使人类农耕文明的兴起，带来农业的辉煌发展；第二次浪潮是工业化，由农业文明向工业文明转变，带来工业的飞速发展；第三次浪潮是信息化，引领信息化改革，全球进入知识经济时代。继农业化、工业化、信息化浪潮之后，世界将迎来第四次浪潮，即低碳化浪潮。走向低碳化时代是大势所趋。一直以来，人类对碳基能源的依赖，导致 CO_2 排放过度，带来温室效应，对全球环境、经济，乃至人类社会都产生了很大影响，严重威胁人类生存，这比经济危机更为可怕。解决全球气候和环境问题，低碳化是一条根本途径，也是人类发展的必由之路。

低碳化是一项系统工程，必须从经济和社会的整体出发，努力构建低碳化发展新体系。重点应在以下 7 个方面实现"低碳化"。

（一）能源低碳化

能源低碳化就是要开发利用对环境、气候影响较小的低碳替代能源。低碳能源主要有两大类：一类是清洁能源，如核电、天然气等；一类是可再生能源，如风能、太阳能和生物质能等。核能作为新型能源，具有高效、无污染等特点，是一种清洁优质的能源。天然气是低碳能源，燃烧后无废渣、废水产生，具有使用安全、热值高和洁净等优势。可再生能源是可以永续利用的能源资源，对环境造成的污染程度和温室气体排放量远低于化石能源，甚至可以实现零排放，如利用风能和太阳能发电，完全没有碳排放。利用生物质能源中的秸秆燃料发电，农作物可以重新吸收排放的碳，具有"碳中和"效应。

开发利用可再生新能源是保护环境、应对气候变化的重要措施。中国可再生能源资源丰富，具有大规模开发的资源条件和技术潜力，要集中力量，大力发展风能、核能、太阳能和生物能等新能源，优化能源结构，推进能源低碳化。

（二）交通低碳化

面对不断恶化的气候和环境，交通运输领域必须转变发展方式，实现交通低碳化。

积极发展新能源汽车是交通低碳化的重要途径。目前新能源汽车主要包括混合动力汽车、纯电动汽车、氢能和燃料电池汽车、乙醇燃料汽车、生物柴油汽车、天然气汽车和二甲醚汽车等类型。努力发展电气轨道交通是交通低碳化的又一重要途径。电气轨道交通是以电气为动力，以轨道为走行线路的客运交通工具，已成为理想的低碳运输方式。城市电气轨道交通分为城市电气铁道、地下铁道、单轨、导向轨、轻轨和有轨电车等多种形式。

（三）建筑低碳化

目前，世界各国建筑能耗中排放的 CO_2 占全球排放总量的 30%～40%。中国作为建设大国，十分重视推广太阳能建筑和节能建筑，积极推进建筑低碳化进程。

太阳能建筑主要是利用太阳能代替常规能源，通过太阳能热水器和光伏阳光屋顶等，为建筑物和居民提供采暖、热水、空调、照明、通风和动力等一系列功能。太阳能建筑的设计思想是利用太阳能实现"零能耗"，建筑物所需的全部能源均来自太阳能，常规能源消耗为零。绿色设计理念对太阳能建筑来说尤为重要，建筑应该从设计开始就将太阳能系统作为建筑不可分割的一个组成部分进行考虑，将太阳能外露部件与建筑立面进行有机结合，实现太阳能外露部件与建筑的一体化。

建筑节能是在建筑设计、建造和使用过程中，通过可再生能源的利用、自然通风采光的设计、新型建筑保温材料的使用、智能控制等降低建筑能源消耗，合理、有效地利用能源的活动。建筑节能要在设计上引入低碳理念，选用隔热保温的建筑材料、合理设计通风和采光系统及选用节能型取暖和制冷系统等。

（四）农业低碳化

中国一直重视农业的基础地位，在实施农业低碳化的过程中主要强调植树造林、节水农业、有机农业等方面。

植树造林是农业低碳化最简易、最有效的途径。据测定，每亩（约为667 m²）茂密的森林，一般每天大约可吸收二氧化碳 67 kg，大约可放出氧气 49 kg，可供 65 人一天的需要。要大力植树造林，重视培育林地，特别是营造生物质能源林，在吸碳排污、改善生态的同时，创造更多的社会效益。

节水农业是提高用水有效性的农业，也是水、土、作物资源综合开发利用的系统工程，通过水资源时空调节、充分利用自然降水、高效利用灌溉水，以及提高植物自身水分利用效率等诸多措施，有效提高水资源利用率和生产效益。

有机农业以生态环境保护和安全农产品生产为主要目的，大幅度减少化肥和农药的使用量，减轻农业发展中的碳含量。通过用粪肥、堆肥或有机肥替代化肥，提高土壤有机质含量；采用秸秆还田增加土壤养分，改善土壤条件，提高土壤生产力；利用生物之间的相生相克关系防治病虫害，减少农药，特别是高残留农药的使用量。有机农业是低碳农业的主要形式之一，也是新型农业的发展方向。

（五）工业低碳化

工业低碳化是建立低碳化发展体系的核心内容，是全社会循环经济发展的重点。工业低碳化主要是发展节能工业、重视绿色制造、鼓励循环经济。

节能工业包括工业结构节能、工业管理节能和工业技术节能三个方向。工业结构节能，即通过调整产业结构，促使工业结构朝着节能降碳的方向发展。工业管理节能，即通过加强管理，提高能源利用效率，减少污染排放。工业技术节能，即主攻技术节能，研发节能材料，改造和淘汰落后产能，快速有效地实现工业节能减排目标。

绿色制造是综合考虑环境影响和资源效益的现代化制造模式，其目标是使产品在设计、制造、包装、运输和使用、报废处理的整个产品生命周期中对环境的影响最小，资源利用率最高，从而使企业经济效益和社会效益同时提高。

工业低碳化必须发展循环经济。发展循环经济，一是要在生产过程中使物质和能量在各个生产企业和环节之间进行循环、多级利用，减少资源浪费，做到污染"零排放"；二是要进行"废料"的再利用，充分利用每一个生产环节的废料，把它作为下一个生产环节的或另一部门的原料，以实现物质的循环使用和再利用；三是要使产品与服务非物质化。产品与服务的非物质化是指用同样的物质或更少的物质获得更多的产品与服务，提高资源的利用率。

（六）消费低碳化

低碳化是一种全新的经济发展模式，同时也是一种新型的生活消费方式。消费低碳化要从绿色消费、绿色包装和回收再利用3个方面进行消费引导。

绿色消费也称可持续消费，是一种以适度节制消费、避免或减少对环境的破坏、崇尚自然和保护生态等为特征的新型消费行为和过程。要通过绿色消费引导，使消费者形成良好的消费习惯，接受消费低碳化，支持循环消费，倡导节约消费，实现消费方式的转型与可持续发展。

绿色包装是能够循环再生再利用或者能够在自然环境中降解的适度的包装，它要求包装材料和包装产品在整个生产和使用的过程中不会对人类和环境产生危害。绿色包装主要有以下特点：①适度包装，在不影响性能的情况下使用最少的材料来包装；②易于回收和再循环；③包装废弃物的处理不对环境和人类造成危害。

消费环节必须注重回收利用。在消费过程中应当选用可回收、可再利用、对环境友好的产品，包括可降解塑料、再生纸以及采用可循环使用零部件的机器等。对消费使用过的可回收利用的产品，如汽车、家用电器等，要修旧利废、重复使用和再生利用。

第二节 低碳经济下的低碳物流

一、低碳经济

低碳经济是以污染小、排放少、能耗低为基础的经济发展模式，将减少以二氧化碳为主的温室气体（Greenhouse Gas，GHG）的排放为最终目标。其中经济发展体系包含开发低碳技术、使用低碳能源和建立低碳产业体系。低碳技术指清洁能源的开发技术、二氧化碳捕获和存储技术等。低碳能源有风能、水能、生物质能、太阳能、地热能和潮汐能等，这些能源在使用的时候都很少或近乎不排放二氧化碳。

21世纪，改变传统经济增长方式，通过机制创新与技术创新，结合低碳经济模式与低碳生活方式，实现社会可持续发展，是发展生态文明的一项重要课题。

（一）低碳经济的内涵与目标

1. 低碳经济的内涵

2003年，英国发布了能源白皮书《我们能源的未来：创建低碳经济》，首次提出了"低碳经济（Low-carbon Economy）"一词，这是世界上关于减少碳排放的丰碑式进展。报告指出，低碳经济是指更多效益的获得将产生轻度以至于零污染及耗费最少的自然资源；发展低碳经济是促进先进技术的创新，保证人们的生存质量和提高生活水平的途径，同时也能为全球经济注入新的活力，带来新的商机，增加就业机会，从而促进社会经济的发展。

低碳经济走的是效率高、能耗低、排放少、污染小的经济发展路线，是从生产、流通到消费和废物回收都实现低碳化发展的一种发展模式。低碳经济体现了可持续发展观念，其通过创新制度和技术、寻找清洁能源、推动高碳产业转型等各种方法实现，通过改变人类的能源消费习惯，减少二氧化碳等气体的排放，在发展经济的同时减少对环境的破坏，达到经济效益、环境效益双赢的目的。据专家估计，发展低碳经济具有良好的前景，每年可以让全球增加 25 000 亿美元的经济效益。

2. 低碳经济的目标

低碳经济包含以下 5 个方面的目标。

（1）经济目标。低碳经济是一种经济模式，其目标包含经济目标。走低碳经济发展道路同样应该遵守市场经济的原则和规律，强调以尽可能少的成本获得最高的经济收益。只不过，低碳经济是在保护环境、节约资源的前提下发展的，其与之前的发展模式相比，最明显的特点是达到经济发展与环境保护的双赢。

（2）环境目标。低碳经济要求将经济发展和节能减排两者相结合，缺一不可。吸取以前以破坏环境为代价发展经济的教训，以经济高质量发展为前提，解决全球气候变暖问题，要做到不牺牲环境、不牺牲长远利益。

（3）技术创新目标。由于低碳化发展很大程度上是通过石化燃料的使用减少达到的，而在国民经济中石油、煤炭等的使用占据很重要的位置。这就需要从产生到排放两方面控制二氧化碳的排放，因此需要改进技术、增加能效，来提高能源的利用率，并且研究二氧化碳减排技术。或者改变能源结构，加大新型无污染能源的使用，如太阳能等，降低对化石燃料的依赖度。因此，技术的创新和应用也是低碳经济的目标。

（4）战略目标。气候变化会给人类的生活和生存发展带来深远的影响。低碳经济的发展要求人们改变能源消费习惯和生活习惯，重视可持续发展，为子孙的永续发展提供一个良好的环境，为他们负责，同时为人类的发展负责。这就要求人们必须站在一定的战略高度进行决策，不能只追求眼前利益，只追求经济利益。

（5）全球性目标。不像土壤污染等具有区域性，任何一个区域气候的变化都会影响全球气候，影响到全人类共同的利益，影响到每一个人的未来，因此发展低碳经济、减少碳排放需要全人类的积极合作，每一个国家、每一个地区、每一个人都有相同的义务和责任。

（二）低碳经济的理论体系

1. 生态经济

生态经济学是研究生态系统和经济系统的复合系统的结构、功能及其运动规律的学科，即生态经济系统的结构及其矛盾运动发展规律的学科，是生态学和经济学相结合而形成的一门边缘学科。

2. 循环经济

循环经济，它按照自然生态系统物质循环和能量流动规律重构经济系统，使经济系统和谐地纳入自然生态系统的物质循环的过程，建立起一种新形态的经济。循环经济本质上是一种生态经济，其运用生态学规律来指导人类社会的经济活动。

3. 绿色经济

绿色经济的概念在英国经济学家皮尔斯出版的《绿色经济蓝皮书》中首次提出。绿色经济是以维护人类生存环境、合理保护资源与能源、有益于人体健康为特征的经济，是一种平衡式经济。

4. 生态经济、循环经济、绿色经济与低碳经济的关系

从本质上来讲，循环经济、绿色经济、生态经济、低碳经济都是由"三高一低"向"三低一高"转换的模式，即由资源高投入、高消耗、高排放、低效率转向资源低投入、低消耗、低排放、高效率。这四种形式经济都是20世纪后半期产生的新的经济思想。生态经济的主要理念是经济活动要顺应生态规律，经济系统服从生态系统。循环经济是从循环发展的角度实现经济活动的生态化。绿色经济侧重的是资源节约利用，追求绿色GDP。低碳经济是在大气中二氧化碳浓度升高造成全球气候变暖，对人类生存产生很大威胁的情况下提出的，强调经济发展不能以二氧化碳排放量增加为代价，追求经济发展与碳排放相对脱钩。从本质上来说，低碳经济属于生态经济范畴。低碳经济的提法与其他几种经济的提法相比，更能体现出目前经济发展过程中的主要矛盾和追求的目标，即从高碳经济向低碳经济转变。从辩证哲学角度看，低碳经济体现出抓住主要矛盾解决主要问题的思想。这些经济思想是人类面对资源危机、环境污染、生态破坏日益严重等问题自我反省与寻求解决方法的结果，是对人类和自然关系的重新认识和总结。这些经济思想虽然有不同的内涵和外延，但它们之间不是排斥的关系，而是相互补充的关系，低碳经济在构建其理论体系可以借鉴有关理论。

（三）低碳经济对物流业的影响

如今，减少碳排放已成为物流业迫切需要解决的重要课题，"低碳经济"将对物流业产生实质性的影响，并且影响物流业的运营模式和发展方向。

物流行业本身就是一个高排放、高消耗的行业，"低碳物流""绿色物流"在物流领域仍然一直以口号的形式存在，很难得到落实，物流业发展现状与低碳经济需求仍然存在一定的差距，主要表现在以下4个方面。

1. 铁路运力不足，公路远距离长途运输现象严重

在运输方式中，公路运输和航空运输耗油量大，而铁路是耗油量最少的运输方式。测算表明，在等量运输下，铁路运输、公路运输和航空运输的能耗比为1.9∶3∶18.6。原交通部公布的数据显示，2013年全社会货运量总量为403.37亿t，其中公路货运量为209.69亿t、货物周转量164 516.22亿t·km，而铁路运输和水路运输的货运量和货物周转量分别为39.61亿t、29 031.61亿t·km和55.98亿t、79 435.65亿t·km。铁路运力的

不足导致出现大量公路的远距离长途运输。

2. 管理体制割裂造成资源浪费

受传统条块分割管理体制影响，我国实行的是分部门物流管理体制，这种管理体制使得部门之间权利和责任存在交叉和重复，难以有效合作和协调，使得货源信息和车辆信息不能有效整合，不能按照科学、合理的运输路线规划方法安排车辆运行和配载，这是车辆空载现象严重的重要原因。这些给运输企业造成了严重的经济损失和浪费，同时也增加了社会的碳排放量。

3. 技术及仓储设施建设落后，物流信息化水平偏低

例如，条码技术、RFID 射频识别技术、MRP 和 ERP 等物流管理软件在物流领域中应用水平较低。首先，信息化水平偏低严重制约了物流系统的效率提升和规模化运作。其次，低水平的运输供给能力普遍过剩、高层次的运输供给能力相对不足，货运车辆以中型普通货车为主，高效低耗的重型货车、厢式车和集装箱挂车比重低。

目前，我国仓储设施建设在保温及照明方面尚无节能标准，在仓储设施的使用过程中，也存在着诸多浪费现象，特别是能耗较大的土建冷库。

物流业作为服务业，流转环节的收费、公共设施的落后等都严重地制约了其本身的发展，所以物流业要实现低碳物流不单需要产业自身的发展，更需要外在条件的支持。我国的低碳物流的发展还处于初级阶段，既需要配套政策支持，也需要产业环境不断完善，更需要相关产业的协同发展。

（四）物流与低碳经济的关系

物流之所以在低碳经济中有着特殊的地位，一方面是因为物流本身是能源消耗的大户，也是碳排放的大户；另一方面是因为发展物流是实现低碳经济的重要措施，先进的物流方式可以支持低碳经济下的生产方式和生活方式，低碳经济需要现代物流的支持。这主要表现在以下方面。

1. 交通工具的污染

物流业离不开交通工具的使用、能源的消耗。交通的便利以及能源的消耗提高了全社会的物流效率，但也造成了较为严重的环境污染，如大气污染、水污染、噪声污染等。有数据显示 2005 年全世界的能源消耗中，交通运输的能源消耗占 26%，可以说物流业是能源消耗的大户。物流业在消耗能源的同时排放了大量二氧化碳，所以治理物流业成为发展低碳经济的必经之路。

2. 废旧物的污染

排放到环境中的一些废旧物有毒，如酸液、油类、放射性物质等，企业过分关注废旧物的回收成本，于是造成环境的恶化、社会公共利益的损失。

3. 进行物流变革创新是实现低碳经济的重要措施

通过对物流业进行变革创新达到节能减排的目标，不但有利于社会发展，而且是物流业发展的趋势和要求。由此可以看出，低碳经济下的生产生活方式需要先进的物流方式来支持。

而现代物流业如何体现低碳经济的要求，目前也缺乏基础、系统的研究。关于我国物流领域的碳排放情况目前还缺乏基础的统计数据，只能根据能耗的数据来估算。根据国家统计局数据进行推算，我国交通、仓储、邮政的能源消耗约占全国能源消费总量的10%，并且近年来其能耗增长速度要快于全国平均速度。

此外，从国际发展规律来看，物流规模的发展与能耗的增加并不总是呈正比关系，到一定时期以后能耗的增长必然会快于物流规模的增长。我国现阶段正处于经济快速发展的阶段，因此必须走科学发展的道路，发展低碳经济可以说是贯彻落实科学发展观的必然选择。

二、低碳物流

（一）低碳物流的内涵

"低碳"概念主要由三个核心术语组成：低碳经济、碳生产率和碳关税。低碳物流是其派生出来的子概念。低碳物流（Low-Carbon Logistics）是以低碳经济和绿色物流理论为基础，将"可持续发展"和"碳减排"的理念融入运输、储存、包装、装卸搬运、流通加工、配送和信息处理等物流活动，采用先进的物流技术和管理手段，以使资源利用效率最高、对环境影响最小和系统效益的最优化，即低碳物流是指减少碳排放的物流活动，包括低碳制造、低碳包装、低碳仓储、低碳装卸搬运、低碳流通加工及低碳废弃物回收等。有许多因素影响着低碳物流，如存货清单、库存和货物运输。低碳物流系统的结构如图 2-1 所示。

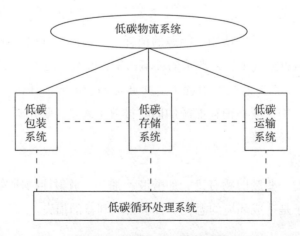

图 2-1　低碳物流系统的结构

低碳物流的兴起，归功于低碳革命和哥本哈根世界气候大会对低碳环保的官方倡导。随着气候问题日益严重，全球化的"低碳革命"正在兴起，人类也将因此进入低碳新纪元，即以"低能耗、低污染、低排放"为基础的全新时代。而物流作为高端服务业，其发展也必须走低碳化道路，着力发展绿色物流服务、低碳物流和智能物流。

（二）低碳物流的特征

1. 系统性

系统是指为了实现一定目标而由相互作用和相互影响的若干要素组成的有机整体。低碳物流系统是以低能耗、低污染和低排放为目标，由低碳运输、低碳仓储和低碳包装等功能要素所组成的系统。从系统观点来看，只有物流系统的每个功能环节都实现了低碳，整体实现了资源最充分的利用，才符合低碳物流的要求。低碳物流系统是物流系统的一个子系统，同时其本身也是由多个子系统，如低碳运输子系统、低碳仓储子系统和低碳包装子系统等构成的。这些子系统之间存在物流系统固有的效益背反现象，彼此之间相互影响。另外，因为低碳物流具有系统性，所以低碳物流系统也受到外部环境的影响，外部环境对低碳物流的发展将起到约束作用或推动作用。

2. 双向性

低碳物流具有双向性是指低碳物流包括正向物流与逆向物流两个方向。正向物流低碳化是指通过"生产—流通—消费"的路径满足消费者需求的物的流向过程中所有活动的低碳化；逆向物流低碳化是指为合理处理正向物流过程中产生的各类衍生物而产生的物流活动的低碳化，主要包括回收、分拣、净化、提纯、商业或维修退回和包装等再加工、再利用和废弃物处理等环节的低碳化。早期人们主要关注正向物流的节能减排和资源的有效利用，而忽视了逆向物流的节能减排和资源有效利用，而因为低碳物流具有双向性，所以必须从正向物流和逆向物流两个方面实现物流低碳化。

3. 多目标性

低碳物流为了实现可持续发展的最终目标，强调经济利益、消费者利益、社会利益和生态环境利益的统一。低碳物流作为社会经济活动中的一种，追求经济利益是其根本，但从可持续发展的观点来看，还应注重消费者利益、社会利益和生态环境利益。从系统观点看，这四个目标往往是相互制约、相互冲突的。低碳物流需要在这些目标之间进行平衡，其中生态环境利益是其他目标实现的保证，也是低碳物流得以实现的关键。

4. 标准性

低碳物流的节能减排在不同的功能环节具体的要求是不一样的。低碳物流要求在不同的物流功能环节制定相应标准，进行统一协调，提高低碳物流系统管理水平。另外，对低碳物流所使用的能效技术、可再生能源技术和节能减排技术也制定了统一的国家层面的标准。现在我国主要城市和大部分行业都在研究碳排放限值、审核、评估及验证领域的标准体系建设。低碳物流标准化是低碳物流发展的基础。低碳物流标准化对降低物流成本、提高物流资源利用率、节能减排具有重大的决定性作用。

（三）低碳物流的主要功能环节

1. 低碳运输

在整个运输过程中交通运输工具能源消耗很大，会排放大量的有害气体，产生噪声污染等，对环境造成很大的影响。运输低碳化主要体现在3个方面：一是运输工具所使用的能源低碳化；二是运输工具的能效技术创新；三是运输合理化。运输工具使用的能源低碳化主要是指尽量选择清洁燃料，进行新能源开发，多使用可再生能源，减少煤炭、石油等高碳能源使用。运输工具的能效技术创新是指通过对技术的研发与创新，促进资源的充分利用，以降低能源消耗与碳排放。运输合理化的宗旨是从整体上减少运输活动和缩短运输路线，通过减少运输工具的使用时间，降低运输对环境的危害。低碳运输主要强调物流网点和运输线路的合理布局和规划，尽量缩短运输路线，使用清洁燃料，选择可再生能源作为动力，选择低污染车辆，选择合理的运输方式，提倡共同配送，有效降低物流运输环节对资源的消耗和对环境的污染。

2. 低碳仓储

仓储在物流系统中起着缓冲、调节和平衡的作用，是物流的一个中心环节。低碳仓储要求仓库布局要科学，选址要合理，以节约运输成本。布局过于密集，会增加运输的次数，从而增加资源消耗；布局过于松散，则会降低运输的效率，增加空载率，从而会增加碳排放量。另外，在仓储设施与设备选择上，尽量选择电动力设备，减少仓储设备的能源消耗与碳排放。

3. 低碳流通加工

流通加工是指为了满足消费者个性化的需求，在流通领域中对流通中的商品进行生产性加工，如分割、计量、分拣、刷标志、拴标签和组装等。流通加工的低碳化主要包括以下几方面：①加工过程低碳化，包括加工工艺流程的优化和加工设备的选择等，减少加工过程中的能源消耗和资源的浪费；②使流通加工规模化，变分散加工为专业集中加工，减少加工场所，提高资源利用效率，以减少流通加工对环境的污染；③集中处理商品加工过程中产生的边角废料等，合理回收利用，减少废弃物污染。

4. 低碳装卸搬运

装卸是跨越运输和物流设施而进行的，发生在输送、储存、包装前后的物品取放活动。实施低碳装卸首先要求企业在装卸过程中进行正确装卸，避免货物的损坏，从而避免资源浪费以及废弃物造成环境污染；其次要求企业提高装卸效率，避免延长运输工具的等待时间而产生资源浪费与环境污染；最后要求企业消除无效搬运，提高搬运的活性，合理利用现代化机械，保持物流的均衡顺畅。

5. 低碳包装

低碳包装是指采用节约资源、保护环境的包装，主要指提高包装材料回收利用率，有效控制资源消耗，避免环境污染。低碳包装可进一步分为包装材料的低碳化、包装方式的低碳化和包装作业过程的低碳化3个方面。包装低碳化要求企业坚持"减量化""重复使用""再循环"和"可降解"的原则，尽量采用简化的、用可降解材料制成的包装，包装应该进行标准化处理，形成可重复使用的单元式包装，并且包装材料要求能回收再利用。

第三节　低碳物流运作理论与方法

物流行业近十年来呈现飞速发展的状态，其促进了全球经济一体化发展，为全球经济的发展做出了不可磨灭的贡献；但同时，物流行业是碳排放的大户，随着温室效应的加剧，低碳物流将是未来物流发展的必然趋势。

一、低碳物流运作模式

（一）物流活动的减量化模式

物流活动对环境造成污染主要是因为物质的不适当流动，且流动的量达到一定规模，超过了环境的负载能力，如汽车排放的尾气对自然生态的破坏。而低碳物流主要宗旨是减少物流活动对环境的污染。低碳物流活动的减量化模式是指减少物流活动中资源的投入，提高资源利用率，从而降低物流运营成本，从源头上对物流活动造成的环境污染进行控制。减量化模式要求运输中减少运输车辆的运行，提高运输效率和配送效率，减少运输的频次，缩短运输的距离，如仓库选址合理，布局科学，从而降少运输的次数，缩短移动的距离；流通加工中实施集中加工作业，减少加工场所、加工环节和加工次数；装卸搬运减少无效搬运，减少装卸搬运次数；包装实现简单化，减少资源的浪费。通过采用物流活动的减量化模式来降低物流对环境的直接污染。物流活动进行减量化的方式主要有以下几种。

1. 减少物流资源的投入——低碳采购

从企业物流的角度来看，物流活动的起点为材料采购。材料采购既包括生产环节所需原材料的采购以及办公用品等易耗品的采购等，又包括物流活动中投入的物流资源的采购。建立低碳物流采购评价体系，促使供应链上游供应商进行低碳采购、低碳包装、低碳生产。

2. 物流活动的减量——产业集群

物流活动，比如运输，本身就会消耗大量能源并且直接造成环境污染。减少物流活动的量，能够降低资源消耗，减少污染。减少物流活动的量同时还需要保证物流服务质量，一种可选的方式就是打造产业集群。从宏观上，从整个社会可持续发展的角度来看，就是在政府宏观指导下，以企业为主体进行产业结构调整、物流系统规划。打造产业集群，减少物流活动。通过产业集群将相关行业集中到一个区域，同时也便于实施共同配送，从而减少运输配送的活动。

3. 物流成本的减少——低碳物流运作

按照低碳经济与循环经济的基本思路，物流成本的减少主要通过以下3个环节来实现。

（1）在运输环节，采取优化运输方式、优化运输路线的方式，减少浪费、节约资源，积极推行共同配送，最大限度地提高人员、物资、资金和时间等资源的利用效率，减少车辆空载和迂回运输现象，取得最大的经济效益。充分利用第三方物流，简化配送环节，避免出现效率低、重复配送问题。

（2）在仓储环节，降低库存。高库存带来的不仅是资金成本，还包括存储带来的过期变质、破损、装卸搬运等仓储成本以及仓库本身对电能、建设钢材等的消耗，因此采取先进的管理思想和管理方法来降低库存，或不设仓库，采取零库存生产方式。

（3）在包装环节，提倡低碳包装。按照循环经济的理念，物流包装要使用低碳包装，采用可降解的包装材料，设计简易包装，减少一次性包装，提高包装废弃物的回收利用率，加强低碳包装宣传等。要加强包装作业过程的低碳化，由分散加工转变为专业集中加工，以规模作业方式提高资源利用率，减少环境污染，集中处理流通加工中产生的边角废料，减少废弃物污染。

（二）物流活动的循环化模式

循环经济理论认为，经济发展需要遵循减量化原则、再利用原则、资源化原则三个基本原则，发展循环经济应该在企业、区域和社会三个层面进行。在企业层面上，实现污染物排放的最少化；在区域层面上，形成企业间的工业代谢和共生关系，建立工业生态园区；在社会层面上通过废旧物品的再生利用，实现消费过程中和消费后物质和能量的循环。物流活动的循环原则是最大限度地利用物流设施与设备，实现低碳物流的正向物流与逆向物流集成的"闭合式"良性循环。传统物流的观点主要是以正向物流为研究中心，不注重逆向物流，在使正向物流成本降低的同时有可能会产生更多的废弃物以及回收物，从而增加逆向物流的成本。物流活动的循环化模式是指从供应链全局出发，在建立正向物流的同时也需发展回收再利用废旧物资的逆向物流，从而形成"原材料采集—生产—消费—回收—再生产"的闭环循环物流模式。在这个模式下，要求原材料可以循环再利用、可再生能源可以循环利用、包装物可以降解再循环利用、废旧物品可以回收再利用、生产与生活垃圾可以收集再利用等。物流活动的循环化模式可以提高低碳物流中的资源利用效率，降低成本，实现节能减排。

物流活动循环化的方式主要有以下几种。

1. 正向物流系统与逆向物流系统的集成——循环物流系统

从企业物流角度来看，物流主要由供应物流、生产物流、销售物流和回收物流组成的闭环系统。其中，供应物流、生产物流与销售物流属于正向物流系统，回收物流属于逆向物流系统。传统的企业物流模式一般是从原料采购环节开始，终止于消费环节。循环物流系统要求企业物流管理延伸到废弃产品的回收领域，将企业的正向物流系统与逆向物流系统进行集成，形成良性的闭合循环物流系统。从供应链角度来看，供应链是围绕核心企业，从采购原材料开始，制成中间产品以及最终产品，最后由销售网络把产品送到消费者手中的将供应商、制造商、分销商、零售商和最终用户连成一个整体的功能网链结构。物流循环化要求对供应链上的所有企业各个环节的物流活动过程中的信息流、物流和资金流进行控制，将制造商、生产商、零售商以及包装回收商与产品回收商联系起来，形成正向供应链与逆向供应链的良性闭合循环物流系统。从社会角度来看，物流循环化模式不仅应包括社会经济系统内部的物流活动，还应包括社会经济系统与自然环境系统之间的物流活动。基于低碳经济的社会物流模式的总体目标是以低能耗、低污染、低排放为主的可持续发展，要求保证在一定时间内，使得自然环境输入的资源最小化，同时社会经济系统向自然环境系统输出的各种废弃物也达到最小化。物流循环化模式要求社会经济系统与自然环境系统形成良性的闭合循环物流系统。

2. 物流活动与自然环境和谐发展——生态工业园区

生态工业园区是依据循环经济理论、生态学原理以及清洁生产原理设计的一种新型工业组织形态，是一个包括自然环境、工业企业组织、社会组织的地域综合体，是生态工业的聚集场所。生态工业园区通过园区成员之间的产品、副产品和废弃物的交换，能量和水的梯级利用，基础设施的共建共享，实现园区在经济、社会形态和环境效益方面的协调发展。生态工业园区要求物流活动在与生态环境发生能量、信息和物质的交换时最大限度地追求"减量化、再利用、资源化"。而低碳物流循环化的模式要求摒弃从线性经济模式基础上发展传统物流模式，而选择从循环经济模式基础上发展而来的生态化物流，促使物流活动的各个环节都能与自然环境共生，维护生态平衡、实现自然环境与人类社会的和谐、持续发展。

二、基于博弈论的低碳物流运作

博弈论（Game Theory）考虑游戏中的个体的预测行为和实际行为，并研究它们的优化策略。其基本概念包括局中人、行动、信息、策略、收益、均衡和结果等，其中局中人、策略和收益是最基本的要素，局中人、行动和结果被统称为博弈规则。

（一）基本元素描述

1. 决策者（Decision Maker）

在博弈中率先作出决策的一方，这一方往往依据自身的感受、经验和表面状态优先采取一种有方向性的行动。在低碳物流运作中，决策者指的是参与企业。

2. 对抗者（The Fighter）

在博弈二人对局中行动滞后的一方，与决策者要作出基本相反的决定，其动作是滞后的、默认的和被动的，但最终是占优的。这一方的策略可能依赖于决策者劣势的策略选择，占去空间特性，因此对抗是唯一占优的方式，为领导人的阶段性终结行为。在低碳物流运作中，对抗者指的是政府。

3. 局中人（Players）

在一场竞赛或博弈中，每一个有决策权的参与者均可成为一个局中人。有两个局中人的博弈现象称为"两人博弈"，而多于两个局中人的博弈现象称为"多人博弈"。在低碳物流运作中，局中人指的是供应链中的其他企业。

4. 策略（Strategies）

一局博弈中，每个局中人都有选择实际可行的完整的行动方案，即方案不是某阶段的行动方案，而是指导整个行动的一个方案，一个局中人的一个可行的自始至终全局筹划的行动方案，称为这个局中人的一个策略。如果在一局博弈中局中人都总共有有限个策略，则称为"有限博弈"，否则称为"无限博弈"。在低碳物流运作中，策略指的是生产策略、库存策略等。

5. 次序（Orders）

各博弈方的决策有先后之分，且一个博弈方要进行不止一次的决策选择，于是就有了次序问题；其他要素相同，次序不同，博弈就不同。在考虑动态供应链时应注意次序。

6. 均衡（Equilibrium）

在经济学中，均衡意即相关量处于稳定值。在供求关系中，某一商品市场如果在某一价格下，拟以此价格买此商品的人均能买到，而拟卖的人均能卖出，此时可以说，该商品的供求达到了均衡。纳什均衡是一个稳定的博弈结果。在物流运作中，均衡指在整条供应链可持续发展的情况下实现经济、环境和社会效益的最大化。

（二）博弈方式

博弈可分为合作博弈与非合作博弈、静态博弈与动态博弈、完全信息博弈与不完全信息博弈 3 种类型。

1. 合作博弈与非合作博弈

就博弈的性质而言，可分为合作博弈（Cooperative Game）与非合作博弈（Non-Cooperative Game）。这两者的区别在于相互发生作用的局中人之间是否存在一个具有约束力的协议，如果存在，就是合作博弈（研究人们达成合作时如何分配合作得到的收益，即收益分配问题）。反之，就是非合作博弈（研究人们在利益相互影响的局势中如何决策使自己的收益最大，即策略选择问题）。在低碳物流中既有合作博弈又有非合作博弈。

合作博弈主要体现在碳交易、碳中和，而非合作博弈主要在碳交易、碳限额、碳投资、碳中和以及碳税（碳惩罚）等中得以体现。

碳交易、碳投资以及碳中和可以促进物流与供应链参与者进行合作，以实现各自利益的最大化；通过碳交易和碳投资可以激励参与者；通过碳限额、碳中和以及碳税可以对参与者进行强制性或道德上的约束。

2. 静态博弈与动态博弈

从行为的时间序列性方面，博弈可分为静态博弈（Static Game）与动态博弈（Dynamic Game）。静态博弈是指在博弈中，参与人同时选择或虽非同时选择但后行动者并不知道先行动者采取了什么具体行动，如多目标规划等。动态博弈是指参与者的动作顺序，并可以观察到的动作，后者早一点选择，并相应地作出适当的选择。基于此，碳交易、碳限额、碳投资、碳中和、碳税（碳惩罚）5 个低碳的主题均可以通过静态或动态博弈过程来分析。

3. 完全信息博弈与不完全信息博弈

按照参与人对其他参与人的了解程度，可分为完全信息博弈（Game of Complete Information）与不完全信息博弈（Incomplete Information Game）。完全信息博弈是指在博弈过程中，每一位参与人对其他参与人的特征、策略空间及收益函数有准确的信息。在不完全信息博弈里，参与人并不完全清楚有关博弈的一些信息。大多数纸牌游戏是不完全信息博弈。在打桥牌时，参与者并不知道对手手里的牌，在做决策时必须对其他参与者手中的牌做一个估计。

三、低碳物流运作的实现路径

第一步是计算碳足迹，建立低碳体系。碳足迹计算是针对企业所有可能产生温室气体的来源，进行排放源清查与数据收集，以了解企业温室气体排放源及量化所搜集的数据信息，这是实现碳管理的第一步。碳排放报告核查则是由第三方对盘查所得出的数据信息的担保陈述提供正式的书面声明。

第二步是减少碳排放。通过对企业排放源清查，详细了解企业的碳排放源及量，相应地制定一系列有效措施，从而减少企业生产运营等活动中所产生的碳排放。

第三步是实现碳中和。通过购买自愿碳减排额的方式实现碳排放的抵消，以自愿为基本原则，即交易的中和方式。碳中和的实现通常由买方（排放者）、卖方（减排者）和交易机构（中介）三方来共同完成。

四、低碳化物流运作分析

Alan McKinnon 指出,企业的低碳物流之路可以分九步走:①对现有物流系统进行重建;②对物流企业的供应链进行重构;③对物流中的配送系统进行重新构建;④配送产品模态分离;⑤进行路径的重新设计,此时要充分考虑碳排放的影响;⑥评估资产利用率;⑦评估能源效率;⑧考虑替代能源的使用,特别是污染小的生物能源的使用;⑨碳补偿(也叫碳中和)。这九个步骤非常全面,但不是每个企业都能做到的,有意减排的企业可以考虑采取其中的几个步骤。

相关数据显示,物流运作低碳化在低碳经济中占据着举足轻重的位置。在全世界的能源消耗中仅交通运输业一项就消耗了 26%。根据美国环保局的统计,在美国温室气体排放中,交通运输业占全部排放量的 27.9%,仅次于发电的 33%,成为第二大污染源。从 2000 年到 2010 年的 10 年间,全球增加了 13% 的二氧化碳气体排放量,交通工具的碳排放量增速远远超过了平均水平,高达 25%。而在另一项对于交通运输的碳排放量的调查中,结果更加具体,列出了各项运输方式的二氧化碳排放比例:小轿车 52%、货运汽车 31%、水运 6%、铁路 3%、航空 3%、其他 5%(图 2-2)。

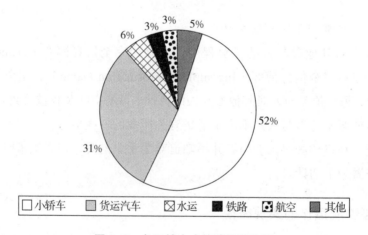

图 2-2 各运输方式的碳排放比例

从图 2-2 中可以看出,铁路运输和水路运输碳排放量较少。中国物流信息中心和中国物流与采购联合会(CFLP)对我国的物流业进行统计研究得到,2013 年全国社会物流总额 197.8 万亿元,社会物流总费用为 10.2 万亿元,在物流总费用中运输费用占52.8%,保管费用占 35%,管理费用占 12.2%;由统计结果可以看出,低碳物流在我国是有一定的发展空间的。在运输费用中,公路运输费用占一半以上,而铁路和水运均只占 10% 左右,航空运输占比不高。可以看出,无论是从环境保护上来说,还是从经济效益上来说,我国物流业的发展水平都比较低,社会化和专业化程度低,于是造成了能源过度消耗、污染排放严重的局面。如何加速物流行业的发展,使之进入高效率发展阶段,就成为了现在物流业发展的关键问题。因此,发展低碳物流势在必行。2010 年,我国将物流业作为我国十大重点产业之一，使物流业在发展低碳经济中承担相应的责任和义务。

实现低碳物流运作的方法有以下5个。

（1）选择合理的运输方式。铁路运输作为能源消耗最小、碳排放最少的运输方式，应该引起足够的重视，发展多式联运、提高信息化水平等都能挖掘铁路运输这一优势运输方法的潜能。而内河运输也同样具有低碳、能耗小、成本低和占地小的特点，我国东部沿海、长江沿岸等地区可多采取这种运输方法。

（2）对运输路线进行合理布局和规划，尽量缩短运输路线，减少运输时间，提高车辆的装载率，推广联合运输。

（3）在政府部门的大力扶持下，推广使用低碳包装。

（4）提高废旧物流设施设备的回收利用率，提高技术水平，使之变废为宝。

（5）促进低碳物流的信息化和电子商务化。

第四节 低碳供应链的理论与方法

一、低碳供应链的内涵

供应链由"经济链""价值链"发展而来，逐渐走向成熟，形成了完整系统的理论。随着低碳理念的普及，低碳供应链产生并逐渐发展起来。

结合相关文献，本书给出低碳供应链（Low-Carbon Supply Chain）的定义：低碳供应链是考察传统物流背后碳流的供应链，碳排放控制目标将供应链各节点企业与政府、碳交易市场联系起来，从企业产品研发设计开始到采购原材料、在制品生产、最终产品制成、产品储存和配送、产品销售、产品报废和回收再利用等各个环节的碳排放量均列入控制范围之内，以实现整个供应链系统低碳化运营（图2-3）。

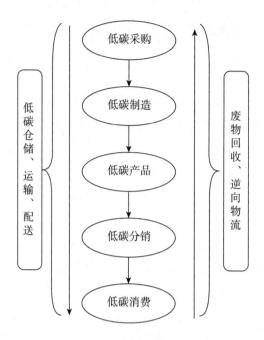

图 2-3　低碳供应链示意图

总之，低碳供应链是物流、资金流、信息流和碳流的融合与转移，通过碳约束机制形成资源消耗少、环境负担小的供应链网络。低碳供应链的理论框架如图 2-4 所示。

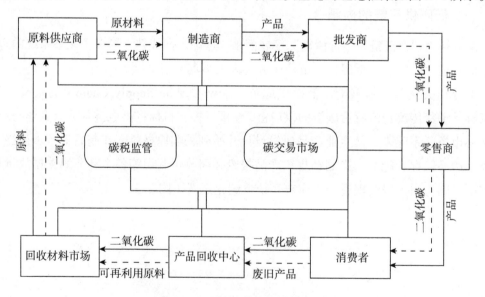

图 2-4　低碳供应链的理论框架

由图 2-4 可知，供应链各个环节实质上构成了一个低碳的闭环供应链。

二、低碳供应链理论体系

传统意义上，人们对于物流的定义总是包括物流、资金流与信息流这 3 个方面，然而一般意义上提供产品与服务的企业（除非专业的植树造林公司）在其经营存续过程中都会发生碳排放，即在物流、资金流和信息流之外还存在一个伴随物流活动而出现的碳转移过程。物流、资金流、信息流和碳流的共同作用，赋予传统供应链新的内涵。

在供应链管理中，应将低碳理念贯穿始终。传统的供应链流程包含计划、采购、制造、交付和回收等环节。要实现整个供应链的低碳化可以从每个具体的环节入手，采取减排措施将每个环节的碳排放降到最低，甚至为零，以此降低整个供应链的碳排放。低碳供应链的主要流程包括以下内容。

（一）低碳计划

设计供应链中的所有流程时以实现低消耗、低排放、高收益的目标。在制订供应链计划时应将减排落实到原材料采购、产品设计、产品生产、物料处理和物流配送等所有环节。

（二）低碳采购

制订低碳化的采购计划，对于自主生产的原材料，应制订相应的低碳化的生产计划。对于需要通过供应商采购的原材料必须选择带有环保标识、可回收利用的原材料或零部件。在运输过程中，也应选择低碳运输方式和低碳物料处理流程。

（三）低碳制造

对于生产设备，应尽量选择低碳环保、节能减排的生产设备。在生产中要做到合理规划、精益制造，避免浪费和过多的碳排放的产生。

（四）低碳交付

低碳交付是指采取碳减排措施降低产品在物流过程中由于位置的变化而引起的碳排放量，降低单位时间内的油耗、增加单位运输量、降低单位产出的碳排放。对从接受订单到运输产品到客户之间的环节采用低碳环保的技术进行管理。

（五）低碳回收

应用低碳物流的管理理论和技术手段制订回收计划、选择回收渠道、选择循环利用的途径和设计逆向物流环节等。

三、低碳供应链管理的内容

低碳供应链是面向未来的供应链管理模式。低碳供应链应用系统工程、生态学和可持续发展观等理念思想，实现对整个供应链的低碳环保化运作与管理，达到节能减排的目的。低碳供应链管理包括如下内容。

（一）低碳化设计

低碳化设计指在产品研发时，充分考虑产品整个生命周期内对环境造成的影响，从产品整个生命周期的角度对产品进行低碳化设计，从而实现产品从开发、生产到消费、回收整个过程碳排放的最低化。这是供应链低碳化管理最重要的环节，可以从根本上达到节能减排的目的。

（二）低碳化采购

在进行原材料采购时，企业在考虑成本的同时也要考虑供应商提供原材料的含碳量，考虑供应商与企业的距离，以减少材料运输过程中产生的碳排放。

（三）低碳化生产

低碳制造是指使用低碳材料，利用先进的低碳的生产技术、生产工艺进行的清洁生产，是一种致力于减少生产过程中碳排放，综合考虑对环境资源的影响的现代生产模式。其关键是关注生产过程中的碳排放，以达到能源消耗低、环境污染小的目的，实现企业经济效益、环境效益与社会效益的协调统一。

（四）低碳选址

设施选址不仅要考虑成本，还要考虑设施对环境的影响，尽量减少设施与上下游节点间的距离，以减少运输过程中的碳排放。

（五）低碳配送

低碳配送的目的在于减少配送过程中的碳排放，包括选择低碳化的配送路线和低碳化的配送方式，以达到在降低成本的同时减少碳排放的效果。

（六）低碳回收

低碳回收活动作为低碳供应链的一部分，指对使用过的产品进行回收处理或再利用，以减少废弃产品对环境的污染及碳的排放。回收主要是对产品及其包装进行的回收再利用，在回收时要注意减少回收过程中的碳排放。

四、低碳供应链运作方法

低碳供应链运作与供应链每个节点成员的管理行为密切相关，从供应链组成上看，它包括采购、运输、生产加工、仓储和回收等诸多环节。低碳供应链运作方法主要有以下4个方面。

（一）改变运输模式，优化行驶路径

这是低碳供应链运作中最常用的减排方法。由于公路、铁路、空运和水运等运输模式的碳排放水平不同，结合上下游成员间运输距离远近、运输批量大小等选择不同的运

输方式进行组合，可以有效地降低供应链整体碳排放水平。

（二）通过供应链集成、资源共享降低碳排放

供应链上下游成员间共同使用某些资源，如仓库、运输网络等，这样既能减少整个供应链结构布局中同类功能节点的设置，又可以发挥产业集聚效应，提高设施利用率，以此降低供应链碳排放水平。

（三）实施技术创新和环境投资

改进碳处理技术以及生产技术无疑可以减少二氧化碳的排放数量，如碳沉降技术、冲洗技术、碳捕获技术、碳封存技术，这些碳处理技术在供应链二氧化碳减排中同样适用。生产创新和技术升级能够实现相同目的，如 Agrawal 等和 Dormer 等的研究，通过环境投资也能实现低碳化管理，这些减排方法都能起到减少碳排放的作用，但这些技术及创新会增加成本，需要企业在成本与收益之间进行比较。

第五节　国内外低碳物流发展状况概述

一、国外低碳物流

（一）国外发达国家低碳物流的发展及其特点

1. 美国

在低碳交通领域，美国颁布了大量的政策与法律，制定了低碳交通发展战略和规划，制定了严格的碳排放标准，建立了综合交通运输体系等。

在宏观政策方面，美国在其《国家运输科技发展战略》中规定，到 2025 年，交通产业结构或交通科技进步的总目标是"建立安全、高效、充足和可靠的运输系统，其范围是国际性的，形式是综合性的，特点是智能性的，性质是环境友善的"。早在 1975 年美国就通过了《能源政策与节约法》，规定了生产轻型卡车和小轿车公司的平均燃油经济性标准，具体计算方法是某型车辆的燃油经济性乘以其销量百分比（加权系数），再将各车型的加权燃油经济性加起来，就得到了该厂的总的平均燃油经济性值，对达不到平均燃油经济性标准的汽车生产商进行罚款和征收高油耗税。美国政府在其颁布的《能源政策法案》中，还为新型混合动力轻型车提供了高达 3 400 美元的税收抵免，通过税收优惠的政策来促进新能源交通工具的发展和使用。

美国企业在低碳物流方面的做法也值得借鉴。例如，美国大型零担货运公司 Con-way 运输公司从 2006 年开始，通过培训司机节油技巧，降低车队运行速度，采用低断面轮胎降低轮胎重量和滚动摩擦因数，翻新汽车拖架，进行运输网络再设计等方式降

低碳排放。再如，大型零售商沃尔玛通过优化网络设计，实现回程载货、拼装集运，减少运输里程数和碳足迹；沃尔玛的配送中心全部采用新型节能灯，可比普通灯节约20%～30%的能源，仓库自然采光并安装空调热能循环利用系统。

2. 日本

日本是国际上较早通过立法鼓励低碳物流发展的国家。自二十世纪六十年代以来，日本就针对降低物流碳排放出台了一系列的法律法规。1966年，日本政府制定了《流通业务城市街道整备法》，旨在提高大城市的流通机能，增强城市物流的绿色化功能；1989年，日本提出了10年内3项低碳物流推进目标，即含氮化合物排出标准降低30%～60%，颗粒物排出降低60%以上，汽油中的硫成分降低十分之一；1992年，日本政府颁布了《汽车二氧化氮限制法》，规定了企业使用的五种货车车型，强制推行排污标准较低的货车在大城市特定区域内行驶；2001年，日本出台了《新综合物流实施大纲》，重点是减少大气污染排放，对可利用的资源进行再生利用，确定了建立适应环保要求的新型物流体系的物流产业发展政策；2005年，日本实施了《物流综合效率法》，通过支持企业合理选址和相关产业的互动来提高物流效率。

另外，日本政府在干线运输方面实现模式转换，即由公路汽车转向碳排放量相对较低的铁路和水路运输，在支线方面推动共同配送这种低碳运输方式的开展。

3. 德国

对德国低碳物流发展情况的介绍主要围绕德国邮政DHL（DPDHL）低碳物流实践展开。

（1）背景。与其他第三方物流一样，多种因素促使德国邮政DHL将降低供应链的碳强度作为最优先行为。首先，越来越多的客户要求得到产品的碳足迹和环境足迹信息，这就意味着客户想要更多地了解不同产品对环境的影响，购买更加绿色的产品。其次，政府规则变为一个刚性约束，如法国将碳排放列为发票中强制性的一项。最后，来自于竞争环境的压力。竞争者发起的绿色产品以及其他方面，协作引导研究正在研究设置行业标准，如碳排放项目和全球报告主动权，因此竞争者正日益变为投资者关系。

基于趋势研究和客户的期望，未来属于那些敢于面对气候变化挑战的企业。整体而言，DPDHL面临如下3个重要的趋势和机遇。

①全球气候变暖已成为全人类共同面对的大问题，由此出现了产品和服务的"低碳革命"。

②新的顾客期望。顾客的期望改变，逐渐变得重视环保和可选择性。

③物流是一个新兴产业，绿色物流将会成为发展趋势，物流业会联合其他产业共同建立新的绿色标准。

因此，DPDHL计划通过设置其自身的减排目标，来为世界减排做出积极的贡献，成为全球第一个物流运作企业。其不仅要为顾客提供传统产品和服务，还注重生态保护。

（2）DPDHI采取的措施。

①运输效率。McKinnon曲线描述了仓库数目和运输产生的二氧化碳排放之间的关系，同时也反映了二氧化碳排放的最小点（图2-5）。

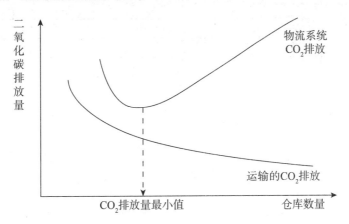

图 2-5　基于 CO$_2$ 排放的物流系统优化

由图2-5可知，二氧化碳排放随着仓库数量的增加而减少，最小点出现在中等的运输和仓库水平。可见，构建最优的运输网络对减少碳排放非常关键。DHL采取了如下5个措施来优化运输网络：减少空车运输；较好利用清洁能源；将二氧化碳效率作为网络构建中的一个关键因素；动态规划路径；合理装卸搬运。

整改车队是另一项重要的措施，使用清洁能源卡车是其中一个方面。为此，DHL设计了一款轻型卡车，能减少燃料使用量10%。

DHL一直在实施作业车辆更换项目，不断提高传统燃油汽车的排放标准，以及尝试使用非传统的燃料车辆，如电动车和生物燃料车。在印度，DHL拥有200多辆压缩天然气（GNG）运输车辆；在日本，为了积极推动低碳物流，DHL采取了多种方式以及各种方式的结合，在交通网络中使用电动汽车、生物燃料汽车和自行车。当涉及航空运输时，提高碳能效最有效的方法是采用更先进、更高效的飞机。为此，DHL计划将现有的90%的飞机更新为更省油的交通工具。

德国的统计数据显示，与其他四种运输方式相比，空运产生的碳排放最多（图2-6）。由图2-6可知航空运输的碳排放量是801 g/（t·km），而水运产生的碳排放最少。基于对时间和成本的考虑，DHL计划采用多式联运（MT）。比起单一的空运，MT使DHL的成本减少了20%～50%。

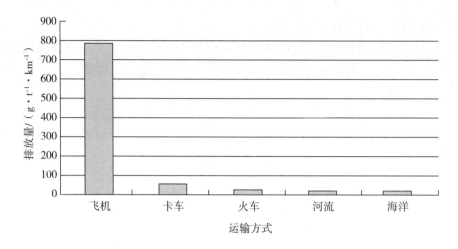

图 2-6　不同运输方式下的 CO_2 排放量

②建筑物和设施。DHL 通过采用以下措施来减少建筑物（办公室、分拣中心和仓库）的碳足迹：开发新型节能控制系统；采用高效照明和环境优化的技术；增加可再生能源的使用；重视建筑施工中的节能。

③员工。DHL 大概有 47 万雇员，在实现 GoGreen 这一目标中他们发挥着重要的作用。DHL 采取了许多措施来提高员工的低碳意识和环保意识。

（二）国外低碳物流的启示

1. 低碳包装

包装是商品营销的一个重要手段，但大量的包装材料仅使用一次就被消费者丢弃，从而造成环境问题。我国现在比较严重的白色污染问题就是因为大量使用了不可降解的塑料包装。

低碳包装主要是指采用环保材料、提高材料利用率等的包装，如应促进生产部门尽量采用由可降解材料制成的包装；在流通过程中，应采用可折叠的包装，并建立合理的包装回收制度。

（1）包装模数化。确定包装基础尺寸的标准，即包装模数化。包装模数标准确定以后，各种进入流通领域的产品便需要按模数规定的尺寸包装。模数化包装利于小包装的集合，利用集装箱及托盘装箱、装盘。包装模数如能和仓库设施、运输设施尺寸模数统一，将有利于运输和保管，从而实现物流系统的合理化。

（2）包装的大型化和集装化。有利于物流系统在装卸、搬迁、保管和运输等过程中的机械化，加快这些环节的作业速度，有利于减少单位包装，节约包装材料和包装费用，有利于保护货物。如采用集装箱、集装袋和托盘等集装方式。

（3）包装多次、反复使用和废弃包装的处理。采用通用包装，不用专门安排回返使用；采用周转包装，可多次反复使用，如饮料、啤酒瓶等；梯级利用，一次使用后的包装物，用毕改作他用或简单处理后改作他用；对废弃包装物经再生处理，改作他用或制作新材料。

（4）开发新的包装材料和包装器具。其发展趋势是包装物的高功能化，即用较少的材料实现多种包装功能。

2. 低碳仓储

低碳仓储即仓库要合理布局，以节约运输成本。

（1）仓库布局过于密集，会增加运输的次数，从而增加资源消耗；布局过于松散，则会降低运输的效率，增加车辆空载的概率，这两种做法都会大大增加运输成本。

（2）仓库建设还要充分考虑仓库建设对所在地环境的影响。例如，易燃易爆物和化学制品的储存仓库不能建在居民区或离居民区太近的地方；有害物质的储存仓库不能建在重要水源附近等。

（3）在新建物流中心时，还应该考虑旧有的物流设施，以免建了新的就放弃旧的，浪费基础设施。

3. 低碳运输

众所周知，运输过程中车辆的燃油消耗和尾气排放会造成环境污染，运输易燃物、易爆物、化学品等危险原材料或产品也可能引起爆炸、泄漏等事故。低碳物流首先要对货运网点、配送中心的设置做合理布局，同时缩短路线和降低车辆空载概率，实现节约燃料和减少排放的目标。低碳运输主要做法如下。

（1）共同配送。几个中小型配送中心联合起来，分工合作，对某一地区客户的企业的物品进行配送。它主要是指对某一地区的企业所需要物品数量较少而使用车辆不满载、配送车辆利用率不高等情况。

（2）灵活选用运输方式。利用铁路、汽车、船舶、飞机等基本运输方式的优势，把几种运输方式有机地结合起来进行商品运输。这样能够克服单一运输方式固有的缺陷，从而从整体上大大提高运输效率，减少资源消耗。另外，还可以通过改进内燃机技术减少燃料消耗或者使用燃气等清洁燃料代替石油，进一步提高能效。在运输过程中还应当防止出现燃油泄露问题，以免对周围环境造成严重污染。

（3）低碳流通加工。流通加工是指物品在从生产地到使用地过程中，根据需要施加包装、分割、计量、分拣、组装、价格贴付、标签贴付和商品检验等简单作业的总称。低碳流通加工主要包括以下两个方面措施：①变消费者分散加工为专业集中加工。以规模作业方式提高资源利用效率，减少环境污染，如饮食服务业对食品进行集中加工，以减少家庭分散烹调所带来的能源消耗和空气污染。②集中处理消费品加工中产生的边角废料，以减少环境污染。

二、国内低碳物流

（一）国内低碳物流的发展特点

中国的物流业发展起步较晚，目前中国现代物流业无论是基础设施、经营管理、成本方面，还是观念、方法和理论研究方面，都处于相对落后的阶段。中国的物流成本占GDP的16.7%，占产品总成本的20%～30%，在成本控制上还有一定的提升空间。中国物流企业目前仍然存在着小而全、条块分割、经营管理理念落后、缺乏专业人才、整体运营管理水平提升有限等问题。

（二）我国低碳物流发展存在的主要问题

1. 缺少针对物流业的低碳发展政策

目前，我国缺少相关政策的扶持和碳排放标准的制定，而且没有统一的规划。比如，我国虽有针对整个物流业的发展规划，如《物流业调整和振兴规划》，有针对某行业的发展规划，如《商贸物流高质量发展专项行动计划（2021—2025年）》等，但至今还没有出台物流业低碳发展的政策和统一的规划。

2. 物流业碳排放统计指标不规范

我国物流行业的碳排放统计指标极少，很多都是专家的主观估计，缺乏客观、真实数据的支撑。以河北省统计数据为例，《河北经济年鉴》在综合能源平衡表中的把交通运输、仓储和邮电通信业的能耗归为一类，把商业、饮食、物资供销和仓储业的能耗归为一类；国家统计局网站上的《中国统计年鉴》在能源消费量方面，把交通运输、仓储和邮政业归为一类，批发、零售业和住宿、餐饮业归为一类。物流业的相关环节被划分到不同的类别中，没有"物流业"这个表述，整个物流业的能源消耗量没有统计出来，人们无法知道物流业碳排放具体数量。碳排放量统计指标不规范，目标就不会明确，严重影响政府及有关部门的目标设计，阻碍了低碳物流的发展。

3. 交通运输环节能耗过高

运输是物流活动的主要功能要素，国家发展改革委员会、国家统计局和中国物流采购与联合会的统计数据显示，2013年社会物流总费用10.2万亿元，其中运输费用4.9万亿元，占社会物流总费用的比重为52.5%，可见运输在整个物流活动中的重要地位。我国石油消费中的第二大行业便是交通运输业，石油制品消耗占全国总能耗的34%左右。再加上当前汽车行业高速发展，就更加速了石油的消耗。同时，我国交通运输行业的能源利用效率较低。在运输业中，空载、重复运输、对流运输、无效运输等不合理运输现象同样也造成了能耗的增加和能源的浪费。

（三）国内低碳物流代表企业——荣庆物流

1. 荣庆物流简介

山东荣庆投资控股（集团）有限公司（以下简称荣庆集团）是一个以物流服务业为主的多元化企业集团公司，集团成立于2007年1月，注册资金2500万美元，总资产2亿多元，目前旗下有山东荣庆物流有限公司、山东荣庆卓越物流服务有限公司、山东荣庆通达驾驶培训有限公司。荣庆集团通过投资控股及参与日常经营管理实现对各子公司的管理，并且通过集团化经营，发挥整体优势，合理统筹，掌控全局。

荣庆物流是一家多元化发展的合资物流企业，拥有员工3000多人，在全国有30多家分公司，自有保温车、冷藏冷冻车、普货车、危险品车980多辆，可控各种类型车辆2000多台；通过了ISO 9000质量管理体系认证。2006年，荣庆物流被中国物流与采购联合会评为"中国冷链物流第一供应商"，并被指定为2008年北京奥运会冷藏食品运输商，入选全国百强物流企业。荣庆物流现已发展成为以冷链物流为业务核心，集物流配送、仓储、包装、驾驶员培训、汽配供应、汽车维修、保鲜冷藏箱生产和蔬菜食品冷藏加工于一体，物流产业链齐全的现代物流企业。为加快企业发展，公司与广州大学强强联合，成立了山东荣庆冷链物流研究所，设立了广州大学冷链物流科研基地。

2. 荣庆物流：为降耗专设"节能杯"

山东荣庆物流有限公司的最终目标是发展成为全国乃至全球最具竞争力的综合物流公司，而可持续发展成为其关键所在。面对物流业所掀起的低碳革命，荣庆物流意识到发展低碳物流是荣庆物流实现可持续发展的必经之路。

近几年来，以降低整个运输过程中碳排放总量为目标的革新在荣庆物流内展开。其最终目的是在提高运输效率的同时，把运输能耗降至最低，帮助企业走上低碳绿色发展的道路。

2010年，荣庆物流决定开通北京至上海专线，作为甩挂运输试点线路。甩挂运输试点线路开通后，不仅减少了服务装运等待时间，增加了牵引车的有效时间，加快了车辆周转速度，提高了运输效率和劳动生产率，还减少了车辆空驶和无效运输，降低了能耗和废气排放，使物流成本真正得到削减，在降低成本的同时减少了碳排放量。

荣庆物流开展了一系列以节能为主题的"节能杯"活动：举办汽车驾驶者技术比赛；制定《车辆技术管理规定》《关于加强营运车辆燃油消耗管理的通知》等规范以加强车辆的日常管理；保证良好的车况以保证低耗油量；在认真核实行驶里程，严格油耗统计核算的同时还制定了15条"节能杯"考评标准，明确奖惩办法。

（四）国内低碳物流的启示

1. 低碳物流发展的政府政策激励与管制

要在国内实施低碳物流，就要发挥政府的引领和导向作用，政府要把社会经济全过程的低碳环保作为施政的基本策略，不能只强调生产和消费的低碳化，而忽视物流的低碳化。政府在物流低碳化刚起步阶段要给予重视和支持，使物流低碳化能顺利进行。政府可以在以下 7 个方面进行管制。

（1）制定中国物流发展大纲，出台物流产业政策。这方面可以借鉴日本的做法，针对物流的各个方面和环节制定一个宏观统一的规范，指导低碳物流良性发展。

（2）加强与国际间物流行业组织的联系、交流，并进行多方面合作，根据我国实际情况改正目前国内物流发展的误区。

（3）控制物流活动中的污染发生源。物流活动引起环境污染的主要原因在于车辆运输量的增加。政府应该采取有效措施，从源头上控制物流的运输、包装、仓储、流通加工和装卸等几个环节造成的污染。政府应制定相应的环境法规，对废气排放量及车种进行限制；采取措施促使人们使用符合限制条件的车辆；采取措施推动人们使用低公害车辆；对车辆产生的噪声进行限制。例如，对现有车辆进行改造，减少废气排放，增加车辆检测频次，按排污量收取排污费，限制城区或居住区货车的行驶等。

（4）对物流配送进行统一规划，建立现代化的物流中心，政府指导企业采用合适的运输方式，区域内发展共同配送。增加单个车辆的装载量，减少车辆的空载，节省资源，提高效率，降低物流的运输成本。

（5）对交通流的管理。政府投入相应的资金，合理规划城市道路，制定有关道路停车管理规定；采取措施实现交通管制系统的现代化；开展道路与铁路的立体交叉发展。以减少交通堵塞，提高配送的效率，达到环保的目的。

（6）加强物流技术研究，提高物流技术水准，尤其要在包装和流通加工方面进行技术更新，并大力推进低碳物流理论研究。同时，还要进一步促使物流信息化、网络化，提高物流过程的计划、执行、控制效率。

（7）推进物流的标准化。我国物流设施和装备标准化发展滞后，主要表现在以下两方面：一是各种运输方式所用装备的标准不统一，尤其是集装箱标准不统一；二是物流包装标准与物流设施标准不配套，不能使物流设施得到充分利用。

2. 低碳物流发展的倡导与实行

（1）注重物流知识的普及和舆论引导，让大家知道什么是物流，知道怎么去干、怎样干得好，认识到低碳物流的重要性，树立低碳物流意识。

（2）国家要重视物流方面的人才的培养，物流在我国尚处于起步阶段，这方面的人才还十分缺乏，尤其高级管理人才和专业人才十分缺乏，因此要注重人才的培养。

（3）提倡发展第三方物流。第三方物流是由供应方与需求方以外的物流企业提供物流服务的业务方式，也就是专业化的物流。我国目前的大部分物流活动是企业自带的流通业务。发展第三方物流，由这些专门从事物流业务的企业为供应方或需求方提供物流服务，简化配送环节，进行合理运输，有利于在更广泛的范围内对物流资源进行合理利用和配置，可以避免自有物流带来的资金占用、运输效率低、配送环节烦琐、企业负担加重、城市污染加剧等问题。

第三章 低碳物流的实现路径

第一节 碳排放分析

一、碳排放

碳排放是对温室气体排放的简称，是在全球气候变暖的背景下提出的。温室气体主要包括二氧化碳（CO_2）、甲烷（CH_4）、氧化亚氮（N_2O）、氢氟碳化物（HFCs）、全氟化碳（PFCs）、六氟化硫（SF_6）六种，其中占比最大的气体是二氧化碳，因此用"碳排放"一词代表温室气体的排放。这种说法虽然不是很准确，但简单地将"碳排放"理解为"二氧化碳排放"，能让人们更快地了解其含义。IPCC 第四次评估报告显示，全球几大主要行业的碳排放占比情况如图 3-1 所示。

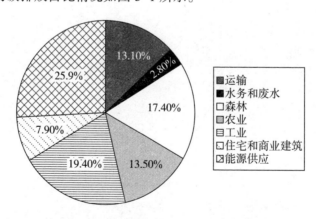

图 3-1 全球各行业的碳排放占比状况

由图 3-1 可以看出，能源供应造成的碳排放所占的比例最大，运输业位居第五，占总量的 13.10%，但是运输和供应链都是人类活动的重要组成部分。虽然从这些数据上看，加剧全球变暖的碳排放因素主要集中在资源行业，物流的作用不是很明显，但要使低碳经济的发展步入正轨是一项长期而艰巨的任务，实现低碳物流同样具有重要的经济价值和社会意义。

由图 3-2 可以看出，低碳物流的实现必须依赖物流各功能组成部分的努力，来使整个物流系统低碳化，而随着经济的快速发展、物流的规模的扩大，传统的分析（图 3-2）已经不能满足现实的需要，所以应该采取一种整合的方式对物流系统碳排放进行分析（图 3-3）。

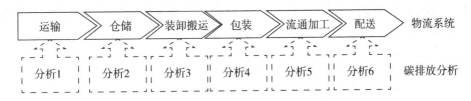

图 3-2 传统物流系统的碳排放分析

图 3-3 物流系统的碳排放整合分析

二、碳排放的计算

（一）根据碳排放系数计算

碳排放系数也叫碳排放因子，指每一种能源使用或燃烧过程中单位能源所产生的碳排放数量。

1. 生产碳排放系数

厂商生产过程中的碳排放包括两个部分，即与加工数量直接相关的碳排放以及生产设施本身的固定碳排放。如果厂商生产数量为 Q，则生产活动碳排放可按下式计算：

$$E_W = E_P Q + \sum E_i \times M_i$$

式中，E_W 为生产碳排放，E_P 为生产单位产品的碳排放率，Q 为制造商产品库存数量，E_i 为第 i 种能源的碳排放率，M_i 为消费第 i 种能源的总量。

2. 运输碳排放系数

目前，大部分碳排放量的估算和基础数据的获取都是以物料衡算法为基础的，通过计算物料流失总量来折算，也可理解为系数法。这个方法的原理是物质守恒定律，即在生产过程中某种特定元素和物质是守恒的。以燃油产生 CO_2 为例，燃油量乘以含碳量得到总碳量，扣除不完全燃烧等损失的碳后，即为进入大气的 CO_2 的量。在具体应用中，主要有能源消耗量估算法和以详细的燃料分类为基础的排放量估算法。

本节的运输问题只涉及车用燃料，故选用能源消耗量估算法即可。基本的计算式为

$$E_{CO_2} = Q_{fuel} \times \eta_C \times \eta_{O_2} \times 44/12$$

式中，E_{CO_2} 为 CO_2 排放量，Q_{fuel} 为燃料产生的热量，η_C 为单位燃料含碳量，η_{O_2} 为燃料的氧化率，44 为 CO_2 的相对分子质量，12 为 C 的相对分子质量，44/12 为 1 t 碳在氧气中燃烧大约能产生 3.67 t CO_2。

具体步骤如下。

第 1 步：燃料消耗量的计算。

第 2 步：换算成热量计量单位。

$$Q_{fuel} = E_{fuel} \times q_f$$

式中，E_{fuel} 为燃料实际消耗量，q_f 为能量转换系数，一般采用平均净发热值。

几种能量转换系数如表 3-1 所示。

表 3-1　常见能量转换系数

燃料类型	柴　油	煤　油	汽　油	燃料油	天然气
转换系数 /（TJ·t^{-1}）	42.7	43.1	43.1	41.8	35.6

第 3 步：计算含碳量。

$$A_c = Q_{fuel} \times \eta_C$$

式中，A_c 为燃料含碳量，η_C 为燃料碳排放系数。

各类燃料的潜在碳排放系数和碳氧化率来源于《2006 年 IPCC 国家温室气体清单指南》，部分燃料碳排放系数如表 3-2 所示。

表 3-2　IPCC 2006 年部分燃料碳排放系数

燃料类型	碳排放系数 /（kgC·GJ^{-1}）	碳氧化率 /%
柴油	20.2	98
煤油	19.6	98
汽油	18.9	98
燃料油	21.1	98
天然气	15.3	99
其他油品	20.0	98

第4步：计算实际碳排放量。

$$E_C = A_C \times \eta_{O_2}$$

式中，E_C为实际碳排放量。

第5步：计算CO_2实际排放量。

$$E_{CO_2} = E_C \times 44/12$$

根据以上数据，计算得到部分常用燃料的CO_2排放系数，如表3-3所示。

表3-3 部分燃料的CO_2排放系数

燃料类型	柴油	煤油	汽油	燃料油	天然气
CO_2排放系数	3.16	3.10	2.99	3.23	2.00

故可得，运输过程中的CO_2的排放量：

$$C_R = \sum_{t \in T} \sum_{i,j \in N} F_t d_{ij} \beta$$

式中，C_R为运输产生的碳排放量，F_t为周期第t天在路上行驶单位距离的车的耗油量，d_{ij}为行驶距离，β为燃料CO_2排放系数。

（1）卡车排放系数计算。卡车的二氧化碳的排放量多是由燃料消耗所导致的，卡车运输装卸过程比较简单，因此装卸阶段的碳排放可以忽略。卡车等公路运输交通工具多采用柴油等燃料，根据燃料的化学分子式可知，燃料中含有大量的碳原子，充分氧化后产生二氧化碳气体。

建立公路运输车辆排放系数模型：

$$e = EM \times W$$

式中，e表示排放系数，即每升燃料中排放的二氧化碳量（g/L），EM表示每功率二氧化碳排放量（g/kW·h），W表示每升燃料做功量（kW·h/L）。

根据排放系数，计算公路运输交通工具的碳排放总量：

$$E = e \times FC \times d \times (1/W) \times (1/U) \times L$$

式中，E表示总排放量（g），FC表示行驶1 km的距离消耗的燃料量（L/km），d表示行驶距离（km），W表示货运能力，U表示使用率（%），L表示载货量。

（2）火车的排放系数计算。目前我国火车驱动大多采用电力，单纯地看运输过程的话，采用火车运输不会产生任何的污染物排放，火车运输可以说是对环境最友好的运输方式。但是在电力的生成阶段，我国电厂有 81.67% 采用煤炭进行火力发电，而煤炭中含有大量的碳原子，在燃烧后，会产生大量的二氧化碳气体，导致温室效应的加剧。

根据运输的货物品种不同，铁路货运会有不同的装载加固方案，实际载重量会有所不同，根据德国海登堡能源协会 2008 年年度报告的数据，我国的电力机车运送 1 t 货物平均能源消耗为 10 Wh/km。根据资料得，发电厂的平均效率为 355 g/kW·h，即燃烧 1 kg 的煤，生成的电能为 2.82 kW·h。但是由于导线电阻的存在，发电厂的电能输送到用户会产生 4.52% 损耗，每千克燃煤生成的电能损耗后剩下 2.69 kW·h/kg。我国电厂同样也采用太阳能发电、水力发电和核能发电，我们假设这些发电均不产生二氧化碳。根据比例计算得 1 kg 的煤炭可生成 3.29 kW·h 的电能。而我国现阶段火力发电厂每燃烧 1 t 煤炭，平均排放二氧化碳 2 620 kg，由此计算得每使用 1 kW·h 电能，火力发电厂就要排放 0.79 kg 的二氧化碳。所以，火车每运送 1 t 货物的碳排放系数是 7.9 g/km。

（3）轮船的排放系数计算。轮船用柴油提供动力，因此其燃料的碳排放系数和公路运输交通工具的碳排放系数类似。但是轮船的气体排放量和发动机功率、运行速度及货物容积有关，所以采用以下方程来计算。

$$E = [C_f \times (EP / S)] \times (1 / W) \times (1 / U) \times d \times L$$

式中，E 表示排放总量，C_f 表示实际排放量，EP 表示发动机功率（kW），S 表示平均运行速度（km/h），W 表示轮船载重量，U 表示货物使用率，d 表示运输距离，L 表示实际运输量。

（二）根据燃油消耗、行驶距离计算

1. 确定排放系数的意义

交通运输消耗了大量宝贵的不可再生石油资源，国际能源机构（IEA）的统计数据表明，在最近的 20 年中，全球石油的消耗总量一直呈上升的趋势，其中主要的消耗来源于交通领域。英国全年产生的二氧化碳净排放量为 58 900 万 t，随着环保意识的觉醒，这一数字下降到了 55 600 万 t，减少了大约 5.6%，但是在这段时间内，公路运输碳排放量却增加了约 10%，达到了 12 000 万 t，约占英国二氧化碳排放总量的 22%。在我国，交通运输消耗了汽油总消耗量中的 70% 以上，消耗的柴油占全国柴油总消耗量的 16%～25%，因此对汽车运输过程中的碳排放量进行量化就显得尤为重要。

2. 排放量的计算

精确地计算在交通运输中排放的二氧化碳总量是烦琐复杂和不现实的，只能对其进行估计。常见的有两种方法，一种是根据燃料的消耗量来估算二氧化碳的排放量；另一种是使用车辆行驶距离和载货量估计二氧化碳的排放量。采用这些方法计算可知，道路

货运产生的二氧化碳排放量约占英国全部二氧化碳排放量的 6%。

因此，想方设法减少道路货运中产生的二氧化碳显然是重要的。于是，就需要一个模型，能根据时间和距离预测二氧化碳排放量，并计算出车辆路径。一种可能的方法是建立改进的基于计算机的车辆路径模型，以评估货运车辆的二氧化碳排放量。这次研究没有为车辆路径问题创建新的启发式算法，但使用现有的道路速度方法是启发式算法，它可以计算和减少二氧化碳的排放量。

准确地计算汽车运输中的燃油消耗量和二氧化碳排放量十分重要，但是因为存在许多难以控制的变量，如驾驶方式、路况等，计算往往只能得出近似结果。现在的研究方法主要是根据油料消耗量和行驶距离来计算二氧化碳排放量。

（1）燃油消耗量计算法。汽车行驶过程中的碳排放量可以根据消耗的燃油量进行计算。在计算中认为燃油中的碳元素全部转换成二氧化碳，这样就能准确地测定出所耗燃油的二氧化碳总量。市面上汽油的主要成分为正辛烷（C_8H_{18}），碳元素所占的比例为 84.2%，那么很容易就能得出消耗 1 kg 汽油会产生 3.09 kg 二氧化碳。柴油一般为混合物，在化学计算中一般使用假定分子式进行计算，以 $C_{13}H_{28}$ 为例，碳元素在柴油中所占的比例为 84.8%，消耗 1 kg 柴油会产生 3.11 kg 二氧化碳。因季节气候不同，燃油的密度会略有变化，平均密度如下：90 号汽油的平均密度为 0.72 g/mL；93 号汽油的密度为 0.725 g/mL；97 号汽油的密度为 0.737 g/mL；-20 号柴油的密度为 0.83 g/mL。进行简单的转化后就能得出结论：1 L 燃油能产生 2.22 ～ 2.63 kg 二氧化碳。只需要测定出汽车从出发地到目的地的燃油消耗总量，就可以计算出总的二氧化碳排放量。

（2）行驶距离计算法。根据行驶距离计算汽车的碳排放量，首先需要确定碳排放系数。根据法国环境和能源管理署（ADEME）的研究报告，可以知道常见燃油的排放因子（表 3-4）。

表 3-4 常见燃油的排放系数

燃油类型	体积 /L	质量 /kg	CO_2 排放因子 /(kg·KJ^{-1})
柴油	1	0.845	2.951
汽油	1	0.755	2.841
重油	1	1.000	3.553

（3）两种方法的对比分析如表 3-5 所示。

表 3-5　燃油消耗量计算法和行驶距离计算法对比

	燃油消耗量计算法	行驶距离计算法
数据来源	燃油支出记录 燃油的性能资料 权威机构的直接研究成果	里程记录 汽车使用者的燃油经济性报告 汽车生产商的燃油经济性研究
优点	可信度高	数据容易采集
缺点	仅有油料消耗数据，不易计算	具有高度不确定性
计算思路	确定固定车型使用某种油料的行驶距离，计算该距离下的碳排放量	确定固定车型在某种油料下的行驶距离，用排放因子乘行驶距离得到碳排放量

（三）根据速度计算

影响车辆行驶中碳排放的因素很多，不仅包括车辆的行驶速度、行驶方式、速度变动情况、车辆自身因素等，还包括风速风向、道路状况等因素。因此，要考虑车辆运行和碳排放量间的关系，需要将每一次车辆运行看作一个速度周期性的活动，这个周期中的各个因素综合影响车辆行驶中的碳排放。已有大量研究通过实证数据分析研究速度和碳排放之间的关系，本书采用欧盟委员会基于实际观测数据拟合的碳排放与车辆速度间的关系模型（图 3-4）。

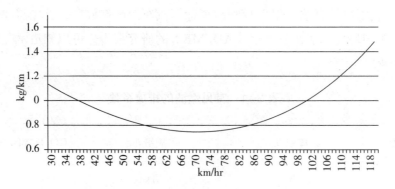

图 3-4　碳排放与车辆速度间的关系

根据图 3-4，可得车辆以速度 v 行驶时，每千米的车辆排放量 $\theta(v)$：

$$\theta(v) = K + av + bv^2 + cv^3 + d\frac{1}{v} + e\frac{1}{v^2} + f\frac{1}{v^3}$$

系数 K, a, b, c, d, e, f 由具体车辆的类型和规模决定。本书研究的是进行货物运输的重型卡车，此类型车辆的碳排放系数 K, a, b, c, d, e, f 分别为 1 576，-17.6，0，0.001 17，

0，36 067，0。由图 3-4 可知，该函数有唯一的最小值，为方便分析说明，这里定义 v^* 是排放量最小时的整数速度。在如图 3-4 所示的情况下，使排放量最小的速度为 $v^* = 71$ km/h。

（四）根据 Kaya 恒等式计算

Kaya 恒等式是目前最常用的分析碳排放驱动因素的方法，其将碳排放量与 GDP 联系在一起，根据 Kaya 恒等式可以得到某一国家或地区总的碳排放量，得到第 t 年 CO_2 排放量：

$$E_t = GDP_t \times I_t = GDP \times (1+\gamma)^t \times I \times (1-\alpha)$$

式中，I_t 为第 t 年单位 GDP 的 CO_2 排放量，γ 为经济年增长速度，α 为强度控制目标。

第二节 低碳物流的实现方式

一、碳盘查

气候变化已经从国际谈判层面进入了商业部门的视野，温室气体信息披露已经受到越来越多的投资者、国际品牌商、消费者重视，一些著名品牌商和厂商已经开始行动甚至联合起来，在其组织内部或外部供应链上实施和推动碳管理。投资机构也已着手委托权威组织对其投资的产业进行温室气体风险评估。企业的碳管理水平已经成为商业价值链上的重要指标。碳盘查的目的与优势主要体现在以下 6 个方面。

（1）有利于对温室气体排放进行全面掌握与管理。

（2）提高企业的社会形象。

（3）对于确认减排机会及应对气候变化决策起重要参考作用。

（4）发掘潜在的节能减排项目及 CCER 项目。

（5）积极应对国家政策及履行社会责任。

（6）为参与国内自愿减排交易做准备。

通过对产品和服务在生产、运输、使用和废弃整个生命周期（或部分）中所释放的二氧化碳和其他温室气体的总量进行碳足迹评估，并通过碳标签展示给消费者和采购商。

当前，已有一批国家和地区相继出台自愿或强制的碳标签制度，要求在其产品上标注碳足迹信息。同时，国际采购商、品牌商也已纷纷开始从供应链上要求产品碳足迹信息的公开。

二、碳足迹

碳足迹（Carbon Footprint）是指企业机构、活动、产品或个人通过交通运输、食品生产和消费以及各类生产过程等引起的温室气体排放的集合。它描述了一个人的能源意识和行为对自然界产生的影响，号召人们从自我做起。目前，已有部分企业开始践行减少碳足迹的环保理念。碳足迹标示一个人或者团体的碳耗用量。碳就是石油、煤炭、木材等由碳元素构成的自然资源。碳耗用得越多，导致地球暖化的元凶二氧化碳也就制造得越多，碳足迹就越大；反之，碳足迹就越小。

在经济全球化的背景下，碳足迹发生在许多不同的环节，甚至在不同的国家和地区。因此，需要对不同环节中的碳足迹进行详细描述，并对碳排放进行科学度量与分配，如设计简洁、易行的碳足迹计量方法，界定产品碳足迹在各个环节的配置。

（一）碳足迹过程刻画

按照 PAS 2050 提出的碳足迹计算方法绘制碳足迹流程，结果如图 3-5 所示，确定各阶段边界与核算范围。碳足迹包括三个阶段：供应商碳足迹，即从向外部供应商订货起至下游制造商发出订单前这一时期的碳排放，包括运输与储存活动中产生的排放，核算时归为运输碳足迹与库存碳足迹；制造商碳足迹，从向上游供应商发出订单起至下游零售商发出订单前产生的二氧化碳，包括运输、加工转化、储存三个活动中产生的碳排放，核算时分别归为运输碳足迹、生产碳足迹、库存碳足迹；零售商碳足迹，从零售商向上游制造商发出订单起到零售商将产品交付给下游顾客期间的碳排放，主要是运输与储存活动中产生的碳排放。这样，三级系统从原材料采购到产品生产加工，再到最终消费一系列活动所产生的排放，得到完整的分布刻画。

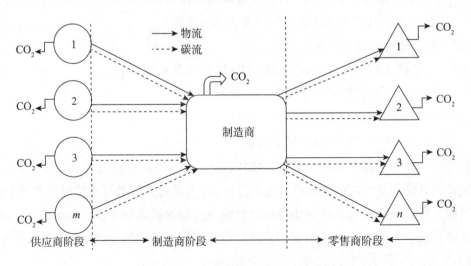

图 3-5　三级供应链碳足迹示意图

（二）碳足迹的计算

英国标准协会颁布了全球首个碳足迹计算标准《PAS 2050：2008 商品和服务在生命周期内的温室气体排放评价规范》（简称"PAS 2050"），其为评价产品生命周期内温室气体的排放给出了规范，目前世界各国企业广泛应用 PAS 2050 来评价其产品或服务的温室气体排放。碳足迹一般按如下步骤进行计算。

（1）绘制产品工艺流程图，包括采购、生产制造、配送、销售、消费、废弃等一系列生命周期内的活动。

（2）确定边界，也就是分析哪些环节需要考虑在内。

（3）收集数据，包括动态数据和碳排放系数，动态数据即所有涉及的材料或能源的数量，排放系数相当于单位碳排放量。

（4）计算碳足迹：碳足迹 = 动态数据（质量/容量/耗电量/距离）× 碳排放系数（每个单位的 CO_2 当量）。

碳足迹的计算有以下 4 种方法。

（1）生命周期评估（LCA）法，这种方法是一种自下到上的计算方法，是对产品及其"从开始到结束"的过程计算方法，计算过程比较详细。

（2）通过所使用的能源矿物燃料排放量计算（IPCC），这种方法较一般。

（3）投入产出法（IO）。

（4）Kaya 碳排放恒等式。

三、碳税

（一）碳税的概念

各国在如何发展低碳经济的问题上进行了深入的研究，到目前为止，提出了很多的减排方案，如清洁发展机制、联合履行机制、国际排放交易机制等。而我国作为发展中国家应该重点关注清洁发展机制项目，包括开发可替代的清洁能源及应用碳埋存等。同时，环境管制、碳交易和碳税也是我国为减排而采用的措施。

碳税（Carbon Tax）是指按照化石燃料的含碳量或碳排放总量征收的一种税，以克服环境污染的负外部性。通过征收碳税，既可以减少二氧化碳排放，又能降低税制扭曲程度，实现税收管理上的"双重红利"效应。碳税可以在生产环节征收，也可以在消费环节征收。无论哪种征收方式，最终均将转移到消费者身上。直接对消费者征收可以增强消费者的环保意识和减少温室气体排放的观念，使其趋向于使用清洁能源，但是消费者的消耗量难以确定，这就提高了征收碳税的难度。

在国家进行碳税的征收后，将其进行一般预算管理，补贴在节能减排方面的支出，比如能源效率的提高、可再生能源和新能源的研究、实施植树造林、加强国际之间的学术交流等。虽然碳税征收的资金相对较少，但是对各国的碳减排起到一定的作用。这在一些国家已经得到了良好的印证，比如丹麦、瑞士、芬兰、日本、美国、英国、荷兰、德国、挪威和加拿大等。

根据国外征收的碳税，我国至少应该征收 100 ～ 200 元/t 的碳税，但是根据我国的基本国情，若碳税太高，会影响国家的经济发展，因此我国不宜征收过高的碳税。

（二）碳税征收的意义

征收碳税是一种有利于减少碳排放量的经济措施，征收多少碳税取决于碳排放量的多少。一旦征收碳税，市场即会自动来解决这个问题，排放者会选择合适低廉的方法来减少碳排放。企业会在利益的驱动下，进行结构调整、技术开发，改变工艺流程，以减少本企业的碳排放量。因此，碳税是一个有效的环境经济政策工具。而碳税也有一定的弹性，让企业能及时了解市场，并采取适当的应对措施。同时，碳税能够为政府带来一定的收入，为政府进行碳减排提供资金扶持。

在芬兰，碳税的征收对产业竞争力没有太大的影响。芬兰每年征收 30 亿欧元的碳税，碳税占总税收的 9%，其将这一部分的税收用于激励科技创新及使用新能源。芬兰政府在 2000 年向全世界公布，由于碳税的征收，其二氧化碳排放量在 9 年时间里减少了 400 万 t，为温室效应的减缓做出了重要的贡献。

（三）碳税征收方案与比较

对于碳税的征收方案，世界各国的学者有不同的见解。总的来说，目前国际碳税征收的方案大致可分为以下 4 种。

1. 在全球范围内，征收统一的碳税

该方案是由 Hoel 在二十世纪九十年代提出来的，他认为碳税应由所有的碳税征收国共同成立一个专门机构来进行征收，以征收碳税国的 CO_2 排放量为税基，税率在各国均相同。

2. 不统一的碳税征收方案

该方案由 Murty 于 20 世纪末提出，他认为各国的碳税税率应根据各自的 CO_2 排放量、利润税税率以及含碳产品的产量确定。该方案下各国的碳税税率不尽相同，但仍要在一定程度上遵守相应的国际规范和制度。

3. 同一国家内，税率一致

目前一些国外学者认为，以一个国家为一个征收单元来进行碳税的征收更具有可行性。这一方案要求每个国家根据各自的经济状况和减排目标，制定税率相同的碳税征收方案，不需要国际机构的参与和干涉，独立进行国内碳税的征收工作，相应的碳税进入该国相应的财政部门。

4. 基于国内税和国际调节税共同征税方案

由于世界各国对碳排放问题的认识不同，要求世界各国实行统一的碳税制度是不可能的，这样就会存在这样一个问题：征收碳税的国家相对于不征收碳税的国家来说，在经济上就有可能存在碳泄漏的问题，即会导致征收国的一些企业迁移到不征碳税或碳税税率低的国家发展，这会给碳税征收国造成很大的经济损失。为了解决这一问题，一些学者提出了这一方案，即征收碳边境调节税，如2012年年初，欧盟对于经过欧盟国家的航空运输收国际航空碳排放费的草案，就是该方案的一个具体体现。

（四）碳税减排原理

碳税是通过价格干预减少二氧化碳排放总量的一种减排机制，碳税的减排原理与税收的经济学特性密不可分。

1. 外部性

外部性源于马歇尔提出的外部经济理论，马歇尔把由于企业外部的包括市场区位、市场容量、地区分布、相关企业的发展水平、运输通讯条件等因素所导致的生产费用的减少和收益递增称为外部经济。福利经济学创始人庇古在马歇尔的外部经济理论基础上，用"边际私人纯产值"和"边际社会纯产值"两个概念研究单位投入在个人福利与社会福利之间产生的差异，提出正外部性和负外部性。正外部性是指经济投入或某项活动能增加其他人或社会的福利水平，比如建设一所城市公共图书馆，能够增强知识的普及与推广，提高社会文明程度；与之相对，损害个人或社会福利的经济投入或活动具有负外部性，比如工厂排放废气和废水，降低空气质量，污染上下游居民的生活环境，危害人体健康，这就是典型的由生产活动对环境造成的负外部性。

进行碳减排是因为社会经济发展、人口增加给环境带来了负面影响，所以碳减排实质上是一个经济问题，经济活动的一般原理在碳减排问题中同样适用，这也就是用外部性理论来解释碳减排问题的根本原因。

2. 庇古税

由古典经济学理论可知，企业生产排放污染物并不会形成生产成本，然而其他人或社会却要承受污染所带来的损失，社会治理污染所花费的成本可能远远高于生产企业所产生的收益，因此庇古提出通过税收机制，将污染制造者与其污染行为联系起来，把社会治理污染的成本转移到产品价格中去。征税使私人成本增加，与社会成本相等，这时经济活动负外部性即消失。例如，一个企业的生产活动带有负外部性（假设由排放二氧化碳造成），其所带来的社会福利损失如图3-6所示，在庇古税的作用下，社会福利转为正值。

在图3-6中，PMT表示征税后企业的边际成本曲线，X表示单位生产所征收的庇古税。当企业边际成本与边际收益相等时，即$PMC = PMB$，两条曲线交于B，所对应的企业收益最大产量为Q_P。当考虑企业排放对社会的负面损害（用SMD表示），这时企业生产活动所产生的社会边际成本为SMC。从社会整体出发，考虑环境影响时的企业产量为Q_S，其产量明显低于Q_P。比较两个产量的社会成本可以看到，生产量为Q_P时社会成本的增加区域为四边形ABCD，其中区域ABD是企业产量增加可获得的额外利润。相比之下，社会福利依然损失区域BCD，也就是说，在考虑排放的社会成本之后，企业增加的收益并不能弥补其对社会带来的损害。所以对企业单位生产征收X单位排放税，此时企业的边际成本增加为PMT，使企业的最优产量Q_P等于社会最优产量Q_S。这时，区域ABD是企业由于产量减少而损失的收益。但社会福利却因此而少损失区域BCD，社会净福利水平为ABD与BCD的差额。由于边际损害成本曲线是单调递增函数，在某一特定产量下，区域BCD的面积更大，即由于庇古税的调整，社会整体福利水平由负转正。

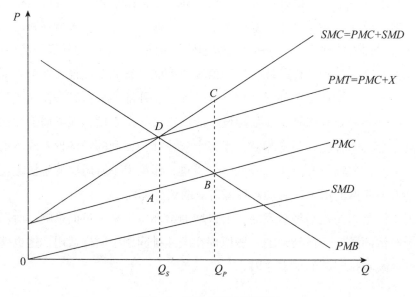

图 3-6　庇古税的作用机理

3. 双重红利

Pearce在研究碳税调节全球气候变暖的作用时指出，征收碳税所得的财政收入应该用于减少现有其他税收的税率水平，这样既可以降低其他税收的社会福利成本，同时通过税收转移可以零成本获得环境收益，这就是双重红利的基本内容。双重红利为通过环境税控制碳排放问题提供了理论依据，通过制定合理的碳税税率可以增加政府财税收益，即实现"蓝色红利"，又可以有效治理污染，实现"绿色红利"。

随着研究的深入，学者们开始质疑双重红利的存在性，他们认为双重红利理论可能在特定的条件下才成立，如Bovenberg和Mooij的研究，或者认为双重红利根本就不存在。刘红梅等分析了国内外关于双重红利的文献时发现，对于双重红利理论的研究依然存在正反两种对立结论，并未达成共识，但多数研究依然认为双重红利效果存在。

（五）碳税对企业的经济影响

碳税是对企业二氧化碳排放所征收的税，二氧化碳的排放则来源于燃料的消耗，那么假定碳税的征收与燃料的消耗成比例关系。而目前企业燃料的使用与产量也存在正比关系，即碳税的征收与产量也是成比例的。因此，碳税会随着产量的增加而增加，导致成本的提升，从而引发企业资金短缺等经营问题（图3-7）。

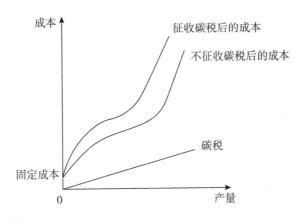

图3-7 征收碳税前后的企业成本比较

具体而言，每使用1 t的石油会排放2.9 t的二氧化碳，照目前国内准备实施的碳税价格计算，排放1 t二氧化碳征收10～20元，相当于每吨石油的价钱提高了29～58元。这对于燃料消耗大的企业来说，是一笔不小的支出，大大增加了企业的成本，从而导致盈利能力的下降。

银行等贷款机构会因为企业盈利能力下降，影响其对企业的盈利信任度，或许会收回一些贷款或者提高贷款利息，对企业的发展产生不利影响。而从企业的所有人方面来看，成本的增加同样会影响其对企业利润的分享。

总体来说，刚开始征收碳税时，会对企业产生一定的不利影响。但是从长远来看，受到该政策的影响，企业会进行产业调整，开发减排新技术，最终提高企业的竞争力，同时也会减少和国际之间的贸易阻碍。

（六）碳税在国外的使用效果

"碳税"（Carbon Tax）是中国正在考虑要实行的市场机制之一。碳税是根据化石燃料的碳含量，对二氧化碳排放收税。该机制的实行将提高现有包括汽油、电力、煤炭和天然气等在内的能源的价格。而相比之下，使用非燃烧型能源则更加具有降低碳排放的机会。

从2008年7月1日起，加拿大不列颠哥伦比亚省开始征收针对最终消费者的碳税，这是北美第一个该类税收。不列颠哥伦比亚省新碳税反映了碳税征收的关键原则：广泛性、渐进性、可预测和帮助低收入人群。它是从少量开始逐步提高，使消费者和企业通过提高能源利用效率做出回应。收入以保障最低收入家庭的方式返还给居民和企业。

消费者有很多可行的办法来节约能源，从而减轻他们的税务负担。由于低收入家庭往往比高收入家庭燃料消耗少，大多数低收入家庭将整体获利。这种税收以鼓励节约能源的方式调节区域经济范围内的货币流转，支持经济的可持续发展。

碳税是一种特别有效的税，因为它鼓励节约各种类型的能源，并提供许多额外的好处。大多数节能战略的成效和范围是有限的，如总量控制与交易机制（Cap-and-Trade，CAT）通常只包括工业和一些建筑的排放，因为与少数大企业签排放合同比与许多小企业和家庭签更容易。所谓"总量管制与交易"，是指在限制温室气体排放总量的基础上，通过买卖行政许可的方式来进行排放。具体来说，就是美国等发达国家对于空气品质未达标准的污染源（这些污染源多分布在发展中国家），依照其空气品质改善目标配给"容许排放权"，并规定其逐年应削减的排放量比例、达成的目标年及最终容许排放权。各污染源取得容许排放权后，即能于开放性市场中自由进行交易买卖。这一机制为《京都议定书》首创，旨在通过对排放权的限制来减少碳排放量。

通过增加车辆通行效率和减少交通量，鼓励购买高效率的燃油，减少车辆的单位燃油消耗量，减少交通车辆总数，开展运输价格改革（燃油税、以距离为基础的保险和注册费、停车价格等），来降低能源消耗和交通量。

（七）碳税机制的数学分析方法

1. 计税基础

征收碳税是控制碳排放的另一种国际方法，它通过价格变化来引导经济主体的决策行为。在实施碳税的国家中，根据化石燃料的含碳量征收碳税是一种常用的做法，比如挪威和丹麦对煤、油、天然气征收碳税，这种做法类似于能源税，荷兰就将能源税与碳税合并，建立能源环境税。2003年，欧盟能源税指令生效，该指令针对工商业与公共部门所使用的燃料征收碳税，将天然气、煤、电等能源作为征税税基。另一种征收碳税的方法是以二氧化碳排放总量为税基，排放总量又可分为估算排放量与实际排放量，这主要是由于二氧化碳监测技术不同。本书考察多级供应链的碳排放量，排放边界清晰、核算范围有限，所以本书将实际二氧化碳排放量作为计税基础。

2. 税率

税率是征收碳税的重要问题，当前，欧洲各国普遍采用统一税率形式，税率水平也有很大差距。

另外一种税率形式是级差税率，这种税率形式多见于学术研究中，其能够体现地区或行业差异，也与减排主体行为相关，有利于激励经济主体自主减排。

（1）统一碳税。统一碳税的数学计量方法相对简单，设置一个固定的税率，供应

链各成员依据此税率计算自己需要缴纳的碳税即可。设定 π 表示统一碳税水平，则考虑单厂商问题时，应缴纳碳税总量为

$$\Pi = \pi \times (E_r + E_w + E_w)$$

式中，Π 表示单厂商应纳碳税总量。

生产—库存系统产生的全部碳排放通过统一碳税转化为企业运营成本，由此改变原有决策变量。

在多级生产—库存系统中，供应链分散决策时，各成员的碳税计算方法与上式相同，供应链集中决策时，上式中后一项是指全部成员的运输、库存和生产碳排放总量。

（2）级差碳税。级差碳税可以体现行业差异、地区差异以及碳排放主体行为差异等。本书的级差碳税依据社会对于碳排放容忍度而设定。碳排放容忍度是 Zhao 等类比 HSE 的风险容忍度思想提出的，根据欧盟国家总体减排目标核定预期排放绝对量，作为容忍范围。本书根据中国政府承诺的减排目标测算碳排放增长比率，作为碳排放容忍度标准。

四、碳限额

（一）碳限额的内涵

国家的碳减排政策是要落实到企业层面的，随着低碳经济时代的到来，碳减排问题成为影响企业良性发展的关键。企业在政府碳配额一定的情况下，如何制定碳减排策略、提供低碳产品和服务将直接影响着企业的市场竞争力。在现行的碳减排机制中，碳限额机制使得碳排放权成为一种可交易的资源。在政府配额确定的情况下，当碳配额不足以满足企业需求时，企业可以通过碳排放权交易市场购买碳配额，也可进行自主减排。当企业碳排放权出现剩余时，也可以通过碳排放权交易市场出售给其他企业，以此获得额外的收益。碳限额、碳排放权交易机制能够在制约企业温室气体排放的同时激励企业增加碳减排投入，降低各自的碳排放量，以获取更高的额外收益。

目前现行的碳限额机制有两种：一种是限定了企业的总碳排放量的总量控制与交易机制（Cap-and-Trade，CAT），由欧盟主导；另一种是给定了企业单位碳排放标准的密度目标机制（Intensity Target，IT），由美国主导。

（二）限额与交易机制的原理

限额与交易机制是由政府分配初始限额，由企业完成市场交易，也称总量控制与交易机制，其实质是通过碳交易市场平衡政府分配限额与企业实际排放数量的过程。按照特定的分配原则，企业能够获得政府初始分配的碳排放额总量为 L，而企业实际排放数量与分配限额之间的差异，以可交易碳限额 Y 体现，可交易碳限额代表一个可以为正或为负的数值，当可交易碳限额 $Y>0$ 时，表示厂商初始分配碳限额出现结余，这一部分

剩余限额可以在碳交易市场上以特定价格出售，用以增加厂商收益；相反，若$Y<0$，表示厂商超标准排放，需要在碳交易市场上购买差额部分。单厂商可交易碳限额就是用初始分配碳限额减去运输、库存、生产过程碳排放数量后的余额。Y可能为正或负，根据结果可以调整传统供应链的生产与库存决策。

（三）碳限额与交易机制的应用

对于多级供应链而言，当整个系统分散决策时，每个成员独立对外交易，各自可交易碳限额计算方式如下。

零售商可交易碳限额：

$$Y_r = L_r - E_{Tr} - E_{Wr}$$

式中，Y_r表示零售商r的可交易碳限额，L_r表示零售商r的初始碳限额，E_{Tr}表示零售商r订货时运输活动碳排放总量，E_{Wr}表示零售商r库存持有活动产生的碳排放总量。

制造商可交易碳限额：

$$Y_M = L_M - E_{TM} - E_{WM} - E_M$$

式中，Y_M表示制造商可交易碳限额，L_M表示制造商的初始碳限额，E_{TM}表示制造商运输碳排放总量，E_{WM}表示制造商库存持有原材料与产成品的碳排放总量，E_M表示生产碳排放总量。

五、碳交易机制

（一）碳交易机制理论的基本框架

碳交易机制主要有两种交易机制，即总量控制与交易机制（Cap-and-Trade）和基线与信用机制（Baseline-and-Credit）。本书主要介绍总量控制与交易机制理论。

碳资产分为限额（Allowance）和补偿（Offset），其中限额是由总量控制与交易机制创建的。在总量控制与交易机制中，所有的参与者的碳排放总量是事先给定的限额，之后根据限额总量在参与者之间按一定规则分配，而正是由于在这样的环境下，该种限额具有独特的特性，即不能被创造，也不能被挪用，进而成为了一种稀缺资源，并由于在市场主体之间转让与交易，从而形成一种对限额的需求、供给以及相应的价格。由此一个限额交易市场正式形成。目前，世界上已经形成了比较正式的成熟的碳限额交易体系，如欧盟的排放交易体系（EU ETS）、澳大利亚新南威尔士州温室气体减排计划（NSW GGAS）、美国部分州参与的区域温室气体行动计划（RGGI）等。

按是否自愿加入减排体系、是否自愿承担减排义务，可以将碳市场的交易分为以履约为目的的强制性交易和无合约限制的自愿性交易市场。在欧盟排放交易体系中，各相关排放源企业则是被强制纳入减排体系，并被强制承担减排义务，即"双强制"市场。在自愿碳标准（VCS）中，参与者是完全自愿的。

碳交易市场中的交易商品主要由基础产品和衍生品组成，如图 3-8 所示。

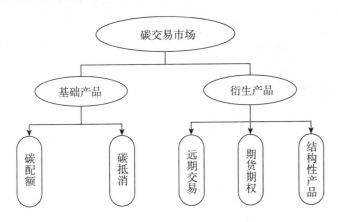

图 3-8　国际碳交易市场的划分

其中，基础产品包括碳配额与碳抵消，衍生产品主要包括远期交易、期货期权和结构性产品。交易市场的范围分为区域内和区域外。此处的"区域"定义范围比较广，可以是同一国家的不同省份之间，也可以是国家集团之间。市场与市场之间存在着一定的竞争关系。

交易场所与普通商品市场一样，分为场外交易和场内交易。场内交易主要在交易所集中交易，克服了场外的个别交易、局部市场的缺陷，已逐渐成为主流。

碳交易市场的主体可以是国家，也可以是企业。随着时代的发展进步，人们碳减排意识有所增强，逐渐加入碳减排的行列。在供应链中，成员企业在碳限额约束下参与碳排放权交易，在一定程度上激励企业发挥减排积极性，实现碳减排目标。供应链成员企业将碳限额、碳交易机制下的被动减排与自主减排相结合，当企业均能达到最优减排率时，供应链就达到了碳优化状态。

对于碳交易过程，可以通过"欧盟反气候变化行动"宣传中的一个例子来理解。企业 M 和 N 每年各自排放 10 万 t 的二氧化碳，而在各自国家的分配计划内，每年获得95 000 t 的排放许可额度。为了弥补这 5 000 t 的缺口，可以通过减少二氧化碳的排放量达到要求，或者通过从市场上购买排放额度。对于 M 企业，每减排 10 000 t 的成本为50 000 英镑，进而决定减少排放，而对于 N 企业，减排的边际治理成本为每吨 15 英镑，因此它从市场上买入额度更合算，因此结果是 M 企业通过卖出 5 000 t 的多余排放获利5 000 英镑，并充分弥补其减排成本，N 通过购买 50 000 英镑的额度达到要求，而不是花 75 000 英镑来减少自身的排放。当然，现实中的交易要比这个例子复杂些。

（二）碳交易方式

简单来讲，当一个实体从另外一个实体购买一定量的减排信用额或者排放许可来达到其排放目标时，就完成了一次碳交易。排放目标可以是自愿制定的，也可以是规定提出的。例如，一个公司的年排放目标是 20 000 t CO_2e，而公司当前的年排放量是 25 000 t CO_2e，即使通过减少能源消耗以及提高能源利用率等内部措施，公司的年排放量仍然只能降低到 22 000 t CO_2e，这时此公司就需要购买 2 000 t CO_2e 的减排信用额或者排放许可，以达到它的 20 000 t CO_2e/ 年的排放目标。

减排信用额可以通过项目市场来购买，而碳信用额需从特定的碳补偿项目或者是通过市场购买。排放限额由最高限额与限制贸易体制的管理者确定和分配，在最高限额与限制贸易体制中，管理者分配 CO_2e 的数量、参与者允许排放的限额，最终宣布每个参与者的最高限额。在年底执行期间，参与者可以自由地买卖他们的限额，最终每个参与者所持有的限额与他们的实际排放量相同。这些交易活动创造了碳市场。

（三）碳限额与交易机制减排机理

限额与交易机制实质上是通过控制分配的碳限额总量，实现减排目标的，其减排作用机理源于限额与交易机制的经济学特性。

1. 产权理论与资源稀缺理论

在科斯的理论中，市场失灵最根本的原因是所有权失灵，产权界定不明就会引发资源主体的权利和义务模糊，最终导致市场失灵。只有将产权界定清楚，才能保证经济主体的权利与义务对等，将外部的不经济性内部化。产权是对某项事物的所有权，以及与之相关的占有、使用、收益和处置的权利。环境资源属于一项公共财产，限额就是对每个企业设定最高排放上限，给予每个企业或经济体的免费碳排放额度，以达到控制排放总量的目的。各企业或经济体的碳排放盈余可以通过碳交易市场进行交易。碳排放权的交易实质上是一种使用权的转让。由此可知，产权制度能够改变资源配置，克服外部不经济所带来的市场失灵问题。

资源稀缺是交易存在的前提，只有稀缺的资源才具备交换价值，进而成为交易商品，所以碳排放权稀缺是碳交易产生的根本原因。随着社会发展，人们发现环境资源不是用之不竭的，各种污染物排放对环境资源的破坏作用已经显现出来，环境容量资源的稀缺性是碳排放权交易产生的直接经济原因。

2. 不存在碳交易的经济分析

当企业碳排放未超过分配的碳限额，不存在碳市场交易行为时，企业的生产行为与社会福利变化如图 3-9 所示。

图 3-9 中，横轴表示企业生产数量，纵轴表示产品价格，*PMB* 表示企业边际收益曲线，*SMD* 表示企业生产行为所造成的社会边际损害成本曲线，*PMC* 表示企业边际成本曲线，

PMC 表示企业减排后的边际成本曲线，SMC表示社会边际成本曲线。当企业不考虑碳排放因素时，由于边际收益曲线与边际成本曲线相交于B点，其最优生产数量是Q_1，当企业碳排放未超过分配的碳限额，不存在碳市场交易时，由于企业减排任务使边际成本曲线上移至PMC_1，与边际收益曲线相交于F点，所对应的最优产量为Q_2，明显低于Q_1。此时，企业由于生产数量减少而损失利润为区域BFH，但整个社会却由于生产数量减少而少支出成本为区域FBCI，减去企业边际成本增加部分BFK后，依然有正的社会福利剩余。可见实行碳减排后，企业生产数量减少，但提高了社会总体福利水平。从碳排放目标看，这个最优产量却不一定是社会最优产量，如果考虑企业生产活动对社会的损害成本SMD以后，企业的边际成本 PMC 依然低于社会边际成本SMC，企业生产数量的减少并不能补偿其碳排放对社会造成的负面影响。依照社会边际成本曲线，企业生产数量为Q_s，比Q_2还要低。也就是说，单个企业在碳约束下生产数量减少确实能减少碳排放量，但从整个社会来衡量却未必是最优的做法。

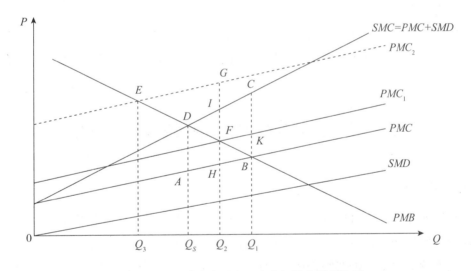

图 3-9　没有碳交易时企业生产与社会福利分析

假设存在另外一种特殊情况，企业具有强烈的减排意识，减排努力加大而使边际成本曲线上移至 PMC_2，此时企业的产量为Q_3，比社会所要求的最优产量还要低，企业碳排放目标超额完成，企业会出现剩余碳限额。由于不存在碳市场交易，剩余的碳限额无法出售而浪费，但此时过高的减排成本加重企业负担，远远超过社会福利水平，整体社会福利水平并未因企业超额减排而有所提高，所以Q_3依然不是最优的产量。只有当Q_3和Q_2都等于Q_s时，社会整体福利才能实现最优，因此要通过碳交易改进企业碳排放限额约束。

六、碳补偿

碳补偿（Carbon Offset），亦称碳中和。"碳补偿"就是现代人为减缓全球变暖所做的努力之一。利用这种环保方式，人们计算自己日常活动直接或间接制造的二氧化碳排放量，并计算抵消这些二氧化碳所需的经济成本，然后个人付款给专门企业或机构，由他们通过植树或其他环保项目抵消大气中相应的二氧化碳量。

碳补偿是一种交易，购买碳补偿，就是在向温室气体（GHG）减排项目投资。这些项目通过各种方式进行碳补偿，如植树造林、升级工厂和发电厂的机器设备，提高建筑和运输工具的能源利用效率。碳补偿项目并不鼓励个人为减少自身的二氧化碳做无用功，而是鼓励大家通过给温室气体减排项目筹资来减少空气中的含碳气体。温室气体极易与空气混合，而且与其他污染物相比，它能在全球范围内进行传播，所以减少温室气体的排放是不分国家和地域的。

碳补偿是自愿行为。个人和企业可以通过购买碳补偿来减少他们的"碳足迹"（Carbon Footprints），同时树立环保形象。碳补偿能中和航空运输、汽车驾驶甚至婚宴和会议等活动所产生的碳。

碳补偿标识是由国家林业局气候办设计注册的，是中国绿色碳基金捐资人践行低碳生活的一种证明。获得这个标识表明捐资人消除了个人排放的部分或全部二氧化碳。

第三节　企业与政府低碳物流的实现路径

一、突出顶层设计和创新管理

一是要加强统筹规划和顶层设计。紧紧抓住广大群众关心的大气质量、污水、垃圾、违法建设等突出问题，整体规划，综合治理，突出重点，分步实施，让人民群众看到实实在在的变化。二是要创新管理体制和投融资体制。结合行政管理体制改革，推进职能整合，推动资源共享，解决越位、错位、缺位的问题，形成管理的合力，增强履行职责的力度。允许并鼓励民间资本甚至外国资本参与温室气体减排事业。三是要依靠科技创新。发电厂和其他大的能源消耗行业，如钢铁、陶瓷（建材）等行业要进行科技攻关，开发提高能源效率和进行二氧化碳捕集与储存的技术，可再生能源利用的技术，节能住宅和环保汽车的技术，太阳能、风能、核能发电的技术等。四是要进一步建立健全信息沟通机制、工作协调机制，共同研究解决经济发展中生态环境问题。

二、财政补贴、税收减免与金融优惠

企业发展低碳物流，需要有资金投入。企业追求利润最大化，不一定会主动进行物

流改革，因此政府应对企业进行低碳技术引进，对低碳物流给予鼓励和财政支持，引导物流企业向低碳物流方向发展。

对发展低碳物流的企业，政府可在某些税种上进行免征或减收，调动企业发展低碳物流的积极性。

商业银行可将低碳物流项目作为贷款支持的重点，政府可以为低碳物流项目作贷款担保。

三、设立碳基金

碳基金是一个由政府投资、按企业模式运作的独立公司，工作重点是帮助企业和公共部门减少二氧化碳的排放，中短期目标是提高能源效率和加强碳管理，中长期目标是进行低碳技术投资。碳基金的资金除政府预算外，还可来自向工业、商业及公共部门（住宅及交通部门、居民除外）征收的能源使用税，这种能源使用税要逐渐成为碳基金资金的主要来源。目前，发达国家均已开始实践且效果显著，如英国成立碳基金，其资金主要来自气候变化税，每年约有 6 600 万英镑气候变化税拨付给碳基金管理使用。

四、加速推进空气重污染应急减排工程

要把空气重污染应急减排工程纳入全市应急体系统一管理，成立专项指挥部。综合考虑污染程度和持续时间，修订应急方案，实施更加严格的应急管理。在主动参与、积极配合国家推进大气污染联防联控的过程中，加强监测联网、应急联动，使大气主要污染物年均浓度下降，使二氧化硫、氮氧化物、化学需氧量和氨氮排放量下降。同时，要注重城市精细化管理，主要内容包括严格治理散煤污染排放，制定城市散煤治理方案，取缔经营性燃煤，开展区县、乡镇环境治理，取缔无照非法经营，规范生活垃圾运输和处置等。

第四节　全球主要碳排放交易体系

一、欧盟碳排放权交易体系

欧盟碳排放权交易体系设立于 2005 年。作为世界上第一个多国参与的排放交易体系，欧盟碳排放权交易机制覆盖欧盟全部成员国，以及冰岛、列支敦士登和挪威，交易者涉及大约 1.1 万家各类工厂。欧盟碳交易机制遵循"限制和交易"原则，依据每年规定的碳排放总额向企业发放碳排放配额。若超额排放，将遭重罚；若减少排放，可获碳信用。碳配额和碳信用可作为许可证在碳交易市场交易。除工厂外，碳交易市场参与者

包括银行、投资机构、碳交易企业等。

二、美国的碳交易市场体系

美国是全球第二大碳交易市场，已建立起较为成熟的区域性碳交易市场体系。美国早在 2003 年就建立了芝加哥气候交易所，主要为承担自愿减排任务的 10 个州和自愿减排企业提供交易服务。美国的碳交易包括二氧化硫等全部 6 种温室气体。它所实施的严密监控体系和测算体系为市场交易提供了强有力的支撑。

三、韩国碳交易机制

韩国在 2012 年 5 月通过了全国碳交易体系法案，企业可以买卖碳排许可或者去购买联合国清洁机制框架下的碳汇，满足自身的排放要求。参与韩国碳交易机制的企业超过 450 家，排放规模占全国总排放量的 60%。韩国于 2015 年正式实施碳交易体系法案，以期打造规模庞大的碳交易市场。

第四章　低碳经济下的物流系统

第一节　低碳物流系统的类型

一、微观层次

在微观层次上，低碳物流系统的建立需要从组织和过程两个方面来保障，其系统结构如图 4-1 所示。物流组织应建立全面的环境管理体系，确保系统中所有环境行为都遵守特定的规范，系统对环境的影响日益减少。物流过程采用先进的绿色技术，如绿色包装、绿色运输等，确保物流活动的碳排放和能源消耗不断降低；同时，以生命周期评价方法从整体上测度改善情况，监控系统的整体优化效果。

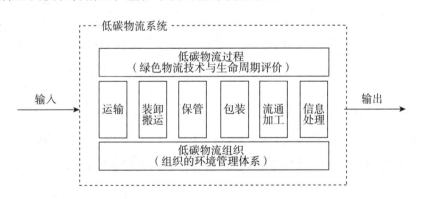

图 4-1　微观低碳物流系统结构

二、宏观层次

在宏观层次上，低碳物流系统体现了"3R"原则，即减量化（Reduce）、再利用（Reuse）和再循环（Recycle），真正实现了以有效的物质循环为基础的物流活动与环境、经济、社会共同发展，使社会发展过程中的废物量达到最少，并使废物实现资源化与无害化处理。一般物流系统在垃圾收集环节才进行物品的回收，低碳物流系统则在每两个物流环节之间进行物品的回收、再利用。整个物流循环系统由无数个小的循环系统组成，在完成一次大的物流循环之前，每个小循环系统已经循环了无数次，因此可以确保物流系统中的物质得到最大程度的利用。

宏观低碳物流系统根据物流的服务对象，由供应物流、生产物流、销售物流、回收物流及废弃物流组成一个闭环系统，保障这个闭环系统正常运转的外部条件包括低碳物流技术、物流环境影响评价标准和物流企业审核制度。

低碳物流系统是一个复杂的系统，其与多个领域联系紧密。下面将对物流与环境结合最紧密的部分进行探讨，包括物流系统的环境影响分析、物流系统的环境影响评价标准以及物流系统的低碳化水平评价。

第二节　物流系统低碳化评价

物流系统的低碳化评价是指把物流系统作为一个整体，将物流系统的环境影响评价适用标准框架，作为衡量物流系统与环境的友好程度的重要标志，主要包括环境影响评价与资源消耗评价。

物流系统的低碳化评价可以从两大方面进行：一是物流过程，即由一系列物流功能要素组成的物流过程；二是物流组织，即保障物流过程的顺利实施所需的人员配备充足。这两个方面在物流系统的管理中发挥着不同的作用。物流组织制定绿色管理的目标及行动计划，物流过程按照行动计划切实削减资源消耗量与污染物排放量和碳排放量，物流过程中的各项工作由物流组织进行记录、跟踪、监控，保证目标的实现。因而，物流系统的低碳化评价只有从这两个方面同时入手，才能最终保证对环境的友好。

一、物流过程的低碳化评价

物流过程的低碳化评价，就是把物流过程中每一个功能要素的环境输入输出作为基本数据，然后汇总分析，既进行总量控制，又防止环境负担在各功能要素之间的不合理转移。

本书物流过程的低碳化评价主要采用国际标准化组织（International Organization for Standardization，ISO）在环境管理体系中推荐使用的生命周期评价（Life Cycle Assessment，LCA）方法。

生命周期评价是在二十世纪九十年代由国际环境毒理学与化学学会（The Society of Environmental Toxicology and Chemistry，SETAC）和美国国家环境保护局（Environmental Protection Agency，EPA）的专家小组共同提出的一种评价产品在整个生命周期中对环境的影响的评价方法。国际标准化组织在其发布的 ISO 1 4000 环境管理系列标准中已将生命周期评价作为描述产品（或服务）的环境表现的标准方法（图4-2）。

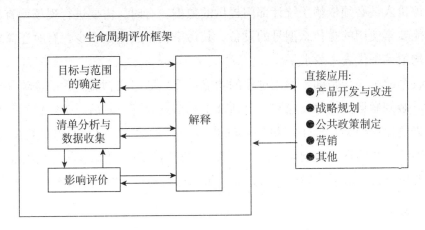

图 4-2　LCA 实施步骤

（一）目标和范围的确定

1. 目标

目标包括分析、评价物流系统的资源、能源利用状况及环境污染状况，诊断物流系统对环境的危害程度；根据清单分析结果，识别物流过程中对环境危害最大的功能要素，通过改进物流工具或重组物流管理模式，寻求物流过程中减少污染排放、降低资源消耗的途径。当然，除了这些目标之外，还可以有更多、更广泛的目标，如获得环境认证。

2. 范围

系统包括运输、装卸搬运、储存、包装、流通加工、信息处理等功能要素，以及由这些功能要素组合而成的复杂要素，其他要素不包含在物流过程低碳化评价的范围内。各种社会环境在不同的时间段是不同的，因此物流过程低碳化评价需要规定时间边界，如可以选取某年作为评价时间段。视不同地区的环境状况或不同地域群体对环境的期望不同，评价范围可以略有差别。例如，空气污染问题是人们最关心的环境问题之一，那么在确定评价范围的时候，应把空气污染放在首位。

（二）清单分析与数据收集

清单分析是对物流过程在其整个生命周期内的能量与原材料消耗量，以及对环境的各种污染物排放量进行客观量化的过程。清单分析方法以整个生命周期内每一个阶段的物质和能量平衡为核心，是在物流过程的低碳化评价中目标和范围确定后的工作，也是整个评价工作中工作量最大的一部分，一个完整的清单分析能帮助相关工作人员了解所有与物流过程相关的投入产出的概况。完成清单分析一般需要 3 个基本步骤，即数据收集、计算和结果分析。

数据收集包括对物流过程各个阶段的物质、能量消耗以及向水体、大气和土壤中排放的各类污染物等数据的收集。进行清单分析的数据在大多数情况下是不可能从文献中获得的，评价人员必须依赖于统计部门提供的数据。有时，需要进行现场调查和监测，如运输功能要素使用的是什么型号的设备，其污染物排放量是多少。有时还需要对这些数据求平均值，来代表一般水平。

数据收集的第一步是确定物流过程的功能单元，即组成物流过程的物流功能要素，包括运输、装卸搬运、储存、包装、流通加工和信息处理；然后，确定针对每个功能单元所要收集的数据种类，如每个功能要素的电力、燃油输入，服务输出以及污染物排放。根据上述物流系统的环境影响评价标准体系，绘制用于现场数据收集的表格。

完成清单分析和数据收集后，对计算结果进行概括性的描述、比较与分析。

（三）影响评价

影响评价是物流过程低碳化评价的关键阶段，首先要进行绿色与非绿色的界定，其次才是影响评价。从数据收集与清单分析阶段得到的物流过程碳排放数据满足上述物流系统环境影响评价标准要求时，此物流过程是绿色的。物流过程是否是绿色的将影响对其进行影响评价的侧重点。绿色物流过程的影响评价应探索可进一步优化的环境因素，在结果解释中形成新的改进目标；而还未达到绿色标准的物流过程，在影响评价中应以未达标的环境因素为重点考察对象，在结果解释中形成改进计划及措施。

影响评价的目的是根据清单分析的结果对其潜在的对环境的影响程度进行评价。它目前正在发展中，对应采用何种方法，人们还没有达成共识，ISO、SETAC 和 EPA 都倾向于采用"三步走"的模型，即分类、特征化和量化评价。根据 SETAC 和 ISO 关于生命周期评价的影响评价阶段的概念框架，中国科学院生态环境研究中心建立了适用于我国实际情况的框架。本书也采用此框架。

该框架的基本思想是，通过评估每一个具体环境交换对已确定的环境影响类型的贡献强度来解释清单数据，包括 4 个技术步骤，如图 4-3 所示。

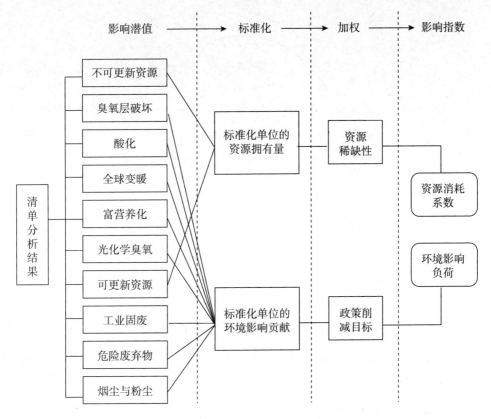

图 4-3 影响评价模型方法框架

1. 计算环境交换的潜在影响值

各种环境排放物对各种环境影响类型的潜在贡献，即环境排放影响潜值。

2. 数据标准化

相对于整个社会活动所造成的总环境影响而言，物流过程的资源消耗、环境污染潜值究竟有多大。

3. 环境影响加权

根据各种环境影响和资源消耗的重要性级别，对标准化后的环境影响潜值和资源消耗潜值进行赋权，从而评价其相对影响潜值大小。

二、物流组织的低碳化水平评价

物流组织的低碳化水平评价，就是从组织上判定物流系统是否满足了其控制环境因素的要求，简言之，即考核物流组织是否建立了有效的环境管理体系（Environmental Management System，EMS）。本书以国际标准化组织提出的环境管理体系标准（ISO 14001）为基础，从 5 个方面来进行评价。这 5 个方面分别是环境方针、规划（策划）、实施与运行、检查与纠正措施、管理评审。它们组成的评价模式如图 4-4 所示。

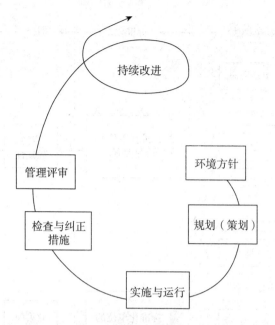

图 4-4　物流组织的低碳化水平评价模式

与 ISO 1 4001 相同，除了要求企业对遵循有关法律、法规和进行持续改进做出承诺外，本书并不规定具体的行为准则。

（一）环境方针

环境方针是实施与改进物流组织的环境管理的推动力，具有保持和潜在改进环境表现的作用。本书从以下几个方面来评价物流组织环境方针。

（1）是否与物流服务的性质、规模与环境影响相适应。

（2）是否以低碳物流系统为改进目标，是否包括对持续改进和污染预防的承诺。

（3）是否包括对遵守有关环境法律、法规和组织应遵守的其他要求的承诺，以及对满足物流系统的环境影响评价标准要求的承诺。

（4）是否提供了建立和评价环境目标和指标的框架。

（5）是否将环境方针形成文件、付诸实施、予以保持，以及传达给组织的全体员工。

（6）是否提供公众获取环境方针的途径。

（二）规划（策划）

规划（策划）包括确定环境因素，确定应遵循的法律与其他要求，设立并保持目标和指标，制订环境管理方案。

制定环境目标和指标首先必须依据物流系统的环境影响评价标准体系，确定各种环境排放满足标准的要求；再根据法律、法规的要求，结合重大环境因素考虑技术可行性、财政经营情况、相关方的要求等诸多因素来设立有关的环境目标和指标，形成环境管理方案。

本书从以下方面来评价物流组织环境规划。

（1）是否建立并保持一个或多个程序，用来确定物流过程中能够控制或有望对其施加影响的环境因素，从而判定哪些因素对环境具有重大影响或可能具有重大影响。物流组织在设立环境目标时，是否将与这些重大影响有关的环境因素加以考虑。

（2）是否建立并保持这样的程序，用来确定适用于物流服务中环境因素的法律，以及其他应遵守的要求；是否建立了获取这些法律和要求的渠道。

（3）物流组织是否针对其物流过程的每一个有关职能和层次，设立并保持相应的环境目标和指标；这些环境目标和指标是否形成文件。

（4）物流组织是否制订并保持一个或多个旨在实现环境目标和指标的环境管理方案，其中应包括规定组织的每一个有关职能和层次实现环境目标和指标的职责；实现目标和指标的方法和时间表。

（三）实施与运行

除了环境方针、环境规划，物流组织的低碳化水平评价还要考察实施与运行的情况，这需要从以下几方面进行。

（1）是否对不同员工的作用、职责和权限做出明确的规定，形成文件，并予以传达，以推动环境管理工作的有效开展。

（2）是否确定了培训的计划，是否对工作可能产生重大环境影响的所有人员都进行了相应的培训。

（3）物流组织是否建立并保持一套沟通程序，用于有关其环境因素和环境管理体系的组织内各层次和职能间的内部信息交流，以及与外部相关方信息的接收、形成文件和答复。

（4）物流组织是否以书面或电子形式建立并保持下列信息：对管理体系核心要素及其相互作用的描述，查询相关文件的途径。

（5）是否有一套程序来控制本评价所要求的所有文件的有效使用。

（6）物流组织是否根据其环境方针、环境目标和指标，确定与所认定的重要环境因素有关的活动，并针对这些活动制订计划，并确保它们正确执行。

（7）是否建立并保持一套程序来确定潜在的事故或紧急情况，做出响应，并预防或减少可能伴随的不良环境影响。

第三节　物流系统低碳化的途径

从物流与低碳经济的关系中看到，物流在低碳经济中占有特殊地位，低碳经济需要现代低碳物流的支撑。低碳物流符合科学发展观的要求，对低碳经济的发展和人类生活质量的改善具有重要意义。因此，不仅企业需构建低碳物流体系，政府部门也应采取相关措施来强化物流管理。

一、企业构建低碳物流体系

（一）低碳运输

1. 对运输线路进行合理布局与系统规划

企业可以通过最优化问题模型及排队论理论，事先对线路进行合理规划，缩短运输线路，精简不必要的环节，或者为运输工具安装卫星定位系统（GPS）。因为有些物资在干线运输转为末端配送时，有时需要设立仓库作为节点，这样会发生许多入库、出库的装卸作业，通过GPS把干线运输的物资数量在途中就纳入配送计划，可以使干线运输与末端配送有机衔接，由此节约的装卸费用可以作为净利润。这样就形成了企业获利、社会福利增大的双赢局面。可见，发展智能低碳物流对实现低碳经济的重要性。

2. 采用共同配送模式，以减少污染

共同配送是指为提高物流效率，对某一地区的用户进行配送时，由多个配送企业联合起来进行的配送。共同配送是多个货主企业共享一个第三方物流服务公司的设施和设备，所以可以降低配送成本，还可以减少车流总量，减少闹市卸货妨碍交通的现象的出现，改善交通运输状况，有效提高车辆的装载率，节省物流处理空间和人力资源，提升商业物流环境，进而改善社会福利。

3. 采取复合一贯制运输方式

复合一贯制运输是指综合利用各种运输方式的优势，采取多方式运输。这种方式在整体上为运输全过程的最优化和效率化提供保证，并且有效解决了由于各种市场环境的差异（如地理、气候、基础设施等）而造成的商品在产销空间、时间上的分离，促进了生产与销售的紧密结合，提高了企业生产经营的循环运转效率。

4. 大力发展第三方物流

第三方物流指供方与需方以外的第三方物流企业提供物流服务的业务模式。发展第三方物流不仅可使企业集中资源用于核心竞争力的增强，降低企业成本，还可以促使物流运输合理化，减少配送环节，缓解交通拥挤问题，缓解由物流运输给城市带来的环境污染问题。

（二）低碳仓储

企业为减少物流运输成本要选择合理的仓库地址，同时要使仓储空间得到最大限度的利用。

（三）低碳流通加工

在进行分割、计量、分拣、刷标志、拴标签、组装等加工时，变消费者分散加工为专业集中加工，以减少环境污染，并且对加工中产生的边角废料集中处理，减少废弃物污染。

（四）绿色包装

包装产品从原材料选择、产品制造、使用到回收和废弃的整个过程均应符合生态环境保护的要求，即减少资源浪费、避免环境污染。

（五）废弃物回收

如果废弃物处理不当会导致二次污染。因此，要建立对废弃物进行回收、分类、再加工、再利用的循环利用系统。

二、政府低碳物流管理措施

（一）财政补贴

企业要实现低碳物流，需要有资金投入。企业由于追求利润最大化，不一定会主动进行物流改革，因此政府应对企业进行低碳技术引进，对低碳物流给予鼓励和财政支持，引导物流企业向低碳物流方向发展。

（二）税收减免

对进行低碳物流的企业，政府可在某些税种上进行免征或减收，调动企业发展低碳物流的积极性。

（三）金融优惠

出台有关银行为低碳物流项目提供贷款支持的政策，政府可以为低碳物流项目作贷款担保。

（四）制定法律制度体系

大气污染随着物流活动的日益扩大而加重，政府应制定相应的环境法规，限制废气排放；限制使用高公害车辆，鼓励居民乘坐公共汽车；实行按排放量收取排污费的措施。

（五）限制交通流，控制交通量

发挥政府指导作用，促进第三方物流的发展，使企业的运输方式从自用车运输向营业用货车运输转变，选择合理运输方式，发展共同配送，提高企业物流效率，实现交通管制系统的现代化与智能化，以此来减少交通量，使交通拥挤现状得到改善。

第五章 低碳经济下物流发展的竞争力研究

第一节 企业发展的竞争力理论

一、企业竞争力的概念

企业竞争力的概念自提出以来，虽有众多国内外学者对其进行研究，但目前并未形成共识。通过回顾国内外文献可以发现，学者们从不同的视角对企业竞争力的概念进行了界定。在此，笔者对其进行简单的梳理。

（一）市场环境理论

世界经济论坛（World Economic Forum，WEF）是首个基于市场环境观来界定企业竞争力的正式组织，其发布的《全球竞争力报告》将企业竞争力定义为"企业在现在和未来的特定发展环境下，所具备的某种生产和销售与国内外竞争对手相比更有价格和质量优势的产品或劳务的能力和机会"。国内著名学者金融也从市场环境观的角度对企业竞争力进行了界定，他认为企业竞争力是一个处于充满竞争性和开放性的市场中的企业所具备的相比于其他企业竞争对手能更持续、更高效地向市场（消费者，包括生产性消费者）提供产品或劳务，并以此实现企业经济效益提升和全局发展的某种优良素质。

（二）资源基础理论

Wernerfelt 和 Barney 等基于企业资源基础理论将企业竞争力定义为企业通过提高所占有资源的质量或通过比竞争对手更有效地配置资源而获得的不易被竞争对手模仿的竞争优势的能力。彭丽红也从资源基础理论的角度出发对企业竞争力进行定义，她认为企业竞争力是一种支撑企业长久发展的重要优势，而这种优势来源于企业在一定环境下为形成并获取的极具持续性、稀缺性、独特性的各类资源而创造的产品或服务上的优势。

（三）企业能力理论

企业能力理论源于普拉哈拉德（C. K. Prahalad）和哈默尔（Gary Hamel）二人在《哈

佛商业评论》上发表的《公司核心能力》一文，文章一经发表，便在学术界掀起了对企业核心能力理论的研究热潮。在《公司核心能力》一文中，普拉哈拉德和哈默尔认为，企业的竞争力主要源于企业核心能力，其所具备的充分用户价值、独特性、延展性可创造企业价值、降低运营成本、提供众多市场，从而使企业获得难以被对手模仿的竞争优势。东京大学教授藤本隆宏（Takahiro Fujimoto）认为可以从企业具备或即将具备的 3 个层面的能力来综合考察企业竞争力的深层内涵：静态的能力，即企业目前已实际达到的竞争力水平；改善的能力，即企业不断维持和提升竞争力的能力；进化的能力，即企业综合创造前两者的能力。

（四）企业知识理论

企业知识理论源于企业核心能力理论，而又区别于企业核心能力理论，其内涵更多的是从企业学习和创新的角度来谈的。美国竞争力委员会主席菲什从企业知识理论出发，认为企业竞争力是企业所具备的一种创造并利用企业知识的能力，这种创造性能力相对于竞争对手而言具有更强的为其创造优势的机会。张红凤指出，在经济全球化发展的背景下，一种全新的基于知识和创新的竞争模式正日渐形成，相对于以往企业凭借各自的生产能力展开的竞争而言，这种新模式下的竞争更加关注企业创造新知识的能力。孙明华在其研究中指出，企业的竞争力是企业创造、开发、配置和保护资源的一种创新能力，而区分这种创新能力的关键在于企业既有的知识存量，企业之间能力的差别实际上由各自所拥有的知识存量反映出来，能力作为知识存量的外在表征而存在。

二、企业竞争力的影响因素

基于企业竞争力在不同层面上的内涵，国内外学者主要围绕产业结构理论、资源基础理论、核心能力理论和知识基础理论从不同的角度探究企业竞争力的影响因素。

（一）产业结构理论

产业结构理论的代表性人物是美国学者迈克尔·波特（Michael Porter），二十世纪九十年代，他指出企业的竞争优势来源于两个深层次因素：特定产业环境下的潜力和位势。其中，潜力是一个企业在该产业环境中持续创造经济效益的可能性，而位势则是指企业在特定的产业结构下相对于竞争对手而言所拥有的地位。在这两个深层次因素中，产业的潜力是实现企业持续性盈利的根本保证，而产业的竞争状况则决定着该产业是否充满吸引力。同时，他还指出潜在进入者的威胁、替代品的威胁、买方议价实力、卖方议价实力以及同行业竞争者的竞争力将一起构成影响产业竞争状况的五种基本竞争力量。企业生存发展的环境和企业之间的竞争关系是影响企业竞争力的第一外部要素，因此企业需要在特定的产业结构下对影响产业竞争状况的五种基本竞争力量进行深入剖析，探究其作用机理，从而创造独有的竞争优势。

（二）资源基础理论

迈克尔·波特等人提出的产业结构理论着重强调市场所发挥的作用，即在讨论影响企业竞争力的因素时主要将其设定在产业或行业范围内，认为企业获取竞争优势的关键在于选择合适的产业、行业，并进行合理的定位，而忽视了企业内部资源所发挥的作用。为全面考察影响企业竞争力的因素，学者们将企业的内部要素禀赋作为影响企业竞争力的重要变量考虑进来，并由此提出资源基础理论。胡大立等人指出，企业所处的外部环境只是其获取竞争力的外在条件，企业资源才是提升企业竞争力的内部动因，企业内外部资源的有效互动将为其带来竞争优势。企业资源是指企业拥有或控制并能为其所用的包含物力、人力、组织资源在内的一系列有形和无形资产，对企业的价值主要表现在，通过直接利用资源，创造出如规模集聚效益和良好的声誉形象等优于竞争对手几倍的价值，从而持续保持竞争优势。同时，企业的资源对企业的价值创造也将产生间接影响。

（三）核心能力理论

核心能力理论是在资源基础理论的基础之上进一步发展而来的，学者们在研究的过程中发现企业仅依托外在环境和内部资源来提升竞争力是远远不够的，充分利用所处环境，对资源进行合理的使用和优化配置才能让企业获得独有的竞争优势，实现长远发展的。核心能力学派认为，企业的能力是企业通过对获取的资源进行优化配置，实现企业长远发展目标的一种禀赋，每一个企业具备的创造性地进行资源优化配置的能力凝聚成企业的核心能力。核心能力的构成要素涵盖了劳动者的专业技能、企业拥有的专利技术、企业运作管理体系和企业的文化等，这些技能和知识所具备的独特性和难以模仿性，使企业的战略与其他企业区别开来，从而为其带来专属而又稀缺的竞争优势，最终创造更多的超额价值。

（四）知识基础理论

在时代不断发展和环境的飞速变化的过程中，企业的核心能力常无法实现同步的提升，使企业原有的核心能力不仅不能为企业带来竞争优势，反而会成为阻碍企业发展的桎梏。众多学者在此基础上进一步融合产业结构理论和核心能力理论，提出了企业知识基础理论。知识基础理论认为，企业所拥有的知识对其竞争对手而言应是难以模仿的，即企业的默会知识（Tacit Knowledge）所具备的独特性对企业的竞争力将产生重要的影响。默会知识的过程性决定了企业的竞争优势是难以模仿的，即竞争者若不参与竞争过程将无法体会到这种知识的存在；默会知识的完整性决定着竞争对手只能模仿明晰知识，而无法学习默会知识，这使企业保持竞争优势；默会知识的不明确性决定着企业的竞争对手无法确定要模仿的核心因素，以及如何进行模仿，从而使企业保持核心能力，并难以被竞争对手模仿，从而创造了独有的企业竞争优势。

基于对企业社会责任理论、利益相关者理论和学者对企业竞争力概念的界定与对影响因素的研究、回顾与综述，本书结合研究目的和研究方法，将物流企业竞争力定义为物流企业在供应链各个环节的运作过程中，为满足不同利益相关者利益诉求，在对各类形态的资源进行优化配置的过程中所产生的难以被竞争对手模仿的能力的总和。

第二节　环境因素对企业发展的影响分析

迈克尔·波特指出，企业的竞争优势主要体现在成本优势和产品差异化两个方面，企业若要保持这种竞争优势，就必须不断地提高产品质量或改善服务，提高生产效率，以此不断提高企业的市场竞争力。从这个角度来看，低碳时代加强环境管制的实质就是要把企业的外部成本内在化，将环境保护成本转移到企业产品或服务中，因此环境因素对企业竞争力的影响也主要体现在对企业的成本的影响和对产品服务的影响两个方面（图 5-1）。

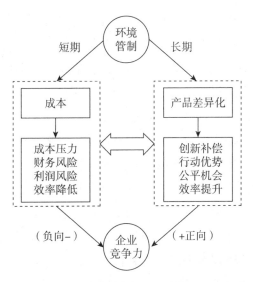

图 5-1　环境管制对企业竞争力的影响机制

从短期来看，低碳时代政府加强环境管制，不可避免地增加了企业的运作压力，环境税费的征收和环境技术标准的实施将直接增加企业生产成本。由于企业的运转资金是有限的，用于环境技术创新的资金投入又占据了一定的比例，这也间接增加了企业的财务风险。另外，低碳时代的技术创新并不能在短时间内直接为企业带来价值，但对企业有限资源的占用却能够降低企业的生产管理效率。从市场反应来看，作为对成本增加的回应，很多企业选择提升产品或服务的价格，产品或服务价格的上升将会直接影响企业收益，而这最终将对企业的竞争力产生负面的影响。

企业竞争优势的培育需要一个长期的过程，而竞争优势从根本上看源自企业的不断创新、完善和改变。企业若要获得持续的竞争优势就不能停止创新，企业如若停滞不前必将被竞争对手赶超。而维持竞争优势的方法唯有创新，延续竞争优势还需要企业不断发展，否则初级阶段的优势将很快被模仿，竞争优势也将不复存在。因此，从长期来看，在低碳时代环境管制的外部压力下，企业若要长期稳定地保持竞争优势就必须树立绿色环保的发展理念，勇于承担应有的社会责任，努力寻求环境技术创新，实现环境保护与企业发展双赢。

首先，环境管制能够促使企业获取市场竞争的先动优势。从市场需求的角度来看，发展绿色经济已经成为经济发展的必然趋势，随着消费者环保意识的提升，消费者对绿色产品的购买意愿强烈，绿色市场有着广阔的发展前景。从市场竞争的角度来看，面对愈发严格的环境标准，企业如果不主动进行创新，就只能被市场淘汰。因此，企业若能够率先进行环境技术创新，就能在激烈的市场竞争中先行一步，占据主动优势。

其次，环境管制也给企业发展提供了一个公平的竞争环境。并不是所有企业在面对环境管制时都会在第一时间进行技术创新或者环境投资，企业要有一个对短期利益和长期利益进行权衡的决策过程，也可以称之为企业进行环境创新的过渡阶段。同时，在这个过渡阶段环境政策工具还起到调节、缓冲的作用，一方面环境政策工具对希望节省资源而不愿进行环保投资的企业施加外部压力，以控制市场竞争的外部不经济性；另一方面环境政策工具也给愿意进行环境技术创新的企业提供一个缓冲期，以赢得环境技术创新的时间，控制总成本。总而言之，环境管制给市场竞争中的企业提供的创新机遇是公平的，提供的竞争环境也是公平的，关键在于企业的战略选择。

最后，环境管制能够激励企业进行环境技术创新，提高生产效率，以获得创新补偿。环境管制的目的就是促使企业减少污染排放，而污染本身就是企业生产无效率的一种表现形式，环境管制促使企业积极进行技术创新，改进管理方式，提升生产效率，从而减少能源浪费，减少甚至消除污染。在环境管制之下，企业通过技术创新还能够获取创新补偿，一般来说企业的环境技术创新成本补偿来自两个方面：第一是在企业污染的处理过程中，企业通过提升污染处理的技巧，尽可能地降低污染处理的成本，甚至通过回收再处理将污染物转化为有价值的东西；第二是在污染产生的源头，企业通过创新改善生产环境，提高资源生产力，从而获得生产过程和产品两方面的价值补偿。

第三节　基于环境因素的企业发展一般分析模型

本节从环境管制对物流企业竞争力的影响机制出发，分析环境管制对物流企业的影响机制，但是企业竞争力的影响因素是十分复杂的，涉及政治、社会、经济、生活各个领域，各种因素之间相互交叉、相互转化、相互渗透、相互影响，综合决定了企业的竞争力，环境因素是企业竞争力的众多影响因素中的一个。研究低碳时代企业竞争力的影响因素，需要从各个因素之间的逻辑关联出发，构建基于环境因素的企业竞争力分析框架，从内在相关性揭示环境管制对企业竞争力的影响。

在目前日益严峻的环境形势下，环境要素已经成为企业战略规划中不得不考虑的一个重要因素。本书结合国内外学者的研究成果，特别是结合迈克尔·波特的竞争力"钻石模型"，构建了一个基于环境因素的企业竞争力分析模型（图5-2）。随着消费者环保意识的不断提升，政府和环保组织的大力宣传，环境管制政策已经在很多国家得到实施，所取得的效果也比较明显，企业普遍感受到了来自环境管制的压力，市场竞争的天平逐渐向环境管制政策倾斜，一些具有社会责任感的企业主动选择进行环境技术创新，环境因素对企业产生了显而易见的影响。环境因素本身具有特殊性，从企业竞争力的外部要素分析，环境资源是企业生产所需的一种外部资源，并且随着环境资源日益稀缺，企业针对环境资源的竞争也将变得愈加激烈。从企业竞争力的内在要素来看，日益严峻的环境形势已经影响到政府的政策设计，而绿色环保的观念也在潜移默化地影响着消费者的消费观念，追求利益不再是企业唯一的战略目标，走可持续发展的道路才能保持竞争力。

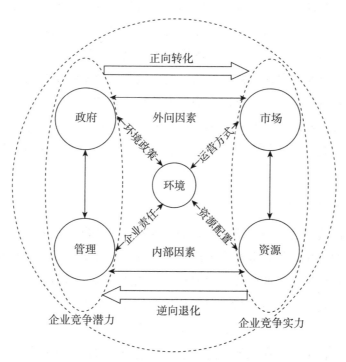

图5-2　基于环境因素的企业竞争力分析模型

第四节　低碳经济下物流企业发展影响因素分析

影响物流企业竞争力的因素有很多，根据前文所构建的基于环境因素的企业竞争力分析模型，并结合物流企业的发展特点，本节从政府、市场、资源3个方面对低碳时代物流企业的竞争力影响因素进行分析。在这四个主要因素中，政府因素和市场因素是影响物流企业竞争力的外部因素，资源因素是影响物流企业竞争力的内部因素，外部因素和内部因素相互联系、共同作用，最终形成了物流企业的竞争力。下面就从政府、市场、资源3个方面对低碳时代影响物流企业竞争力的主要因素进行分析。

一、政府层面

物流企业的经济属性决定了其发展目标就是追求经济效益的最大化，激烈的市场竞争促进物流企业不断发展壮大，但是单独依靠市场机制并不能使有限的资源得到完全合理的配置。在行业监管不严的情况下，物流企业在发展的过程中不可避免地会产生环境污染、资源浪费、不良竞争等外部不经济问题，而政府的作用就是弥补市场调节机制的不足，促进资源合理分配，制定物流行业规范标准，引导并促进物流企业实现可持续、健康发展。环境管制政策的目标是实现环境保护与企业发展双赢，而以可持续发展的眼光来看，目前物流企业所存在的污染环境、浪费资源、效率低下问题都是企业缺乏竞争力的表现。在低碳时代，企业一方面面临更大的环境管制压力，另一方面也迎来了发展的机遇。对于物流企业来说，政府作为环境管制政策的制定和实施主体，对其竞争力有着直接的影响，物流企业要想实现环保和发展双赢，就必须把低碳时代的压力和机遇转化为企业的竞争力。

（一）环境管制法律法规

环境管制法律法规是政府实施环境管制最为有效的手段，政府通过立法将环境管制的各项控制标准明晰化，将企业和个人应当履行的环境义务和责任具体化，从而使政府的环境管制行为得到法律上的保障。政府环境管制法律法规具有强制性，对于企业运营过程中的环境污染行为，监督机构可以环境管制法律法规为执法依据，强制要求污染环境的企业终止污染行为并进行环境技术改进，达不到环境标准要求的企业将被强制进行停业整顿或者直接被关停。在法律法规面前，污染企业难以讨价还价。

对物流企业来讲，物流企业的环境污染主要集中在运输、配送、仓储等核心物流环节，污染类型有大气污染、固体废物污染、噪声污染等。为此，我国各级环保、交通部门都出台了相应的环境管制法律法规，如《中华人民共和国大气污染防治法》《汽车排气污染监督管理办法》《中华人民共和国固体废物污染环境防治法》等。物流企业面对这些环境管制法律法规，要么选择停止环境污染行为，以免受到法律制裁，要么选择进行环境技术创新以达到管制的标准要求。前者是对企业自身竞争力缺失问题的回避，后者才是提升企业竞争力的根本途径。在环境管制不断加强的大背景下，物流企业的污染控制能力、环境技术创新能力都是企业竞争力的表现。

经过半个多世纪的改革和发展，我国环境管制法律法规体系不断完善，尤其是加入WTO之后，我国的环境法律体系建设也在逐步同国际接轨。随着经济全球化的不断发展，物流国际化趋势更加明显，在全球环境逐渐恶化的情况下，环境壁垒逐渐成为国际贸易壁垒中的重要形式。例如，ISO 14000 系列环境认证标准对物流企业同样适用，这也是对我国物流企业发展状况的一个检验。因此，展望未来，我国物流企业只有通过环境技术创新，不断提升自身竞争力，才能在日益激烈的国际竞争中占据一席之地。

（二）环境行为监管力度

环境管制法律法规为政府各级环保部门进行环境管制提供了法律依据，但最终影响执法效果的是政府管制部门的监管力度。政府管制部门不同的监管力度对物流企业环境行为和竞争环境产生的影响存在较大差别。

一般来说，企业的环境违规行为被发现的概率与政府的管制监督力度成正比，即政府越是加强环境监管，就越容易发现企业的环境违规行为。由于环境资源的外部性和企业自身对经济利益最大化的追求，在监管力度较小的情况下，污染严重的物流企业就可能冒险做出违规行为，以此来换取超额的经济利益；而主动进行环境技术创新的物流企业并没有获得环境技术创新所带来的竞争优势，这会打击企业继续进行环境技术创新的积极性。由此可见，环境监管的缺失也就间接纵容了物流企业之间的不公平竞争。而污染严重的物流企业受到较严格的监督时，为了避免缴纳高额罚金，普遍选择遵守环境法律法规，严厉的管制监督为物流企业进行环境技术创新提供了较为公平的竞争环境。综合以上分析可得，低碳时代政府的环境监管力度是影响企业竞争行为的关键因素之一。

（三）环境税收政策

从宏观经济层面来看，税收收入是国家财政收入的重要来源之一，税收政策是政府对经济活动进行调节的重要工具；从微观经济的层面来看，政府可以通过税收政策对企业和消费者的社会经济活动进行引导，促进社会资源合理分配。随着我国物流行业快速发展，物流业的税收逐渐成为各地方政府税收的重要来源之一，作为提供生产性服务的企业，物流企业的运营范围包括运输、仓储、配送、流通加工等，其所适用的税收政策也很广泛，税收成本在物流企业的财务成本中占了很大的比重。随着我国税收政策的改革和完善，税收对于物流企业发展的激励作用越发明显，物流企业通过对自身资源的统筹优化，既可减少所面对的税收压力，又能提升企业的市场竞争力。

在低碳时代，环境税收政策对物流企业竞争力的影响也很明显。从表面来看，环境税收加重了企业的财务负担，一方面，政府可以通过对环境税收政策的合理调整，对低碳环保的物流企业给予一定的税收优惠，对企业环境技术创新行为进行资金补偿。另一方面，政府也可以提升对污染严重、碳排放量大的物流企业的征税比例，迫使其进行环境技术改进。从竞争力的角度来看，环境税收政策一方面为物流企业竞争力提升提供了压力，另一方面也为促进物流企业低碳化发展提供了动力。

二、市场层面

市场因素是影响企业竞争力的一个重要因素。在市场环境中，市场的供求状况、消费者的选择偏好、竞争企业的发展策略、企业所处的发展状态、与合作企业的关系等的变化，都会对企业的竞争力产生直接或者间接的影响。市场因素也是影响物流企业竞争力的一个重要因素，因为物流企业所处的市场是开放的、完全竞争的，企业之间的竞争是激烈的。在这里笔者结合其他学者的研究观点和物流行业的市场发展现状，将影响物流企业竞争力的市场因素归纳为以下几个方面。

（一）企业品牌形象

品牌形象是物流企业在多年的经营发展过程中树立的一面旗帜，是物流企业在消费者心中形成的特有的印象，是物流企业在激烈的市场竞争中吸引消费者的有力武器。另外，企业的品牌形象也间接反映了物流企业的竞争优势和发展定位。良好的品牌形象是企业的一张名片，不仅能够吸引更多的消费者，还能够吸引高素质的员工，有助于使企业长久保持竞争优势。以快递服务业为例，顺丰速运是我国民营快递行业的龙头老大，多年以来顺丰所努力营造的安全、快速、可靠的企业形象深得民心，这不仅是顺丰速运在消费者心中形成的特有的形象，更是顺丰速运最大的竞争优势，这是目前国内其他快递企业还没有的优势。品牌形象的塑造是企业多年努力的结果，在新的环境形势下，物流企业应当积极发展绿色物流、低碳物流，将绿色、低碳作为市场营销重点，以负责任的企业形象去吸引消费者，这是低碳时代物流企业提升竞争力的途径。

（二）绿色服务能力

物流企业隶属于服务行业，其基本目标是满足消费者的需求，消费者的需求是促进物流企业发展的源动力。随着互联网技术的发展更新，电子商务迅速崛起，自媒体技术日益成熟，消费者的物流需求也更加多样化、个性化，快递业务、零担物流是近些年来发展最为迅猛的物流业务，这与消费者的需求刺激有着直接的关系。从环境保护的角度看，面对日益严峻的环境形势，人们的环保意识正在不断提升，绿色消费观念也在逐渐增强，绿色物流、低碳物流是未来物流行业发展的趋势，绿色物流有着广阔的发展空间，物流企业应当根据消费需求，及早制定企业发展规划，掌握发展的主动权。进一步而言，在低碳时代，个性化、高效的定制物流是物流的发展方向，物流企业要把握市场需求，适应市场变化，创新物流业务形式，提升业务能力、营销能力，积极提供高效率、低污染、重服务的绿色物流服务，以提升物流企业的市场综合竞争力。

（三）业务创新能力

在不断变化的市场环境中，物流企业单纯提供基本物流服务，很容易在市场竞争中被淘汰，开展综合性业务的物流企业才能保持市场竞争优势。物流企业在为消费者提供基本物流服务的同时，必须要根据市场发展变化和消费者实际需求，积极进行业务创新，拓展业务种类，发展专业化、精细化基础配送业务，广泛发展仓储、加工、包装等多种物流增值服务。物流企业要有敏锐的市场嗅觉，不断促进物流业务创新，将市场信息转化为业务的创新来源，将业务创新转化为企业的市场竞争优势。

三、资源层面

资源因素一直是物流企业整体竞争实力最直观的体现，也是物流企业未来能否发展壮大的重要决定因素。现代物流企业的资源主要包括物流基础设施设备、企业人力资源、客户资源、企业财务资源、物流信息资源等，物流企业所拥有的资源共同构成了物流企业的基础竞争力，这是企业发展最根本的保障。随着外部竞争环境的变化，来自环境管制的外部压力也对物流企业资源因素有着新的要求，这些变化将是影响物流行业未来发展的关键。在这里重点从物流基础设施设备、物流信息资源和企业人力资源3个方面对影响物流企业竞争力的资源因素进行介绍。

（一）物流基础设施设备

物流基础设施设备是物流企业发展的基础。基于物流行业的特点和自身发展需要，物流企业的基础设施设备主要包括交通工具、储货仓库、装卸搬运工具等，基础设施设备的完善程度和发展规模直接反映了物流企业的竞争实力。随着外部竞争环境的变化，新的竞争压力对物流企业的基础设施设备又提出了新的要求。以交通工具为例，一方面，随着物流行业的快速发展，集汽车、火车、飞机于一体的多式联运的重要意义愈加突出，它在一定程度上还突破了传统意义上的运输模式。另一方面，在低碳时代，社会各界对减少能源消耗、降低单位运输成本、降低空载率、减少污染排放、提升运输效率的需求愈发迫切，这些新的需求也对物流企业的运输工具提出了新的要求，企业运输车辆正在向集装箱运输车、冷藏专用车、专业化厢式货车等现代化专用物流车辆方面发展。在储货仓库和货物装卸方面，建设现代化的货物转运中心和存储中心，合理规划仓库选址和货物区位，科学设定仓库库存，使用立体式货架、自动分拣机、多功能装卸叉车等，也是物流企业在基础设施建设方面必须要考虑的。总之，物流行业是一个快速发展的行业，也是一个竞争残酷的行业，只有不断与时俱进，才能跟上时代发展的步伐。

（二）物流信息资源

物流企业的信息化建设对企业的长远发展有着十分重要的意义，目前的物流信息技术主要有条形码技术、射频识别技术、GPS技术、GIS技术。以现代物流信息技术为依托，通过物流企业的信息管理系统构建企业、货物、顾客之间的立体化信息平台，可实现网上订单、货物管理、货物跟踪、运输管理、车辆调度、配送管理等多项功能。从企业发展管理的角度看，物流信息化不仅能够提高物流企业的运营效率，大大减少企业资源的浪费，还能提升顾客的满意度。从节能环保的角度来看，物流信息化也是企业实现低碳发展的基本保障，物流信息化大大提高了企业的资源利用效率，直接减少了能源浪费，降低了企业的运营成本，降低了企业碳排放量。

（三）企业人力资源

人力资源一直是物流企业发展的重中之重，企业人力资源有着很大的灵活性，是企业不断发展的动力。随着物流信息化的不断发展、专业化物流工具的不断普及，现代化的物流企业对员工的综合素质有着更高的要求。对于一些规模较小的物流企业来说，人力资源问题尤为突出。受发展规模的限制，小型物流企业在工作环境、员工福利、薪酬待遇、工作时间和工作强度等方面都存在很多问题，对高端人才、综合型人才缺乏足够的吸引力，导致企业人才紧缺、人才流失现象严重，继而严重阻碍了企业的健康发展。因此，物流企业应当有长远发展眼光，建立完善的人才储备机制和人才培养机制，落实内部管理制度，建立人才保护机制，以企业人力资源发展为依托，稳步发展，不断提升企业竞争力。

第六章　低碳经济下物流业的碳排放测算研究

第一节　开展物流业碳排放测算研究的意义

2014年，中央经济工作会议指出，现在环境承载能力已经达到或接近上限，必须顺应人民群众对良好生态环境的期待，推动形成绿色低碳循环发展新方式。目前，我国经济发展进入"新常态"，全国政协副主席周小川指出，"新常态"下GDP增长的质量，包含对环境的重视。物流业作为能源消耗大户，碳排放量非常大，是第三产业中的高碳行业。国际能源署（International Energy Agency，IEA）2012年的年度报告显示，2010年全球交通用油总量占全球石油消耗总量的61.5%，全球交通部门CO_2排放量占全球CO_2排放量的22.3%。

在国内，随着近年来我国工业化、城市化的推进以及"十一五"和"十二五"规划的实施，我国物流业得到飞速发展，2013年中国物流市场占全球物流市场的18.6%，超过美国（15.8%），已经成为世界物流总量第一大国。2014年，物流业增加值为3.5万亿元，占GDP的5.6%、服务业的11.6%。我国目前正处于快速发展阶段，未来物流业规模还会进一步扩大，碳排放也会进一步增加，我国要实现国家制定的减排目标就必须将物流业作为减排重要领域。

要有效实现碳减排，首先要有科学的碳排放核算体系，以便制定合理的减排指标，无论是对减排的奖励还是对减排不力的惩罚，都应有一个科学的依据，所以测算物流业的碳排放是发展低碳物流的第一步。物流业是碳排放大户，目前国内学者正在逐步开展关于低碳物流的研究，但从碳排放测算角度定量探究碳减排指标的相关研究较少，国内学者对物流业碳排放测算的研究还处于起步阶段，对我国物流业系统整体的宏观研究较少，对政策体系的研究不足，并且多采用直接能耗法进行测算，误差较大。同时，针对物流业碳排放的环境库兹涅茨曲线（Environmental Kuznets Curve，EKC）及其影响因素的研究不多，且很多研究并没有对实证数据及结果做进一步的检验，可靠性低。本书立足物流业的低碳化发展，对我国物流业碳排放量进行测算，对我国物流业经济增长与碳排放关系进行研究，并对物流业碳排放影响因素进行分析，最后提出相关管制政策建议，为我国物流业减排指标及政策的制定提供借鉴，其研究意义如下。

一、理论意义

首先，对国内外碳排放测算方法以及国内外物流业碳排放测算相关研究进行梳理、总结及分析，为其他学者开展碳排放测算等相关研究提供一条清晰的研究脉络；其次，采用投入产出间接能耗法对我国物流业碳排放测算进行研究，为其他学者应用此方法进行研究提供参考，同时有助于完善国内间接碳排放测算理论体系，为减排指标的制定提供数据支撑；最后，通过 EKC 模型对我国物流业经济增长与碳排放关系以及碳排放影响因素进行研究，把握我国物流业碳排放整体现状及影响因素，为碳减排政策的制定提供借鉴。

二、现实意义

首先，通过分析物流业能源消费结构、能源碳排放量以及整体物流业碳排放量，可以为我国物流业能源消费结构的改善、能源利用效率的提高以及减排指标的制定提供基础；其次，通过国家政策的引导，物流业可以完成从"高碳"到"低碳"模式的转型，提升产业竞争力，推动自身长远发展；最后，推进我国低碳物流及低碳经济的发展，进而推动我国经济的可持续发展。

第二节　国内外碳排放测算方法的梳理与研究动态

一、碳排放测算方法研究

国际上系统提出碳排放相对完整的核算体系的时间并不长，《联合国气候变化框架公约》在 1992 年就提出要将大气中温室气体的浓度控制在一定范围内，但由于没有具体的量化的减排指标，缺乏可操作性，直至联合国政府间气候变化专门委员会（Intergovernmental Panel on Climate Change，IPCC）编制了温室气体排放清单，提出了相关算法，温室气体排放核算体系的新时代才正式开启。目前，国内外关于碳排放核算方法的研究较丰富，方法种类较多，但并没有形成统一的、系统的、较完善的测算方法体系。目前，碳排放测算研究主要是对基于能源消耗的核算方法的研究，对基于非能源碳排放的测算方法的研究特别少。在此，本书主要对基于能源消耗的碳排放测算方法研究及应用现状进行梳理总结，以了解碳排放测算方法及研究动态；除实测法外，根据世界资源研究所和世界可持续发展工商理事会于 2004 年公布的《产品寿命周期核算与报告标准》对温室气体核算范围的划分，将测算方法分为直接能耗法和完全能耗法。

（一）直接能耗法的碳排放测算研究动态

直接能耗是指产品或服务在生产过程中直接消耗的能源。国内外学者对直接能耗碳排放测算的研究方法主要包括 IPCC 碳排放系数法和基于投入产出表的直接消耗系数法及碳足迹计算器法。其中，碳足迹计算器法主要是依据碳排放系数对居民个人及家庭日常生活方式等能源消耗造成的碳排放进行统计的方法。

1. IPCC 碳排放系数法测算研究

IPCC 碳排放系数法被广泛认可，被认为是最权威的方法。碳排放系数是指能源在燃烧或使用过程中单位能源所产生的碳排放量，根据 IPCC 的假定，某种能源的碳排放系数是不变的。将生产某种产品消耗的能源量同其相应的碳排放系数相乘即可获得相应的碳排放量。整体上看，IPCC 碳排放系数法是基于生产责任的排放核算，考虑的是直接碳排放，操作简单，但运用该方法计算的过程中没有考虑间接碳排放，计算结果不够准确、不够可靠。

IPCC 指南中主要介绍了三种基于碳排放系数的碳排放计算方法：分部门计算法、特定因子计算法以及基于能源表观消费量的计算法。分部门计算法需要统计各个部门的能源消耗量，能避免由于能源非燃料用途而造成的重复计算，虽比采用能源表观消费量的计算法得到的结果更为精确，但对数据要求较高，获取难度大，目前国内外较少采用此种方法。代表性的研究成果有：Stefan Güssling 等和石培华等通过分部门构建模型并利用碳排放系数对旅游业的碳排放进行了估算；娄伟将城市碳排放划分为几个部分，并以城市能源消费和土地利用碳排放两部分为例，构建了基于碳排放系数的计算模型并做了实证研究。特定因子计算法是三种方法中最精确的，但需要对各国或各地区的碳排放系数做测算，操作成本高，国内外相关研究中很少运用该方法。基于能源表观消费量的计算法，由于城市尺度的统计数据限制，目前国内外运用较多，如冯蕊、陈飞等采用此法对居民生活消费碳排放做了测算研究。虽然运用此法估算碳排放较为简单，但其只适用于统计数据不详尽的情况，适用于宏观碳排放的研究，而且因为采用的不是本地碳排放系数，故存在一定的计算误差。

2. 基于投入产出表的直接能耗法测算研究

二十世纪三十年代，美国经济学家里昂惕夫（Leontief）开始研究并编制投入产出表以研究美国经济结构。二战爆发后，美国政府同里昂惕夫合作编制年投入产出表并开展研究，资源环境被纳入投入产出经济分析，此后投入产出法得到了很大的发展。例如，有学者将其应用到能源消耗研究中，如 Bullard 和 Herendeen 以美国投入产出数据库为基础，对美国各部门能源消耗进行了测算。再如，中国社会科学院也编制了中国第一个国民经济投入产出表。

基于投入产出表的直接能耗法是指通过投入产出表得到直接消耗系数矩阵，利用直接消耗系数矩阵和碳排放系数，得到直接碳排放量。其中，直接消耗系数矩阵由直接消耗系数组成。此方法只测算生产过程中直接消耗能源产生的碳排放，但与 IPCC 碳排放系数法相比更为复杂且忽略了间接碳排放。虽目前国内外对此方法都有一定的应用，但应用研究较少，且几乎没有单独采用直接能源消耗法的，更多是在将直接碳排放与间接碳排放进行对比时才采用，而且很多学者，如 Manfred Lenzen 和 Machado G. 等一致认为：间接碳排放比直接碳排放估算更准确，且间接排放量远高于直接排放量。国内孙建卫等和徐盈之等在相关研究中应用了此种方法，温单辉在研究碳关税对中国经济的影响时，分别采用直接能源消耗法、完全能耗法及混合计算法 3 种方法对中国外贸碳排放量进行了计算，并对结果进行了比较，发现采用直接能源消耗法与采用完全消耗法估算的碳排放量相差 10 倍。

（二）全部能耗法的碳排放测算研究动态

全部能耗法是指考虑产品所涉及的整个生产链的碳排放，包括其他关联行业对其投入的产品在生产过程中所消耗的能源在内所排放的 CO_2，产业链前端、上游开采时的碳排放。国内外学者对全部能耗碳排放的测算主要有三种思路：其一是以价值流为基础的投入产出法，从前到后统计最终产品所消耗的各行业的投入价值量，然后以各行业单位产值能耗量为基础求出各行业的间接能源消耗所造成的碳排放；其二是以物质流为基础的生命周期法，从后到前估算产品生产全部过程所消耗的全部能源的物质量，再按照各种能源物质量与标准煤之间的转换关系求出间接能源消耗量所造成的碳排放，此方法主要用于产品、项目或企业的碳排放核算；其三是将前两种方法相结合的混合分析法。下面对这三种思路的相关研究成果进行归纳性的介绍。

1. 投入产出完全能耗法碳排放测算研究

基于投入产出表的完全能耗法是指对产品生产过程包括间接碳排放在内的碳排放的测算，间接碳排放也是非常重要的一部分，早在二十世纪七十年代，Leontief 在他关于经济结构与环境的文章中提出，传统观点认为重点是提高建筑物的能源效率，而其他建筑生命周期阶段通常被认为不太重要，这种看法是有问题的，应更多地关注建设阶段，包括使用材料本身的碳排放，并基于早期的投入产出理论，采用生命周期法，以芬兰国家数据为基础，对温室气体排放与原材料以及建筑之间的关系进行了分析。该方法能够考虑到产品生产所造成的间接碳排放。有学者认为投入产出法是一个很好的计算框架，适用于多国间完全碳足迹估算，但数据量大、难以收集，故适用于宏观层面计算。同时，由于采用价值量计算能耗以及分部门计算能耗会产生结果估算偏差，目前，很多国内外学者采用以价值流为基础的投入产出法测算产品间接碳排放，针对国际贸易碳排放以及居民消费品碳排放的应用研究较多。

投入产出法既适用于直接碳排放测算又适用于间接碳排放测算，从研究层次来看，既有国家层面的碳排放研究，也有具体到某个行业的中观层面研究，代表性成果如下：Annemarie 等、马述忠等以投入产出表为基础，从国家宏观层面出发对出口贸易的直接碳排放和间接碳排放进行了估算；Ahmad 和 Wyckoff、Maenpa 和 Siikavirta、齐晔等基于各自国家的投入产出表，通过计算消耗系数得出隐含能源，并对国际贸易中商品隐含碳进行了测算研究；孟祺、黄敏等采用投入产出模型对我国外贸出口商品的隐含碳进行了测算，研究发现，出口商品的隐含碳排放量逐年增长；傅京燕和张珊珊采用投入产出法对中国 16 个制造行业的对外贸易隐含碳进行了估算比较，认为中国的高碳排放行业具有比较优势；Pachauri 和 Spreng 基于投入产出表对历年印度居民家庭生活对能源的直接与间接需求进行了分析研究；Claude 等人基于投入产出表对巴西居民家庭的直接与间接能源消费的碳排放进行了研究，研究结果表明间接能源需求量占较大分量。也有学者通过自行编制投入产出表对碳排放进行研究，如周平和王黎明利用价值型投入产出表及能源消费实物量相关数据，编制出能源投入产出表，并对居民消费的直接与间接碳排放量分别进行了计算，结果显示间接碳排放高于直接碳排放。做过类似研究的还有 Manfred Lenzen 等，他们研究认为现代城市人的生活需要大量的自然资源，城市内间接能源消耗同直接能源消耗一样重要。此外，投入产出方法在制造业、包装工业（周建伟、许晨）、建材行业（何琼）等领域都有应用，可见该方法目前应用研究较为丰富，理论体系相对成熟。

2. 生命周期法碳排放测算研究

生命周期法是对产品或服务活动在整个生命周期内所消耗的能量造成的排放量的研究。此法最早应用于二十世纪六十年代，即美国研究所对 Coca-Cola 公司饮料包装瓶做的评价研究。二十世纪七十年代，能源危机使能源消耗造成的污染问题受到广泛关注，自此，生命周期法研究领域向公共领域延伸。国际环境毒理学和化学学会（Society of Environmental Toxicology and Chemistry，SETAC）提出的生命周期评估法（Life Cycle Assessment，LCA）使该方法的理论体系得到进一步完善，该学会出版的《生命周期评价（LCA）纲要：实用指南》为其提供了一个基本技术框架，成为生命周期评价方法论研究起步的一个里程碑。除此之外，国际标准化组织（International Organization for Standardization，ISO）将生命周期法纳入环境管理体系系列，其中 SETAC 和 ISO 评价框架前三步都为目标确定、清单分析、影响评价。不过，我国对生命周期评价展开研究的时间比较晚，直到 20 世纪末期才有学者真正开始关注，但发展速度却非常快。

生命周期法主要包括三种方法：一是基于产品的核算，以英国标准协会 2008 年 10 月颁布的 PAS 2050 为代表，这也是世界第一份碳足迹计算方法标准；二是基于企业或组织的核算，以《温室气体协议：企业核算和报告准则》（简称"GHG 协议"）为代表，测算范围涵盖产品从一个企业运到另一个制造商企业的碳排放；三是基于项目的碳排放核算，以清洁发展机制（Clean Development Mechanism，CDM）为代表，测算范围涵盖产品的整个生命周期，包含原料、制造、分销和零售、消费者使用，甚至包括最终的废弃或回收阶段的温室气体碳排放的核算。

生命周期法用于估算某个项目从投入到最终产出整个过程中温室气体的排放量，是按照不同产品进行分类计算的，可以避免采用平均法而产生的误差，能为政府决策提供有力支持。Rice 和 Clift 提出，测量和评估碳排放作为减排的一个重要步骤，采用 LCA 的技术方法就是一个很好的选择。目前 LCA 在很多行业的碳排放研究中得到应用，特别是在工程项目碳排放研究中应用较多，同时在居民生活能源消费和对外贸易、旅游、食品等行业的碳排放测算研究中也有应用。关于此方法的应用研究，学者都是从整个生命周期角度出发，分阶段、分部门的构建基于碳排放系数的模型，从而进行测算研究。如 Wei 等人采用生命周期法对居民家庭生活的能源消耗量或 CO_2 排放量进行了估算，发现居民的间接能源消费量更大；Burchart 采用生命周期法对超低 CO_2 排放炼钢法（Ultra Low CO_2 Steelmaking，ULCOS）的碳排放进行了评估，认为该方法有助于减少碳排放。但我国并没有关于具体行业或具体设备的碳排放系数，由此可能会造成测算误差以及测算过程复杂化，如姜志威等采用生命周期思路，基于碳排放系数和各种原料消耗量构建了高架建造周期内 CO_2 排放量的计算模型，并选取一个工程案例进行实证研究，碳排放系数采用的是《2006 年 IPCC 国家温室气体清单指南》中提供的 CO_2 排放系数，测算结果有一定误差。总体来看，生命周期法的评价范围有一定局限性，这是因为 LCA 只考虑了生态环境、资源消耗等方面的环境问题，不涉及技术、经济或社会效应等，且运用此方法时需要提供非常详细的产品生命周期内的各种数据，数据获取非常困难。

目前，基于生命周期思路确定的最完整的碳排放测算方法是 PAS 2050 中的方法，也是评价产品碳足迹应用较多的方法。在 PAS 2050 中，任何商品或服务的碳足迹刻画都有 5 个基本步骤：绘制流程图、检查边界并确定优先顺序、收集数据、计算碳足迹、检查不确定性，该方法包含对直接能源消耗与间接能源消耗碳排放的测算。目前 PAS 2050 在产品或服务层面的碳排放核算研究成果比较丰富，如付延冰等对高速路碳排放的研究中，就是先对整个生命周期的排放源进行分析，接着确定测算边界并构建模型，然后采集数据并计算碳排放量的。

3. 混合分析法

投入产出法根据部门的投入和产出推算出该部门的完全消耗，是由前到后的宏观算法，会存在一定误差，而生命周期法是从微观角度由后到前测算产品从生产到最终废弃或回收的各个阶段的能源消耗。为了得到更准确的结果，Bullard 和 Pilati 将投入产出法和生命周期理论结合，提出了混合分析法，使两种方法相互补充，有效弥补了各自的缺点，可得到更加准确的结果。目前混合分析法在国外运用较多，代表性成果有：Weber 和 Matthews 将区域间投入产出分析模型和生命周期法结合，对国际贸易对美国家庭碳排放的影响进行了研究；斯德哥尔摩环境研究所（Stockholm Environment Institute，SEI）在 2006 年将过程分析法和投入产出法相结合，对英国学校的碳足迹进行了计算，并得出了学校集中供暖所造成的温室气体 75% 来自间接碳排放的结论；Benders 等详细介绍了混合分析法在家庭消费碳排放测算中的设计和应用流程。

二、物流业碳排放测算研究

IPCC 关于交通碳排放的测算主要包括两种方法：一种是由前到后的测算方法，即从产业链前端的总交通能源消耗量出发，用之乘相应的碳排放系数对碳排放进行计算；另一种是由后到前的测算方法，即从交通运输末端出发，用各种交通方式的运输距离乘每种运输方式单位运输距离消耗的能源量来计算总的能源消费量，然后再乘相应的碳排放系数即可。由后到前的交通运输碳排放统计方法可以对不同的运输方式的碳排放进行统计，可以为不同运输方式的减排政策提供很好的理论借鉴，但是缺点是要使用的数据比较复杂、工作量大，统计及处理难度也较大，且可能存在较大的误差。

（一）国外物流业碳排放测算研究动态

国外关于物流业碳排放测算的研究相对较早，McKinnon 和 Woodburn 初步构造了一个量化物流活动 CO_2 排放的模型框架，关于物流业碳足迹的概念，最早是由英国的 Weber 和 Matthews 提出的。学者们对物流业碳排放的研究视角也较为丰富，除了宏观把握物流业碳排放外，还包括从海事部门出发对国际供应链的碳足迹的研究、碳排放交易下对道路货物运输碳足迹的研究，还有对城市交通业碳排放的研究、对居民传统购物方式和网上购物物流配送"最后一公里"所造成的碳排放的对比研究、闭环供应链的碳足迹研究等。国外相关研究主要分为两类，其一是对物流碳排放测量方法的研究及应用，其二是在碳排放测算基础上将其作为影响因素对物流活动进行深入研究。

1. 国外物流业碳排放测算方法研究

国外在物流业碳排放测算的研究方面，方法较为丰富，主要包括基于运距的碳排放系数法、生命周期法、投入产出法、IPCC 碳排放系数法、网络碳计算器法、直接测量法、构建模型法等。由于采用国际通用的碳排放系数，IPCC 碳排放系数法的测算结果存在较大误差，国外的应用研究相对较少。整体上，前三种方法在国外研究中应用较多，其他方法应用较少。网络碳计算器法主要应用于微观层面，也有国外学者采用此法对物流业活动的碳排放做计算研究，如 Cholette 和 Venkat 基于运输规模采用网络碳计算器法对每个运输链和储存点的能源消耗产生的碳排放进行了计算，发现供应链配置不同会对碳排放产生很大影响。要求较高的直接测量法在国外物流业碳排放测算中也有相关应用研究，如 Lee 通过直接测量法对一个供应商样本进行了碳足迹测算。

（1）基于运距的碳排放系数法。基于运距的碳排放系数法是根据交通工具的运输距离及单位运输距离油耗和燃油的碳排放系数来测算碳排放的方法，国外应用研究较多。只是不同学者针对单位运输距离的油耗测算采用了不同方法，很多学者采用的都是恒定速度的单位距离油耗测算法，如 Ubeda 等以西班牙的一个著名的食品物流配送公司作为绿色物流研究对象，用基于运输距离的碳排放系数法对其物流配送过程中的碳排放进行了测算，以研究其对环境的影响，随后提出通过对车队的管理、对路径的优化等来实现运输减排和提升效率的双重目标。但 Woensel 等指出，采用恒定速度的单位距离油耗有误差，建议采用动态的单位距离油耗量来计算碳排放。

（2）生命周期法。国外许多学者基于产品的生命周期，通过构建基于碳排放系数的模型，对物流供应链碳排放进行了测算研究，代表性成果有：Chaabane A. 等人采用 CLA 与碳排放系数相结合的方式对铝业供应链进行了研究，并构建了一个整数线性规划模型，对铝业经济和环境权衡下的成本与策略进行了研究；Balan Sundarakani 等根据产品的生命周期，使用拉格朗日法和欧拉运输法构建了供应链碳足迹分析模型，并提出了减排建议。此外，还有学者证明生命周期法测算的碳排放相对准确，如 Pattara 等介绍了碳足迹计算工具，并采用生命周期法对葡萄酒供应链进行了测算研究。

（3）投入产出法。运用投入产出法对物流业的碳排放进行测算，结果普遍显示，物流业的碳排放量所占比重较大。David Bonilla 采用 9 个部门的数据集和环境投入产出表，对欧盟各部门的碳排放水平进行了研究，重点对 5 个碳排放持续增长的部门进行了深入分析，发现电子工业和纺织工业的碳排放量最高，为其他学者采用投入产出法对行业碳排放进行研究提供了借鉴。

（4）构建模型法。也有学者通过构建模型对交通运输碳排放进行研究，为研究物流业减排问题提供了很好的决策参考。如 Hickmana 和 Ashirub 等基于伦敦交通构建了一个碳排放仿真模型（TC-SIM）；Palme 构建了一个集成的路线优化模型来估计货运车辆的碳排放；Maja 和 McKinnon 计算了常态、乐观、悲观三种政府应对情况下英国道路货物运输的燃油效率及燃料碳排放强度的变化，研究发现常态下和乐观情境下，碳排放量都会大幅度下降，这一结果为政府减排政策的制定提供了依据。

2. 国外物流业碳排放测算应用研究

一些国外学者将测算的碳排放结果作为影响因子，在做出物流及运输的操作决策时对其进行考虑并进行研究，取得了一定成果，为物流业减排提供了理论支撑。他们主要是对碳排放与成本关系进行研究，Tavakkoli-Moghaddam 等人给出了一个在温室气体排放不确定的情况下的混合整数线性规划（Mixed-Integer Linear Programming，MILP）模型，模型目标不仅包括车辆运距及利用率的最小化，还包括燃料消耗和温室气体排放量及总成本的最小化，研究发现减少碳排放和节约成本能够同时发生。但 Harris 和 Naim 等人研究了基础设施成本优化对物流成本和碳排放的影响，认为基于成本的优化设计并不是减少 CO_2 排放的最佳解决方案。此外，也有关于碳排放对供应链运作影响的研究，如 Timo 和 Hoffmann 研究了碳排放对企业风险管理的影响，结果显示如果企业不考虑和管理碳排放将会给供应链及合作伙伴带来负面影响。

（二）国内物流业碳排放测算研究动态

相较于国外，目前国内关于物流业碳排放的测算，起步较晚，研究不够深入，主要是针对某一方面交通的碳排放研究，如客运碳排放、以城市为主体的交通碳排放等，针对物流系统整体的碳排放测算研究相对较少。目前国内相关研究中，物流业碳排放测算方法主要包括四种方法，一是 IPCC 碳排放系数法，国内大量采用这一研究方法，且已有一定的研究成果，应用研究相对成熟。二是基于运输距离的碳排放系数法，与国外相比这方面的应用研究较少。三是生命周期法，四是投入产出法。其中前两种属于直接能耗法，即只对物流产业链中的碳排放进行测算，后两种测算范围更广，包括为生产活动服务的其他行业的间接碳排放，应用研究也较少。

IPCC 碳排放系数法使用的数据相对易采集、计算过程简单，目前我国学者在研究物流碳排放时使用较多，并采用该方法对我国整体物流业的碳排放状况进行了研究，得出以下结论：我国物流业碳排放总量增长趋势明显，柴油消费碳足迹所占比例最大。我国物流业碳排放量存在地域不平衡问题，中东部大部分省份的碳排放量要高于西部省份，其中东部地区的碳排放总量和增速均明显大于中西部地区，单位货物周转量碳足迹呈下降趋势，但从单位货物周转排放的 CO_2 来看，西部大部分地区要高于中东部地区。另外，从测算范围来看，主要是对物流过程直接能源消耗产生的碳排放量进行计算，如陈婧在采用碳排放系数法估算我国物流业碳排放时，对物流业碳排放测算范围做了界定（包括物流园区所消耗电力的固定碳排放和物流活动中运输过程的交通燃油消耗产生的碳排放），为其他学者的相关研究提供了参考。周叶等人、张晶和蔡建峰对我国各省市物流业 CO_2 排放量的测算也是对直接能源消耗产生的碳排放的测算，并没有涵盖为物流业提供中间产品或服务的其他行业的间接碳排放量。段向云在研究物流业发展与碳排放的关系时发现，浙江省的物流业增长与碳排放量呈线性关系。徐雅楠等通过对我国物流业发展与碳排放的关系进行研究，认为我国交通运输业碳排放量逐年增长且与 GDP 呈正相关，这从侧面反映出我国物流业发展还处于以破坏环境为代价换取经济增长的阶段。

基于运距的算法是指以运输车辆单位运输距离的耗油量为基础，对物流业的运输部门碳排放进行测算的方法。虽然此方法可以为政府制定减排政策提供借鉴，如曲艳敏等采用此方法对湖北省骨干公路网在三种不同情境下的碳排放进行了预测研究。谢菲菲采用 IPCC 碳排放系数法对北京各种交通方式的碳排放量进行了测算研究，但 IPCC 碳排放系数与根据我国实际状况计算的碳排放系数相差较大，结果存在较大误差。

国内目前几乎没有采用投入产出法对物流业碳排放进行研究的文献，仅有的采用此法的研究中包括国家层面和省域层面的物流业碳排放测算，且主要是对直接与间接碳排放的测算以及碳排放构成的分析，结论是物流业的隐性碳排放主要集中于本行业。李烨啸考察了最终消费、资本形成、出口、进口、净输入量在物流业直接与间接碳排放中的比例构成，发现对物流业碳排放有较大贡献的行业有建筑业、物流业、批发零售及其他服务业，且隐性碳排放的主要来源是最终消费及出口，这对减排指标的制定有一定启示。

三、物流业减排路径研究

（一）国外物流业减排路径研究

英国能源白皮书《我们能源的未来：创建低碳经济》首次提出了低碳经济概念，即低碳经济是低能耗、低排放、低污染及高能效的经济发展模式。低碳经济概念的提出拉开了国际社会发展低碳经济的序幕，与此同时，许多国家都通过颁布相关的法律法规对绿色物流进行推广。英国在《更加绿色的未来》一书中，依据不同的运输方式提出了不同的减排方法和途径，在低碳城市交通方面，提出通过使用新清洁能源、转变结构战略和使用新技术来实现减排。美国出版的《美国国内产业自律型的能源消耗说明书》中提出，通过投入充足的资源来推动设备的改进并实现减排，2007年出台的《美国能源独立与安全法》也对增强车辆燃烧经济性等方法做了介绍。2008年，日本政府制定的《建设低碳社会行动计划》中对日本低碳经济的发展目标及指南做了规定，2011年《绿色经济与社会变革》草案的出台完善了其减排措施。此外，《京都议定书》为推进全球减排工作做出了重要贡献，国际上出台了各种合作减排方案，主要包括碳排放交易政策、测算净碳排放量、绿色开发机制、集团方式减排四种方案。

除了国家层面对低碳物流的推进，国内外学者也对物流减排路径开展了一系列研究。相比之下，国外学者研究较早，James Coopert 等出版的《欧洲物流业》对低碳物流问题进行了专门研究，指出物流改革主要集中在运输、配送及货运经营这3个方面，还指出了运输对生态环境产生的影响，认为可以采取改进运输工具的设计、鼓励联合运输及提高公路运费等手段来实现低碳化发展。英国交通部指出，可以将企业实施低碳物流的步骤分成9个：①重新构建物流整体系统；②重新构建整个供应链；③重新构建配送系统；④分离货物模态；⑤优化运输路线；⑥有效评估资产利用率；⑦评估企业的能源利用效率；⑧不断开发和利用新能源；⑨碳补偿。David 和 Waston 等人认为，促进低碳技术向发展中国家转移是关键因素，而实现转移的技术基础就是混合驱动汽车。南非学者 Marianne 等指出，随着南非经济社会的发展，运输行业对能源的需求越来越大，对环境也将产生更多不利影响。他在总结欧洲发展经验的基础上，探寻了南非节能减排之路。Satish 认为，政府管理和速度优化可以有效减少运输过程的碳排放，其中约20%的 CO_2 减排量是可以通过技术手段实现的。Ubeda 认为，要实现物流低碳排放就要着力解决路径问题，即选择 CO_2 排放最少的路径，并将其合并。Loureiro 等对西班牙交通运输领域减排路径进行了分析，认为使用低碳燃料是较好的、公众可接受的方案。

（二）国内物流业减排路径研究

对于我国物流业的减排路径，国内学者也进行了广泛的研究。蒋国平和尤大鹏总结了日、美、欧等发达国家及地区绿色物流发展中的成功经验，提出了低碳物流立法、提高绿色物流标准、制定应急方案、调整产业结构等多项低碳物流优化建议。任稚苑认为，交通运输和仓储是发展低碳物流的核心环节，并指出应该大力支持和推进节能环保技术的发展和运用，引进节能技术，鼓励节能技术创新。周戈文通过分析低碳物流在国内外的发展现状，认为阻碍和制约我国低碳物流发展的因素主要包括5个方面：一是与低碳相关的政策法规滞后，二是低碳技术落后和专业人才缺失，三是物流园区规划不合理，四是运输车辆老旧现象严重，五是全社会低碳意识薄弱。潘瑞玉提出建立一个以资源为纽带，以整合资源为目的，通过信息技术连接各企业主体及政府职能部门的全社会大物流系统：意识体系是前提、信息体系是保障、政策体系是支撑，通过这三个体系配合运作，构建社会物流系统，实现整体物流效用最大化，减少物流系统能源消耗，实现节能减排。总之，大多数研究认为运输是物流行业中能源消耗所占比例最大的环节，尤其是公路运输，应该作为物流业减排的突破点，创新运输模式，优化综合运输结构，优先发展公共交通，发展清洁低碳能源。如关高峰和董千里分析得出，煤炭公路运输与CO_2排放量的关联较为显著，水路与铁路运输CO_2排放量相差不大，因此要实现公路与铁路、水路的有效对接，大力发展海运和铁路运输，发展多式联运。

第三节　我国物流业碳排放测算研究

运输是物流行业中能源消耗所占比例最大的环节，不论公路运输、铁路运输、水路运输、航空运输，还是管道运输，均需要消耗化石燃料，其消耗的能源有原油、煤炭、汽油、柴油、煤油、天然气、热力以及电力等。由于我国物流发展较晚，缺乏相关能源的直接统计数据，而且运输是物流系统中最重要的一环，又称"小物流"，其不仅涉及运输这单一环节，还涉及仓储、装卸搬运、信息处理、流通加工甚至配送等相关环节。因此，在测算运输过程中能源消耗以及计算碳排放量时，本书以《中国能源统计年鉴》"交通运输业、仓储和邮政业"这一行业的统计数据作为物流业指标。

一、我国物流业的发展现状分析

（一）我国物流业取得的成就

我国经济发展与物流运输业发展相辅相成，一方面，运输在很大程度上助推和支撑了我国经济的发展；另一方面，经济发展又促进了运输业基础设施的不断完善，固定资产投资的不断增加，我国公路运输网格、铁路运输网格、水路运输网格等不断完善，货物周转量逐年增加，这都大大带动了交通运输的发展，从而促进了物流业的发展。

近年来我国交通运输业得到了长足发展，货运量从 2000 年的 1 358 682 万 t 逐年增长到 2013 年的 4 098 900 万 t，增幅达到 200%，这说明我国经济发展势头依然强劲。2013 年，我国交通运输行业货物周转量达 168 014 亿 t·km，比 2000 年的 44 321 亿 t·km 增长 2.79 倍。而且，随着我国经济的发展，交通业的基础设施和固定资产投资不断扩大，公路运营线路、铁路运营线路以及水路、航空运营线路不断扩展，逐步形成纵贯南北、横跨东西的综合运输网络。根据中国高速网的统计数据，截至 2015 年年底，我国已形成 7 条首都放射线、9 条南北纵线、18 条东西横线、长达 12.53 万 km 的国家高速公路网（简称"7918"网）。据交通运输部 2013 年 6 月颁布的《国家公路网规划（2013 年—2030 年）》报告，预计到 2030 年，我国国家公路网总规模将达到约 40 万 km。铁路方面，据中国铁路总公司的统计数据，截止到 2014 年年底，全国铁路总营业里程已突破 11.2 万 km，其中高速铁路营业里程突破 1.6 万 km，位居世界第一；中西部铁路营业里程达到 7 万 km，占全国铁路营业总里程的 62.3%，我国铁路占世界铁路总营业里程的 6%，却完成了世界铁路 25% 的工作量，成为世界上完成铁路运输量最大的国家之一，也是运输量增长最快、运输设备利用效率最高的国家，铁路运输已经成为我国最重要和主要的运输方式。随着对外开放的不断推进，中国国际贸易额逐年增加，除了水路这一传统国际贸易的运载方式外，中欧、郑欧等铁路直接使内地与中亚、欧洲紧密联系，节省了水路的运送时间，降低了运输成本，加强了沿线国家的经济联系。

2009 年十大产业振兴规划中，物流业作为唯一一个不是制造业的行业，在促进经济增长方面做出了突出贡献。自 2000 年起，交通运输业创造的经济增加值呈现连续增长的态势，短短十余年，就从 2000 年的 6 000 亿元增长到 2013 年的 27 000 亿元，可见物流在支撑国民经济发展方面的重要性。随着电子商务的发展，快递行业得到跨越式发展，国家邮政局发展研究中心和德勤研究联合公布的《中国快递行业发展报告 2014》显示，2013 年我国快递企业累计完成交易量 92 亿件，为世界第二，同比增长 61.6%；全国日均快件处理量超过 2 500 万件，2013 年我国所有快递企业实业收入突破 1 000 亿元，达 1 442 亿元人民币，为经济的增长做出了突出贡献，而本行业就业人数 2000 年至 2009 年比较稳定，2013 年猛增至 850 万人，在促进经济发展的同时也提供了丰富的就业岗位。

（二）我国物流业发展中存在的突出问题

首先，我国物流业区域发展不均衡。我国各地物流运输业发展水平与物流需求不同，对我国东部沿海地区来说，由于经济发展较快，物流需求大，物流基础设施设备较健全，在固定资产投资、物流作业标准化程度、物流信息化程度上较中部和西部地区而言有领先优势。反过来，中西部由于起步晚，国家相关鼓励政策、制度不健全，物流运输在该区域没有充分发挥对经济的拉动和支撑作用。

其次，我国物流业的专业化水平低。由于我国物流业整体发展时间短，和国外先进、大型的物流公司相比，在标准化、专业化水平上处于劣势。就物流企业而言，在整个物流行业中，由于投资少、进入市场门槛低，加上市场监管不力，整个物流运输市场鱼龙混杂，不合理运输现象严重，空驶、重复运输、迂回运输现象普遍存在，这直接导致运输成本居高不下。

最后，我国物流业的现代化水平较低。与发达国家相比，我国物流运输业的基础设施设备依旧落后，机械化水平低，过多地依靠人力来完成作业，这导致货损货差率极高，服务质量不高，客户满意度较低。

二、我国物流业碳排放测算方法

目前，国内外关于碳排放的测算方法主要有基于能源消耗的直接碳排放系数法、投入产出法、生命周期法及实测法，根据数据可得性，本书采用被广泛认可的IPCC清单法，即直接碳排放系数法。简单来说，碳排放系数法是指通过将生产某种产品消耗的能源量同其碳排放系数相乘来计算碳排放量的方法。IPCC假定，某种能源碳排放系数是不变的。据此，物流业碳排放量的计算公式如下：

$$CO_2 = EC_k \times \beta_k \times (NCV_k \times CEF_k \times COF_k \times 44/22), (k=1,2,3,4)$$

式中，CO_2 表示物流业 CO_2 总排放量；EC_k 表示第 k 种能源的消耗量；β_k 表示第 k 种能源的折标准煤系数；NCV_k 表示第 k 种能源的平均低位发热量；CEF_k 表示第 k 种能源的单位热值含碳量；COF_k 表示第 k 种能源的碳氧化率；44/22 为 CO_2 的相对分子质量；k 表示能源种类。

值得一提的是，电力属于二次能源，就整个行业甚至整个国家来说电力本身的碳排放量很小，可以忽略不计，也就是电力的碳排放系数可以认为是 0，但生产电力的发电厂本身要消耗煤炭。虽然我国有水力发电厂、核电厂以及风力发电厂等，但就目前来说，火电厂依旧是发电主力，因此本研究将运输过程中所消耗的电力假定为我国火电厂所产生的电力，因而在计算运输过程中因消耗电力而产生的碳排放时，需要将消耗的电力总量折算成标准煤数量，然后再用折后的数据乘煤炭的碳排放系数，从而得到运输过程中消耗电力所产生的碳排放量。电力折标准煤系数为 0.122 9 kgce/（kW·h）及电力 CO_2 排放系数（0.801 kgCO₂/kW·h），该数据来源于《国家发展改革委办公厅关于印发省级温室气体清单编制指南（试行）的通知》（发改办气候〔2011〕1041号），电力 CO_2 排放系数取自华中地区平均 CO_2 排放系数。

三、我国物流业碳排放总量分析

根据前面的碳排放测算思路,分别计算得出我国物流业因消耗煤炭、柴油、汽油、煤油、燃料油、天然气以及电力而产生的碳排放量,计算结果如表6-1所示。

表6-1　2000—2013年我国物流运输业碳排放总量

单位:万t

年　份	煤　炭	柴　油	汽　油	煤　油	燃料油	天然气	电　力	合　计
2000	1 197.53	14 854.17	6 642.78	2 379.75	3 850.58	13.16	65.67	29 003.64
2001	1 141.95	15 427.77	6 801.85	2 489.85	3 873.22	16.37	72.23	29 823.24
2002	1 156.45	16 527.27	6 972	3 182.87	3 860.09	24.44	70.77	31 793.89
2003	1 300.83	18 648.61	8 327.01	3 293.57	4 259.6	28.11	95.03	35 952.76
2004	1 123.89	22 482.05	10 150.19	4 084.14	5 211.63	39.07	105.01	43 195.98
2005	1 101.07	26 564.14	10 565.84	4 229.4	5 712.52	56.76	100.49	48 330.22
2006	1 045.11	29 526.61	11 271.55	4 487.49	6 707.3	70.55	109.15	53 217.76
2007	998.89	32 399.54	11 362.12	5 017.88	7 972.72	70.02	124.22	57 945.39
2008	903.21	34 496.28	13 437.15	5 215.98	5 176.85	106.86	133.53	59 469.86
2009	869.94	35 590.55	12 529.11	5 836.18	5 665.5	136.01	144.1	60 771.39
2010	867.68	38 416.35	13 934.98	7 109.89	6 009.84	159.35	171.54	66 669.63
2011	876.67	42 775.62	14 668.03	7 310.92	6 093.71	206.62	198.14	72 129.71
2012	833.79	48 375.96	16 318.13	7 935.89	6 269.38	230.75	213.78	80 177.68
2013	797.1	51 361.25	17 301.73	8 137.37	6 358.39	479.02	236.44	84 671.3
合计	14 214.11	427 446.17	160 282.47	70 711.18	77 021.33	1 637.09	1 840.1	753 152.5

从上表计算结果可以明显看出,2000—2013年我国运输业各种能源碳排放量呈现整体上涨趋势。具体来说,柴油、汽油消耗所产生的碳排放量增幅明显;柴油从2000年的14 854.17万t——以平均10.12%的增长率——至2013年达到51 361.25万t,总涨

幅超过246%；因消耗汽油产生的碳排放量也从2000年的6 642.78万t增长至2013年的17 301.73万t，增幅为160%。煤炭是我国的主要能源，但随着我国整体经济转型以及新型替代能源的开发利用，煤炭的消耗逐步减少，尽管2000—2003年因消耗煤炭而产生的碳排放量较大，但2003年以后，我国交通运输业用煤量逐步下降，碳排放量也逐步减少。2013年因煤炭消耗而排放的碳为797.1万t，较2003年的1 300.83万t减少了503.73万t，降幅接近40%。而煤油、燃料油是仅次于柴油、汽油的碳排放来源，其中煤油平均增幅为10.87%，燃料油2008年碳排放量较2007年减少约2 796万t，2009年碳排放总量也只比2008年的增加了约1 302万t，这是由于受国际金融危机影响，物流货运量较往年偏低。近年来，随着天然气用量增加，其碳排放量也逐年增大，不过较煤炭、石油等传统化石燃料而言增幅较小，近5年的年均增量为74.43万t。

从图6-1中可以看出，我国碳排放量同能源消耗量成正比，因此有效改善能源消费结构，控制运输过程中石油消耗量，不断更新运输设施设备，逐步加大天然气、电力、风电等清洁能源的消费比例，可有效缓解我国碳排放问题。

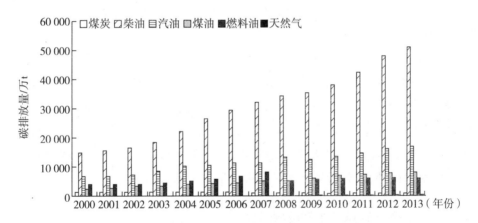

图6-1　2000—2013年我国运输业碳排放量汇总

从图6-2中可以很明显地看出，2000—2013年我国碳排放量逐年增加，2013年较2000年碳排放总量增加了55 667.66万t，年增长率为8.69%。从图6-2中的增长率来看，增长幅度变化较大，2000—2003年增长率直线上升，但2004—2009年增长率又急速下降，2009年受国际金融危机的影响，我国物流运输业发展受阻，直接导致碳排放总量较2008年略有增加，这从侧面反映出物流业是我国经济发展的"晴雨表"。

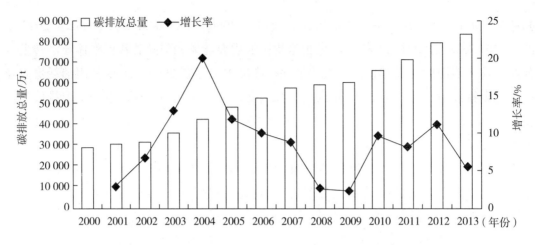

图 6-2　2000—2013 年我国物流业碳排放总量趋势及增长率

尽管电力是我国的新能源，但受技术限制，早期我国物流运输过程中采用新式电车的情况较少，随着我国政府部门不断鼓励物流企业大力使用混合动力汽车，并给予较大的扶持力度，2000—2013 年我国运输业的电力消耗累计增加了 89 万 t 标准煤，碳排放量也累计增加了 170.77 万 t。

综上所述，可知天然气、电力等能源比石油、煤炭清洁，碳排放量低，但在我国物流过程中所占份额依旧很小，因此要不断开发和积极利用新能源，逐步摆脱对柴油、汽油等高碳能源的过度依赖，提高电力消费比重，从而使我国运输业能源消耗趋于合理化、科学化和低碳化。为此，下面将依据这一计算结果进行相关碳排放影响因素的分解分析，挖掘影响我国物流运输过程中碳排放量的积极因子和消极因子，从而了解相关因素对碳排放的拉动或抑制作用，分析各因素对碳排放量的贡献值。

四、我国物流业碳排放影响因素分析

构建了 LMDI 模型后，利用前文相关能源消耗量、碳排放量以及通过查阅《中国能源统计年鉴》《中国统计年鉴》查找各年的货运量，以及各年各能源的碳排放系数，将所有数据代入前文公式，即可获得以 2000 年为基期，其余各年为 t 值时的运输碳排放贡献值。下面分别对每一个因素进行分析。

（一）能源消费结构对碳排放量的影响分析

能源消费结构是指各运输部门在具体运输过程中各种能源消耗比例对运输过程中碳排放总量的影响——可能是增加作用，也可能为抑制作用。根据能耗数据，可以看出煤炭、柴油、汽油、煤油、燃料油、天然气、电力等能源对运输碳排放量贡献值的大小，如表 6-2 所示。

表 6-2 能源消费结构对碳排放的贡献值

单位：万 t

年 份	煤 炭	柴 油	汽 油	煤 油	燃料油	天然气	电 力	ΔCE_{str}
2000	0	0	0	0	0	0	0	0
2001	−86.40	174.65	−18.07	45.95	−79.13	2.82	4.74	44.55
2002	−146.54	268.44	−280.65	555.64	−335.95	9.65	−1.02	69.56
2003	−162.77	239.72	95.82	314.54	−454.45	10.75	12.43	56.03
2004	−526.99	436.56	275.03	471.44	−395.93	16.61	6.59	283.30
2005	−671.22	1 629.52	−306.82	240.17	−500.16	28.67	−6.14	414.02
2006	−817.96	1 976.87	−575.12	132.42	−203.19	37.07	−7.39	542.69
2007	−940.11	2 313.98	−1 233.18	244.00	287.67	33.83	−3.64	702.55
2008	−1 030.29	3 199.68	−7.94	287.02	−1 834.29	62.14	0.41	676.74
2009	−1 072.13	3 498.92	−851.94	657.78	−1 598.81	84.64	5.93	724.38
2010	−1 168.35	3 252.74	−769.27	1 190.49	−1 813.32	98.18	15.56	806.03
2011	−1 244.52	4 220.28	−1 070.66	986.58	−2 144.19	130.38	24.77	902.64
2012	−1 371.05	5 057.36	−1 117.91	930.99	−2 556.15	141.42	22.29	1 106.96
2013	−1 437.69	5 480.34	−1 081.08	820.01	−2 764.13	249.35	30.21	1 297.01

从表 6-2 中可以看出，2000—2013 年在物流运输过程中，能源消费组合和结构不同，导致各年碳排放值亦不相同。由于我国物流业对煤炭的能源消耗依赖程度下降，煤炭对整个碳排放基本呈负向的抑制作用，再加上天然气、电力等能源利用比例的上升，汽油、燃料油对碳排放的贡献值也在多个年份出现负值，这充分说明能源消费结构的优劣与物流运输碳排放量的多少直接相关。但我国运输尤其陆路运输还是过度依赖柴油等高碳能源，2000—2013 年，柴油的能源消耗比例依旧较大，其对整个运输碳排放依旧保持着正向的拉动和推动作用，因此对碳排放的贡献值仍然为正值。从表 6-2 中可以看出能源结构的优化依旧是抑制运输碳排放的主要发展方向，我国物流业在能源结构优化方面仍

有很大操作空间。此外,电力和天然气属于清洁能源,在我国交通运输业中的消费比重虽有所上升,但总体上依旧较低,因此国家要加大对清洁能源的宣传力度,使政府、行会、企业三者有机结合,对物流企业多给予国家政策性支持和鼓励性优惠,加大对核电、风电等清洁能源的开发和利用力度。

从图 6-3 中我们可以看出,以 2000 年为研究基期,2001—2013 这 13 年整体上能源消费结构对于运输碳排放依然起积极的推动作用,并整体上呈现逐年增加的趋势,这说明我国物流行业依旧过度依赖柴油等高碳能源,消费结构不合理。因此,要加大对电力、天然气甚至热能等低碳能源的利用力度,逐步减少对柴油的消耗。

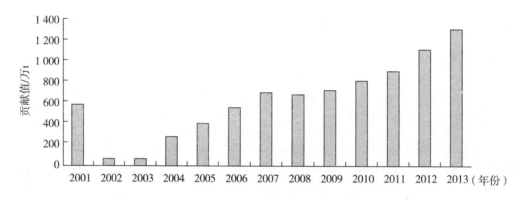

图 6-3 2000—2013 年能源结构对碳排放的贡献值

(二)运输货运量对碳排放量的影响分析

水路运输、铁路运输、公路运输、航空运输以及管道运输这五种运输方式的主要职能是将货物或者商品从始发地运往目的地,实现实体流动。自 2001 年加入世贸组织以来,中国逐步打开国际市场,同世界接轨,中国进出口贸易额也不断刷新历史纪录,有力促进了经济的增长。物流作为经济的排头兵,物流货运量和周转量也随着经济的发展呈现不断增加的趋势。据国家统计局统计,2000 年我国货运总量达到 1 358 682 万 t,创下历史新高,而且以每年 9.6% 的增幅保持增长,至 2013 年达到 4 098 900 万 t。2000—2013 年也是中国经济大发展时期,经济呈现逐年高速增长的态势,平均增幅达 14%,2000 年 GDP 总值达到 99 214 亿元,到 2007 年达到 265 810 亿元,与 2000 年相比涨幅为 168%;2008 年、2009 年虽然 GDP 依旧保持增长,但 2009 年涨幅出现下滑,为 8.1%。货运量与经济发展在趋势上是高度一致的,受 2008 年国际金融危机的影响,我国进出口受阻,2009 年货运量为 2 825 222 万 t,比起 2008 年的 2 585 937 万 t,增幅为 9.25%,这也是 2000—2013 年这 14 年内 GDP 涨幅最小的两年。2000—2013 年我国 GDP 和相应的货运总量如图 6-4 所示。

从图 6-4 中可以明显看出,货运量和经济发展态势是保持高度一致的。两者从 2000 年起保持稳定增长,在 2008 年、2009 年同时出现涨幅较小的现象,这符合经济学相关原理。

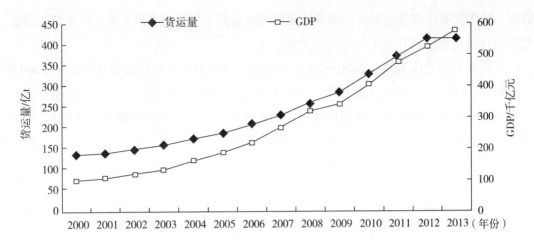

图6-4 2000—2013年我国GDP及各年货运总量

因此，利用2000—2013年货运量数据，可得出货运量所引起的运输碳排放值的变化情况。

从图6-5中可以看出，货运量对运输碳排放起着正向的拉动作用，是增加碳排放的重要因素，以2000年为基期，货运量所引起的碳排放量呈现逐年上升的趋势，2001—2013年货运量与运输碳排放量呈平稳上升的正向效应，2012—2013年货运量虽也在很大程度上拉动碳排放总量的增加，但增长幅度有所缓和；2000—2013年因货运量变化而使运输碳排放量增加了30亿t。此结果和经济规模效应所引起的碳排放量变化是基本一致的。

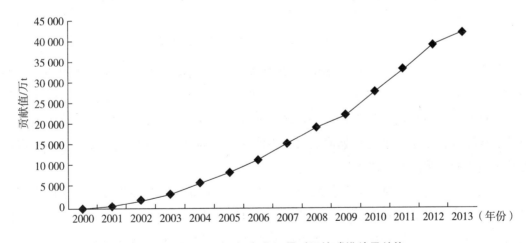

图6-5 2000—2013年货运量对运输碳排放贡献值

（三）能源消耗强度对碳排放量的影响分析

所谓能源消耗强度，是指单位货运量消耗的能源量的变化所引起的运输碳排放总量的浮动。单位货运量所消耗的能源值越小，说明物流运输效率越高，从另一个层面上可以说，经济发展或者货运量对能源的依赖程度的高低，与经济发展水平、物流设施设备、物流的自动化程度等有着千丝万缕的关系。

从图 6-6 中可以看出，2000—2013 年柴油、汽油消耗强度呈弧形变化，从 2000 年至 2006 年呈现上升趋势，这表明经济发展或者货物运输过度依赖柴油、汽油等化石能源，但随着经济转型、能源消费结构的优化，物流业逐步降低了对高碳能源的依赖程度，但总体上看，柴油、汽油仍然是物流运输中消耗的主要能源；煤炭近年来在我国物流行业中的消耗比例越来越低，人们的生产生活不再像过去那样过度依赖煤炭，从这一点来看，我国经济转型取得较大的成就。而天然气、电力等能源所占份额虽然较低，但比例有上升的趋势。如果我国物流发展依靠效率高、污染小的新型清洁能源，那将有效缓解我国物流碳排放的压力，大大改善生态环境，从而达到经济发展、社会和谐与生态环境保护协同推进的目的。

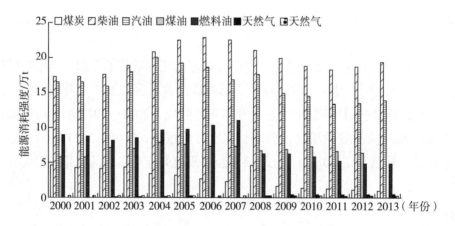

图 6-6　2000—2013 年能源消耗强度变化

从横向来看，2000—2013 年能源消耗强度对碳排放量有正向的促进作用和负向的抑制作用。具体来说，2001 年、2010—2013 年，能源消耗强度很好地抑制了碳排放的增长，这几年能源消耗强度对碳排放的贡献值均为负值。而 2002—2009 年该因素大大拉动了运输碳排放量，最终贡献值依旧为正值——7 294 万 t，这说明物流运输的发展还是较多地依赖高碳能源，能源消耗强度依旧保持高值。

从纵向来看，煤炭对运输碳排放的贡献值一直保持负值，这说明物流运输的发展不再过度依赖煤炭这种高碳能源，其在 2000—2013 年对碳排放的贡献值基本呈逐年降低的趋势；然而柴油恰恰相反，其"积极"地拉动碳排放的增长；天然气、电力虽然总体来说所引起的碳排放的变化量为正值，但从另外一个角度说明物流的发展对天然气、电力等能源的消耗比例有所增加。

从图 6-7 中可以看出，能源消耗强度是影响碳排放量的重要因素，2001—2013 年其对碳排放的贡献值呈"N"形，2009 年为贡献值由正转负的关键一年。这一方面说明我国经济的发展甚至物流运输业的发展还是比较依赖能源的消耗的，反映了我国能源利用效率依旧较低，相关能源利用设备、技术不够成熟，以及我国大多数企业依旧实行高能耗、高排放的发展模式等问题；另一方面表明，我国经济逐步转型，能源消耗强度不断下降。这为推动我国经济结构转型、改善生态环境以及保护不可再生资源带来启示。

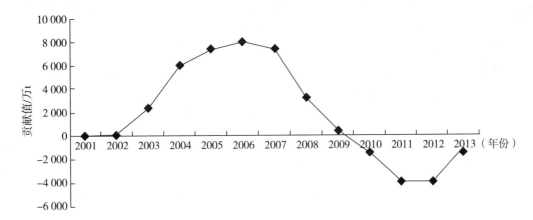

图 6-7　能源消耗强度对碳排放贡献值

（四）碳排放系数对碳排放量的影响分析

所谓碳排放系数就是各种能源燃烧或使用过程中单位能源所产生的碳排放量。碳排放系数等于各能源的碳排放系数乘相应的氧化率、燃料热值及相应的碳排放系数。燃料热值即燃料发热量，是指单位质量（指固体或液体）或单位体积（指气体）的燃料完全燃烧，燃烧产物冷却到燃烧前的温度（一般为环境温度）时所释放出来的热量，换句话说，就是 1 kg 某种燃料完全燃烧放出的热量。燃料热值有高位和低位之分，高位热值就是能源全部燃烧所产生的水蒸气液化成水时的发热量，也称毛热；低位热值即净热，即在燃烧过程中水蒸气为气态时的热量值。从某种意义上说，燃料热值也是固定不变的。氧化率一般变化不大，其上下变动幅度为 5%，对结果的影响完全可以忽略。碳排放系数等于单位热值含碳量乘 44 再除以 12，44 和 12 分别为 CO_2 和碳的相对分子质量。综上所述，随着年份不同，伴随经济发展水平不断提高、能源消耗与燃烧技术及设施设备的不断更新与创新，碳排放系数会有所下降，所以碳排放系数就是指碳排放系数随着年份变动而导致碳排放总量的变动。下面将研究碳排放系数对碳排放量的贡献值。

煤炭、柴油、汽油、燃料油、煤油、天然气的碳排放系数可视为不变。电力由于其具有特殊性，电力本身的碳排放系数可视为 0，但在我国整个区域范围内，电力调度经常发生，这个过程中会产生很多的温室气体。由一定地理边界内的活动引起的，但排放发生在电力产生的地理边界外的排放被称为间接排放。对于电力而言，其所产生的间接碳排放量是很大的，因此对由电力碳排放系数变化所引起的碳排放的变化进行研究是有意义的。

由图 6-8 可以得知，随着科学技术的发展，发电水平不断提高，每一度电所产生的碳量整体呈降低态势。具体来看，2004—2005 年、2008—2009 年呈下降的态势，但 2005—2008 年出现了上升的趋势，2009—2013 年整体趋稳但略有下降。从整体上看，2000—2013 年电力碳排放系数变化不大，由此可以看出，其所引起的碳排放的变化也较小。

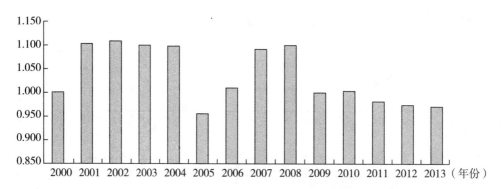

图 6-8　2000—2013 年电力碳排放系数变化趋势图

由图 6-9 可以得出，碳排放系数随年份的变动而引起的碳排放的整体变化幅度为 0。具体来看，2001—2004 年因其变化而使碳排放量增加了 25.23 万 t；2005 年碳排放减少 13.58 万 t；2006—2010 年贡献值为 18.44 万 t；2011—2012 年贡献值为 –30.09 万 t。综合来看，碳排放系数变化对碳排放量的贡献值为 0，碳排放系数对碳排放量的变动无影响。

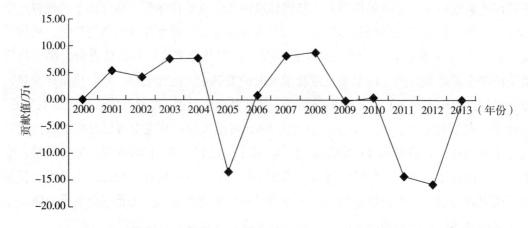

图 6-9　2000—2012 年碳排放系数对碳排放的贡献值

（五）运输方式对碳排放量的影响分析

我国物流运输方式主要为公路运输、铁路运输、水路运输、航空运输、管道运输，这五种运输方式各自有各自的优缺点。公路运输可以实现"门到门"的服务，但不适合过远的长途运输。航空运输可实现及时、迅速、安全到达，但仅限于运输应急物品或奢侈品等。水路运输是五种运输中运输成本最低、运量最大的运输方式，但其受限于自然地理因素。铁路运输可以说是大多数物流企业的第一选择，相对于水路运输，其不受天气等自然条件限制，但受铁路网限制，不能自由灵活地实现"门到门"服务。管道运输有其天然的优势，但就物流行业来讲，将管道运输作为主要运输方式的企业较少。因此，本书主要考虑公路运输、铁路运输、水路运输、航空运输这四种运输方式，管道运输暂不考虑。

运输方式选择的不同对碳排放量的变动有直接的影响，我国公路运输主要燃料有柴油、汽油、燃料油、天然气及电力；水路运输中货轮则主要消耗重柴油或重油；航空运输主要消耗航空煤油或汽油；铁路运输中一般列车大多采用内燃机，主要燃料为柴油，而动车大多为电力牵引，动力来源是电。从这一角度来说，各运输方式采用的燃料大同小异，鲜有差别，故而本书以柴油、汽油、燃料油、天然气、电力为分析重点，以铁路运输、公路运输、水路运输、航空运输四种运输方式为研究对象。

各运输方式对碳排放影响不一，就纵向来看，2000—2013 年水路运输的贡献值为正，并在 2013 年达到最大值。铁路运输、公路运输、航空运输在一定程度限制了碳排放的增加，但整体来看，依旧起着正向驱动作用。具体来看，铁路运输自 2001 年以来在一定程度上增加了整体运输碳排放量，但从 2008 年以来，其有效抑制了碳排放的增加，2008—2013 年共抑制碳排放 54 676.25 万 t。航空运输总体贡献值仍然为正值，而且有力地推动了碳排放量的增加，但在 2001—2003 年以及 2012—2013 年这两个阶段抑制了物流碳排放。公路运输是我国物流企业必不可少的运输方式，从数据上看，2001—2013 年公路运输碳排放贡献值均为负值，有力地抑制了碳排放量的增加，但由于其数值较小，发展公路运输仍然是有效降低运输碳排放的主要途径。

从图 6-10 中可以看出，我国物流运输方式的选择依旧不够科学，运输方式得不到优化，运输成本得不到降低，运输能耗得不到降低，这直接导致运输方式对运输总碳排放的贡献为正，换言之，我国物流运输方式不够合理。2000—2013 年这 14 年里，只有 2001 年、2012 年运输方式有所变动，最终使碳排放减少。由此可见，要降低运输总碳排放，应该综合考虑货物的品种、形状及特性，运距的远近，运输成本的高低以及货运期限等因素，选择合理的运输方式，避免空驶、重复运输、迂回运输等不合理运输现象的出现。

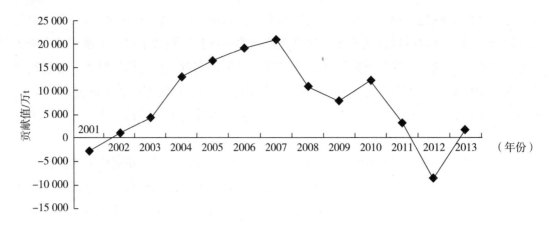

图 6-10　2000—2013 年运输方式对碳排放贡献值的影响

（六）碳排放影响因素的综合分析

前面主要分析了能源消费结构、能源消耗强度、运输方式、货运量及碳排放系数五大因素对物流运输业碳排放量的影响。从整体来看，货运量是影响碳排放量的主要因素。随着经济的发展，物流运输在各行各业的重要性越来越凸显，2000 年我国货运总量达到 1 358 682 万 t，2013 年高达 4 098 900 万 t。经济的发展、社会对物流的极大需求，需要及时、快速、有效、安全的运输响应机制，从数据上看，因货运量连年增加，我国物流运输业碳排放量不断增加，货物量对碳排放的贡献值为 300 000 万 t，其贡献率为40.17%，也就是说，货运量与碳排放量呈正相关的驱动效应。

我国运输高度依赖石油、煤炭等高碳资源，这给经济结构转型以及生态环境造成极大的压力，因此要优化和改善能源消费结构，降低运输业对柴油、汽油、煤炭的依赖程度，不断加大对天然气、电力等能源的利用。从数据上看，能源结构变化导致碳排放的变化值为 7 626.46 万 t，这说明我国能源消费结构不合理，依旧推动了我国运输碳排放的增加，故而我国能源消费结构有待改善，能源消费结构的改善在抑制碳排放量增加上依然有很大的潜力。

由于各能源的碳排放系数基本不变，电力的碳排放系数虽有变动，但总体趋稳，因此从一定程度上讲，可以忽略碳排放系数对碳排放的影响，电力的碳排放系数变动导致运输碳排放量变化为 0，也就是说其贡献值为 0。

综上所述，我国物流运输业要不断优化能源消费结构，不断减少柴油、汽油等高碳能源的消耗，大力引入新技术、新设备，提高能源利用效率，降低单位能源消耗强度，在满足运输需求的前提下，不断优化运输方式，减少不合理运输现象，降低运输成本，提高运输效率。

第七章　低碳时代物流企业的环境技术创新研究

第一节　我国物流企业开展环境技术创新的必要性

下面首先从企业类型、行业属性、市场结构、环境影响、发展趋势5个方面对我国物流企业的发展特征进行分析。

从企业类型来看，基于企业规模和业务范围的差别，现代物流企业可以分为功能型物流企业、综合型物流企业、信息型物流企业。功能型物流企业主要是指规模较小，只能提供仓储或运输等有限服务的物流企业；综合型物流企业是指已经具有一定的规模，能够提供完善的物流服务的企业；信息型物流企业是近些年来逐渐兴起的物流企业类型，主要为客户提供物流系统规划、信息咨询、供应链管理等服务，企业本身并不提供运输、仓储、配送等具体的物流服务。从物流形态的角度来划分，功能型物流企业和综合型物流企业都属于第三方物流，信息型物流企业则属于第四方物流。从市场份额来看，我国第三方物流企业正处于高速发展的阶段，市场份额快速增加，已经逐渐成为物流行业的主力军，而第四方物流的发展则刚刚起步，所以本书的主要研究对象是专业化的综合型第三方物流企业。

从行业属性来看，物流业属于服务型行业，物流企业主要通过对物流活动的组织与经营来获取经济利益，相较于其他行业，物流企业的产品就是服务。无论是只能提供某些特定物流业务的小型功能型物流企业，还是具有一定规模、功能完善的综合型物流企业，或是提供物流信息服务的信息型物流企业，其实质都是通过提供物流服务来满足客户的物流需求。因此在市场竞争中，物流企业的服务质量、服务效率、服务满意度直接影响企业市场竞争力。

从市场结构来看，我国国内物流企业所属的竞争市场基本上属于完全竞争市场，整体来看，物流行业市场信息相对透明，市场完全开放，企业之间的竞争十分激烈，在服务水平相差不大的情况下，为争夺有限的市场，物流企业间时常发生价格大战。消费者有着完全的自主选择权，企业的形象、口碑对客户的消费选择有很大的影响，这种影响在专业化的第三方零担物流企业和快递企业之间表现得更为突出。以低价吸引消费者也是中小型物流企业常用的竞争策略之一，虽然低价策略在短期内可以提升物流企业的业绩水平，但是长远来看低价策略并不能长久地提升企业的竞争力，低价策略下企业的利润空间进一步被压缩，不能为自身的发展壮大提供资金支持，提升企业的综合竞争力才是企业实现可持续发展的根本途径。

从环境影响角度来看，物流企业是化石能源消耗大户，物流企业在营运过程中带来了大量的碳排放。我国环境保护部门统计估算资料显示，我国物流企业在运作过程中的碳排放量仅次于钢铁、化工、建材等重型工业生产企业，在我国物流行业快速发展的背景下，物流企业的碳排放增长速度也远远高于其他行业。目前世界范围内对物流企业的环境管制主要集中在物流碳减排这个方面，英国、挪威、美国、加拿大、新西兰等国家和地区已经出台了较为清晰的碳税征收政策，其中欧盟各国走在碳排放管制的最前端，欧盟通过建立碳排放交易制度，运用市场机制激励参与碳减排的企业。这些发达国家及地区的做法对我国的环境管制政策设计有很大的启发，我国相应的环境管制政策也在紧锣密鼓的筹划之中。

从发展趋势来看，自进入21世纪以来，我国物流行业发展迅速，取得了举世瞩目的成绩，但从整体来看，物流行业发展不均衡的现象也很明显。我国物流企业虽然总体数量较多，但中小型民营物流企业却占据了很大比例，且大多数中小型民营物流企业发展较为粗放，运作效率偏低，资源浪费严重，企业竞争力偏弱。环境管制政策的实施将间接促进物流企业的整顿合并：一方面，低碳时代缺乏竞争、发展落后、污染严重的物流企业必然会被淘汰，环境成本控制力强的物流企业则迎来了一个良好的发展机遇，物流行业中优胜劣汰是必然的发展趋势；另一方面，环境管制政策的实施也在一定程度上加快了物流行业规模化发展、转型升级的步伐，促进了我国物流企业国际竞争力的提升。总而言之，对于低碳时代的物流企业来说，机遇与挑战共存。

现代低碳物流管理作为一种新的物流管理方式，符合可持续发展的要求，代表了未来物流管理发展的方向和趋势。概括来说，21世纪的低碳物流管理将至少呈现以下4个方面的特征：第一，低碳物流管理将更加有利于高效利用资源、保护地球环境和维持生态平衡；第二，低碳物流管理将是从生产到废弃物处理全过程效率化的、信息流与物质流循环化的物流管理；第三，信息技术、计算机技术将成为低碳物流管理的有力支持工具；第四，低碳物流管理将是融现代管理和现代科技于一体的物流管理。

因此，21世纪的物流活动必须从系统构建的角度，站在物流与环境共生（低碳物流）的立场上，不断推进物流管理的全方位发展，最终在整个经济社会建立起包括生产商、批发商、零售商和消费者在内的循环物流系统。低碳物流作为一种新的物流管理方式，符合时代发展的要求和人类生存发展的根本利益，因而必然成为新世纪物流管理发展的方向。

第二节　物流企业环境技术创新的内涵与研究现状

一、环境技术创新的概念和内涵分析

对于"创新"一词，大家并不陌生，本节从 3 个方面重新审视一下这个词语。从哲学的角度说，创新是人的实践行为，是人类对已发现事物的再创造，是人类社会对物质世界的矛盾再创造，即人类通过对物质世界的再创造，制造新的矛盾关系，形成新的物质形态。从社会学的角度来说，创新是人们用已掌握的信息打破思维定式，创造出来的具有价值的独特的新物品或新思想的行为。从经济学的角度来说，创新就是人类利用已存在的社会要素或自然资源来创造新的矛盾共同体的行为。

在经济学上，"创新"一词最早是美籍经济学家约瑟夫·熊彼特出版的《经济发展概论》中提出的。熊彼特指出，创新是将一种新的生产要素和新的生产条件的"新结合"引入生产体系中。二十世纪六十年代，新技术革命迅猛发展，经济学家华尔特·罗斯托将"创新"这一概念演变成了"技术创新"，"技术创新"遂占据"创新"的主导地位。

环境技术（Environment Technology，ET）既是一种方法，又是一门科学，指能节约或保护能源和自然资源、减少人类活动产生的环境负荷的方法等，也指研究人类赖以生存的环境的质量及其保护与改善的一门科学。环境技术和其他技术一样，包括硬、软两方面的技术。硬件技术指的是治理环境的相关设备和技术，比如污染治理设备、环境监控设备及清洁生产技术等；软件技术指的是保护环境的相关管理工作和活动等。从广义上来说，环境技术就是指有利于维持清洁环境这一公共物品的、包含从污染末端控制技术到能源替代技术的一系列技术。

随着经济的持续快速发展、城市化进程和工业化进程的不断推进，环境污染日益严重，环境负效应越来越显著，环境技术创新的概念也应运而生。环境技术创新具有一定的经济意义，其是实现环境外部不经济性内在化的有效技术手段之一，通过环境技术创新可以降低边际生产成本，提高经济效益。

环境技术创新的发展历程最早可以追溯到二十世纪六十年代，当时提出的是"末端技术"，主要特征是关注污染物的去处与资源化，是对传统创新的一种突破。A. Rath 和 B. Herbert-Copley 等人是国外相对较早提出环境技术创新这一概念的学者，他们从三个角度（技术、经济与环境）给出了不同的定义。国外学者 Ruediger 和 H. Joseph 等人对环境技术创新的概念进行了清晰的界定。

在国内，许健和昌永龙从环境技术的"硬技术"方面，即从企业生产设备、生产方法与规模、产品设计等能够节约或保护资源的角度，对环境技术创新的含义进行了解释。

钟晖和王建锋定义和阐释了"绿色技术创新"。刘慧和陈光分析了绿色技术创新的含义和特点，认为企业进行绿色技术创新是贯彻科学发展观和可持续发展政策的具体表现，是企业长远发展的必由之路。他们认为企业既是促进市场经济发展的微观个体，又是实现可持续发展的微观个体，进行绿色技术创新是企业实现绿色发展不可或缺的一部分。沈斌和冯勤也从"硬技术"方面来解释环境技术创新，他们把环境技术创新定义为一个保护自然资源、减少污染物排放、降低能耗的新产品或新工艺从设想到生产再到市场应用的完整过程。王镜宇认为环境技术创新是解决环境污染的根本手段，环境技术创新在各个阶段的创新应把生态学原理和生态经济规律结合在一起，协调推动经济发展与生态环境保护，传统的技术创新正在被环境技术创新取代，环境技术创新正成为为实现可持续发展战略目标，企业创新研究的新方向。黄健从提高企业经济效益和保护环境两个角度出发，对环境技术创新进行了定义，认为企业环境技术创新是企业在生产物品及工艺设计、原料的选择、废弃物的处理和产品的销售等所有环节中，从降低污染排放和提高企业经济效益两方面着手实施的一切活动。戴鸿轶、柳卸林梳理了国内外有关环境创新的概念，认为"绿色"意义含糊，因此突出强调了"环境创新"的概念。综上所述，环境技术创新在我国有很多相近的概念，如绿色技术创新、生态技术创新等。由于这些概念都是指与环境保护相关的技术创新，本书对这些概念的相关研究成果一并进行了梳理。

二、企业环境技术创新的研究现状

（一）针对企业方面的研究成果

在国外，关于企业实现环境技术创新的研究最初集中在科学研究与实验发展（Research and Development，R&D）上，Winn 总结归纳了环境技术管理与开发方面的文献，分析表明其中有不到 10 篇的文章涉及环境的问题，而且这些问题主要与"废物"有关。学者多集中研究环境工具，具有战略性的研究则不多见。比如，Downing 和Kimball 认为企业管理者对企业环境形象的关心对企业环境行为有正面影响。而 Pargal和 Wheeler 却有着另外的见解，他们认为企业的规模是企业改善其行为的一个主要的决定性因素，企业规模与企业采用环境技术的可能性成正比。还有学者如 Stanwick 等人研究了企业经营状况是否会对企业节能减排造成不同的影响，他们通过对 120 多家不同行业的企业进行研究，发现企业经营良好和企业积极地进行污染治理之间没有必然的联系，也就是说，企业财务状况好并不一定就会积极主动地采取环保措施。最后，Waldman 等人研究了企业的领导人和决策者对环境技术创新的影响，认为在企业主动做出履行社会责任的决策并且开展相关活动的过程中，企业的领导人和决策者发挥了非常重要的作用。

在国内，马小明和张立勋认为，企业开发和利用资源导致环境污染，之后再对环境污染进行补偿，所以企业在环境技术创新中的重要地位是显而易见的；在进行环保投资时，企业决策者主要受到两方面的影响：决策者自身环保意识和决策者所在企业的经济状况。接着，杜晶、朱方伟指出决策的有限理性是现有理论对企业环境创新解释不足的重要原因，在分析总结了环境技术创新的特点和比较了传统决策和行为决策理论的发展之后，他们以文献研究和调查研究相结合的方法提取了影响企业环境技术创新的主要理性变量和行为变量，在环境技术创新行为决策领域开辟了新的研究路径。而孟庆峰等提出将计算实验和综合集成方法引入企业环境行为影响因素的研究中，利用实证研究、数理分析与计算实验相结合的综合集成方法来研究企业环境行为影响因素。

与此同时，实验经济学的分析方法也被用于研究中。聂晓文运用博弈论的分析方法，将生态补偿过程中的相关利益主体作为对象进行博弈行为的分析，并以此为抓手来研究建立生态补偿长效运行机制的过程中应注意的问题和解决途径。除此之外，刘燕娜等利用多元线性回归法和单因素方差分析法，对企业环境管理行为决策的影响因素进行了实证研究，结果表明企业环境管理行为决策的影响因素主要有企业的所有制形式、企业经营的规模等；除此之外，企业所处的自然环境以及资产周转率等因素对企业环境管理行为的实施没有明显的影响。环境技术创新和我国资源的可持续发展有着不可分割的关系，范群林、邵云飞、唐小我探讨了企业环境创新的动力，认为环境不仅影响产业的市场需求，还会给企业的竞争力带来一定的影响，企业的竞争力来自企业的创新行为，现代企业以发展的眼光在日益激烈的竞争中谋求长足的发展，离不开生态、经济和社会三者的协调发展，因此环境技术创新将会带来经济和环境作为有机整体的"双赢"。

（二）针对政府方面的研究成果

在国外，Porter 和 Linde 等学者的研究使环境管制逐渐被提上日程，他们认为在其他条件不变的情况下，如果使企业的污染是有成本的，那么企业就会增加对创新活动的投入；他们通过实证研究证实，大型企业对政府的环境管制的回应不是改变投入或者降低总产量，而是更倾向于进行技术创新，因此影响企业环境技术创新的一大不容置疑的因素非环境管制莫属。到了 21 世纪，Montalvo 通过对环境政策工具进行分析比较，来研究哪种政策工具对企业环境技术创新的激励效果比较好，通过对比一系列环境政策工具发现，相比于许可型的政策，标准型的政策对企业的激励效果更好一些。Rosen Dahl 认为，基于自主创新的污染治理应征收比较低的税费，因此他认为环境管制具有弹性，对企业环境技术创新的激励效果更好。

在国内，吕永龙、许健和胥树凡在对社会大规模调查结果统计分析的基础上提出了促进我国环境技术创新的政策建议。他们具体分析了企业环境技术创新的驱动因素和限制因素，并且归纳总结了发达国家在这方面的优惠政策。该研究在企业环境技术创新领域有着较大的影响。紧接着，吕永龙和梁丹认为利用政策上的收费（如排污收费、排污权交易费）等经济政策手段可以对企业产生影响，对企业技术创新产生持续的激励作用；

但是命令控制式的政策法规只具有一次性的刺激作用，因此他们主张将命令控制式政策法规与环境经济政策相结合的环境政策法规运用于企业管理。另外，在国际贸易中，在环境污染日益严重、资源日益耗竭的背景下，国际环境壁垒浮出水面。王玉婧认为实施环境技术创新是突破瓶颈和实现可持续发展的关键所在。针对中国出口企业所面临的越来越严格的环境标准，她认为应该站在可持续发展的高度进行理性的分析，因此提出了环境技术创新思路：实施环境技术创新的关键是从政府制度的制定和企业内部的生产模式这2个大方面入手。孙亚梅、吕永龙等人认为企业规模对环境技术创新有一定的影响，在构建环境技术创新体系时，尤其需要加大对大中型企业环境技术创新的支持力度，发挥其规模效应。近几年来，不论是在学术上还是在实践中，人们对环境管制、企业环境战略与环境技术创新等问题都给予了很大的关注，环境管制属于宏观制度层面，企业环境战略与环境技术创新涉及企业自身、政策法规和公众，两者是可以结合为一个有机整体的。据此，李云雁研究了企业内部应对环境管制与技术创新战略的决策行为，尝试在经济与环保两手抓的情况下实现环境管制—企业环境战略—环境技术创新行为的友好互动；同时，要实现环境技术创新不仅要考虑企业内部的微观机制，还要考虑环境的外部性和社会性。在政策建议方面，孙宁、蒋国华等从技术的规范、评价制度和推广等方面提出了建议。

综合分析上述文献可以发现，国内外学者对企业环境技术创新实现机制的研究主要有两大类，其一是对企业自身的，即对企业决策者的决策分析，包括两方面的决策分析：工具性分析和行为性分析。工具性分析侧重于从环境政策工具、国际贸易壁垒等客观角度来分析企业实施环境技术创新的决策机理；而基于行为性的分析研究则处于起步阶段，对此进行研究的学者数量有限。其二是对国家政策的，即对环境技术创新政策体系的构建和完善以及对政策工具的完善和使用等的研究。国内外学者一致认为，政府所采取的措施是企业进行环境技术创新很重要的动力，单凭企业自身的力量是不够的。

三、物流企业环境技术创新的研究现状

当今世界，气候变暖正威胁着人类的生存和发展，而造成全球变暖的罪魁祸首就是碳排放量严重超标，"低碳经济"就是在这种情况下提出的。国外学者Kotler和Armstrong等人强调了对环境影响非常严重的因素——碳排放，并且将二十世纪九十年代确定为"地球十年"。学者Fabian认为，物流链上的企业自身以及其合作伙伴等都是有环境责任的，消费品最后的处理方式是否得当也会对环境产生很大的影响。Poist和Murphy等人对一些发达国家及地区（如美国、加拿大以及欧洲）的几百家企业做了面向政府和大众的问卷调查，以研究物流行业里抑制碳排放的措施。他们得出了这样的调查结果：通过政府出台的制度和法规对物流造成的环境污染进行控制，低碳物流会更有活力地开展起来。

国内学者认为，我国走低碳经济发展道路的主要途径就是进行政策体制创新和技术创新，并提出了很多针对性的建议，而物流业作为一个高污染、高排放的行业，其自身显然还没有做好实施节能减排技术的准备。叶蕾、麦强和王晓宁等人分析了一些发达国家的物流业实行节能减排的具体措施，并与国内的相关政策进行了对比，然后针对我国的具体国情提出要进行体制创新和技术更新，以提高物流企业竞争力。同样，谢水清、黄承锋也从低碳物流的角度进行分析，认为发展现代物流业是我国走低碳经济发展道路的重要支撑，并针对我国物流业现状提出了相应的激励政策、节能减排技术创新途径和推广建议。杨子岳也指出，以低能耗、低排放、低污染为目标的低碳物流是建立在低碳经济基础之上的，将整个物流链作为一个整体，单纯依靠低碳储运和低碳包装不可能解决低碳物流的发展问题，要解决低碳物流的发展问题，需要考虑更多环节。昕安主要分析了日本低碳物流业的崛起，发现日本缓解环境压力的有效途径主要是以政策的扶持和制约为保障，最终使自身成功实现依靠技术支撑的产业转型，日本的这一做法对我国有一定的启示。

综上所述，以美国和欧盟为代表的发达国家和地区普遍比较重视低碳物流的发展，很多企业也愿意开展环境技术创新，并承担相关费用，最终形成了企业新的竞争优势，进而在国际舞台上制定新的贸易规则。而国内的情况却与之相反，国内的物流行业对低碳物流的重视程度显然还不够，原因在于低碳化发展对企业的成本控制、管理制度等都提出了比较高的要求，国内的中小企业普遍力不从心。此外，不管是国内还是国外，学者们围绕低碳物流发展提出的建议大部分集中在法律和政策方面，没有在环境技术创新方面提出具体的建议，针对环境技术创新路径的研究还比较欠缺，急需深入开展研究。

第三节　我国物流企业环境技术创新存在的主要问题

与国际巨头相比，我国物流企业在环境技术创新方面还存在明显不足，本书具体从硬件和软件两方面展开分析。

一、我国物流企业开展环境技术创新面临的硬件问题

法治建设有待加强。低碳物流是当今经济可持续发展的一个重要组成部分，它对社会经济的不断发展和人类生活质量的不断提高具有重要的意义。正因为如此，发展低碳物流不仅是企业的事情，还是政府的事情，政府必须加强对现有的物流体制的管理，构建低碳物流发展的框架，做好低碳物流的政策性建设。发达国家的低碳物流发展经验也证明了这一点。我国低碳物流方面的法律法规还不够健全，甚至在一些领域还处于空白状态，难以为低碳物流发展提供有力支撑和制度保障。

低碳技术匮乏，低碳化管理水平落后。发展低碳物流，不仅离不开低碳物流理念的树立及物流政策的制定和落实，更离不开低碳技术的创新、掌握和应用。但我国目前的物流技术无法满足低碳发展要求。例如，我国的物流业还没有实现规模化发展，没有很好的规划，物流行业内部存在无序发展和无序竞争问题，对环保造成很大的压力；在机械化方面，物流机械化的程度和机械先进程度与低碳物流要求还有距离；物流材料的使用与低碳物流倡导的可重用性、可降解性也存在很大的差距；另外，在物流的自动化、信息化和网络化上，也仍有进一步发展的空间。

对于企业而言，还有一个问题值得注意。低碳物流中的供应链运作与控制同传统物流模式下的供应链运作与控制比较，前者在技术上要求更高。由于低碳物流强调低碳设计、低碳材料、低碳工艺、低碳包装、低碳处理在产品生命周期内的有效集成，与传统模式下的供应链相比，低碳物流的供应链运作与控制的内容与范围要广得多，这就加大了供应链管理的难度。例如，首先，在材料的选择上，不仅要考虑其价格、质量等传统因素，还要充分考虑其碳足迹；其次，低碳物流模式强调在供应链上的成员企业内实现知识创新，而知识具有区别于传统要素的特征，因此其在管理上对技术提出了更高的要求。

二、我国物流企业开展环境技术创新面临的软件问题

我国物流企业开展环境技术创新面临的软件问题主要有以下 3 个方面。

（一）低碳化发展的观念有待增强

一方面，人们观念有待转变，低碳物流的发展思想尚未完全确立。另一方面，经营者和消费者的低碳经营和低碳消费理念仍非常薄弱。经营者追求的是低碳产品、低碳标志、低碳营销和低碳服务，消费者追求的是低碳消费、低碳享用和低碳保障，而对于物流环节，谁也没有给予足够的重视和关心。因此，加快推进物流企业的环境技术创新，首先要做的就是尽快提高认识，更新思想，把低碳物流作为全方位开展低碳革命的重要组成部分，构思和描绘低碳物流的未来。

（二）利益分配矛盾重重

物流企业的低碳化发展涉及范围非常广，几乎牵涉供应链上的所有成员企业。在供应链的各个环节以及各个环节中的各个主体之间分配利益时，存在很多现实问题。具体来说，由于私人收益（成本）与社会收益（成本）不一致，供应链内成员企业的个体目标与供应链的整体目标可能会出现冲突。从传统制造模式来看，私人收益往往高于社会收益，而私人成本要低于社会成本，同时现有的相关政策体系难以将外部性成本完全内部化，比如在排污费的收取上，现有的排污费远低于治理污染的费用。因此，制造商往往选择直接缴纳排污费而不是积极治理污染，导致环境污染成本外部化。由此可见，

传统制造模式下供应链上的成员企业的个体目标与整体目标相冲突，往往不能使与环境相容的原则在各成员间得到遵循。

（三）合作机制尚未形成

物流企业环境技术创新还特别强调供应链上成员企业的共同创新，但是在目前的情况下，创新收益还不能完全归创新者所有，即环境技术创新的社会属性使得创新收益具有一定的准公共物品属性，于是就造成供应链上各环节中的成员在创新上存在动力不足问题。即使某个成员实现了有效创新，追求个人利益最大化的"理性经济人"也会在一定范围内限制其创新成果的推广，从而不能使其成果及时有效地在供应链上的成员企业间实现共享。

总之，我国物流企业的环境技术创新发展、物流低碳化发展还有相当漫长的一段路要走。我国自加入 WTO 以后，国际化步伐进一步加快，国内市场的开放度进一步提高，我国经济已经成为全球经济的一个重要组成部分。在此背景下，一方面，国际上一些大型物流公司纷纷进入中国，跨国物流企业开始抢占中国市场，因此必须加快国内物流企业的低碳化发展，物流企业必须加大对环境技术创新的投入力度，积极推广和采用先进的环保技术，降低物流各环节的能源消耗和排污水平，推动物流企业的绿色化、低碳化发展。另一方面，由于经济、技术发展存在差距，跨国物流企业凭借其创新优势，设置了准入壁垒、绿色贸易壁垒，给我国物流企业的国际化发展带来了严重的打击。

第四节　物流企业环境技术创新的理论基础

一、环境经济学理论

环境经济学，顾名思义是研究经济和环境彼此间关联的科学，同时也是经济学与环境科学相互交叉渗透的学科。二十世纪五六十年代，西方发达国家经济飞速发展，导致了严重的环境污染问题，在社会上引起了人们强烈的抗议。在此背景下，许多学者打破了传统经济学的思维模式，将环境和生态纳入经济学的研究中。

站在经济学的角度看，生态环境破坏和环境污染主要是因为缺乏环境资源的产权制度，并且人们利用环境资源时社会、个体两者间的贴现率不同步。经济学上非常著名的"公共地的悲剧"指的就是在利用河流、林地和草地等公用资源的过程中，产权制度不完善导致环境被污染、生态被破坏。社会、个体两者间的贴现率不同步，就会导致企业决策者不考虑可持续发展，只关注直接的经济效果。

当人类活动产生的生活垃圾和工业垃圾超过环境容量时，为了保证环境质量，投入的劳动就会越来越多。另外，保障环境资源的可持续利用的一个最有效的法则就是使经济的外部性内在化，实行环境资源的有偿使用，譬如已在我国多省市实行的排污权交易制度。因此，要协调经济发展和环境保护两者间的关系，就要将保护和改善环境放在社会经济社会发展的大局中考量，从经济手段、行政管理以及教育宣传等方面着手来解决环境问题。其中，经济手段主要是通过税收、排污收费、财政补贴等经济杠杆来调节或维护经济发展与环境保护之间的关系，建立健全国家保护环境、建设生态文明的政策体系。如最近二三十年兴起的排污权交易制度就是将企业的污染治理与经济效益相结合的一种基于市场的环境经济政策，在国内外取得了不错的效果。李创提出实施排污权交易的目的主要是削减排污量，建议我国尽快建立和完善符合我国国情的、以政府和企业为主体的排污权交易制度，建立起配套的财税激励机制，以促进排污权交易制度在我国的推广和应用。

因此，环境经济学的不断发展不但为发展低碳经济打下了坚实的理论基础，而且为节能减排相关政策的制定提供了分析手段和理论指导。对于环境经济学理论，下面主要从外部性理论、环境公共物品理论和循环经济理论等方面展开论述。

（一）外部性理论

外部性（Externality）是一个经济学名词，又称为溢出效应或外差效应，是指市场双方交易产生的福利超出原先市场的范围，给市场外的其他人带来的影响，也就是说，一个人或一群人的行动和决策使另一个人或一群人受益或受损的情况。由此可见，外部性又可分为正外部性（Positive Externality）和负外部性（Negative Externality）两种情况。正外部性是行动者使市场外的人无需花费任何代价就可以增加福利的外部性；负外部性是行动者不用承担任何成本就给市场外的人带来损失的外部性。与之相对应，环境外部性也包括两类：一类是外部经济性（External Economy），另一类是外部不经济性（External Diseconomy）。外部经济性指的是一个组织的经济活动给环境带来了良好的影响，像植树造林、治理大气污染等。相反，外部不经济性指的是一个组织的经济活动给环境带来了不好的影响，譬如对森林的滥伐、污水的不适当排放、草原上过度放牧等。当外部经济性出现时，企业就会考虑其成本问题，因此理性的经济人会减少该生产活动的资源投入，而这会给生产活动带来消极影响，严重的话，甚至导致其产出严重不足。当外部不经济性出现时，企业考虑到其经营的营利性本质，该生产活动的产出就会过剩。所以不管是环境的外部经济性还是外部不经济性，从整个经济学的角度看都会改变资源的最佳配置状况，都会导致市场失灵。

外部性的解决途径大致有以下几种：一是对外部不经济性的生产活动进行收费或者征税；二是采取企业合并的办法；三是规定产权。

（二）环境公共物品理论

公共物品理论属于环境经济学的范畴。公共物品的定义有狭义和广义之分，狭义的公共物品指的是单纯的公共物品；广义的公共物品不仅包括纯公共物品，还包括准公共物品。在现实生活中，大多数物品是介于单纯公共物品和纯私人公共物品之间的，不能将其归类为纯公共物品或者纯私人物品，这样的物品在经济学上有一个专业名词——准公共物品。而上述的纯公共物品和准公共物品就构成了公共物品的广义概念。

公共物品的概念是逐渐演变形成的，以萨缪尔森为首的传统经济学家定义的公共物品指的是纯公共物品，也就是说任何人对这种物品的消费不会引起其他人对此物品消费的减少。而在环境经济学的领域内还应关注那些介于纯公共物品与私人物品之间的混合资源，即准公共物品，因此它也具有两者的混合特征。而后，布坎南、奥斯特罗姆等人对这种混合资源（准公共物品）进行了深入研究，将其划分为两类：一类是俱乐部物品（具有排他性和非竞争性的物品）；另一类是公共池塘资源（具有非排他性和竞争性的物品）。在图 7-1 中，本书通过对比物品的排他性和竞争性对物品进行了分类。

由图 7-1 可知，在现实生活中准公共物品中的环境物品比纯公共物品中的环境物品要多很多。低碳经济行为虽然属于环保的范畴，但同时又有着私人物品的特征和准公共物品的性质，因此解决起来比较复杂和困难。桑德勒（Sandler）等人具体给出了这两类物品的不同解决办法：纯公共物品面临"搭便车"的问题，其解决途径是实行选择性激励机制；公共池塘资源会出现消费拥堵现象，其解决途径是实行选择性惩罚机制，这为后来进行环境技术创新研究提供了依据。

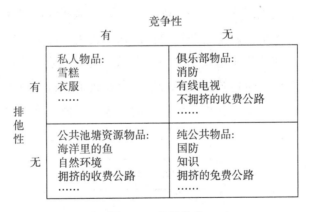

图 7-1 物品分类

（三）循环经济理论

循环经济理论的提出是在二十世纪八十年代，当时各国的环境问题已经显露出来，旧的经济体制与环境保护冲突不断，因此社会的转型势在必行，废弃型的社会必将被循环型的社会所替代。循环经济理论的提出吸引了世界各国的目光，德国、美国、日本等发达国家都将之作为一项可持续发展的国策。

传统的经济形态是物资的单向流动，即"资源—产品—污染排放"构成单向物质移动。这样的经济形态必然会引起环境问题，导致生态失衡与资源的枯竭，最终带来灾难性后果。而循环经济是建立在物质不断循环利用基础上的经济发展模式，它把经济活动按自然生态系统的模式组织成"资源—产品—再生资源"的物质反复循环流动的过程。循环经济理论的宗旨就是实现资源利用程度最大化、废弃物的资源化处理和污染排放量最小化。循环经济的自然资源利用路径如图 7-2 所示。

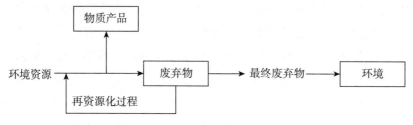

图 7-2　环境资源循环工程

循环经济是将清洁生产和废弃物的综合利用融为一体的经济，因此已经成为我国实现可持续发展战略目标的重要途径和方式。

（四）生态环境价值理论

生态环境价值理论是自然环境资源有偿使用的理论依据。根据环境经济学理论，环境问题是由环境资源的稀缺及资源配置的低效造成的。人类虽然通过技术进步、资源的勘探与开发、替代物寻找以及产权的界定等来缓解资源的稀缺问题，但是依然无法改变资源枯竭、环境恶化的残酷现实。此外，随着对生态功能研究的不断深入，人们越来越多地认识到生态环境的价值，对生态环境价值的认识也更加深刻，明白生态环境的价值既包括使用价值也包括非使用价值，如图 7-3 所示。其中，使用价值包括直接价值、间接价值、选择价值；非使用价值包括馈赠价值、存在价值和选择价值。总之，生态系统功能是指人类从整个生态系统中获得的效益，简单来说，就是为人类提供可直接利用的资源、调节整个生态结构的稳定性以及满足人们精神文化需求的功能。

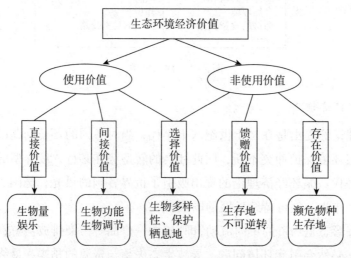

图 7-3　生态环境价值结构

生态系统价值是生态结构稳定的市场价值，也是建立生态系统补偿机制的重要依据。衡量自然环境的价值，然后对其进行产权的界定，这从本质上来说就是要调整享受环境权利和承担生态破坏责任的平等性，尽量避免那些高消耗、高污染生产活动的权利和义务不对等的现象出现，对生态资源的消耗和破坏进行弥补，同时对生态资源消费中权益受损的一方进行补偿。

生态经济学是研究再生产过程中，经济系统与生态系统之间的物质循环、能量转化和价值增值规律及其应用的科学。物流是社会再生产过程中的重要一环，物流过程中不仅涉及物质的循环利用和能源转化，还有价值的实现。因此，物流也就必然将经济效益与生态环境效益联系起来。传统的物流过多地强调经济效益，而忽视了环境效益，导致社会整体效益下降。绿色物流以经济学一般原理为指导，以生态学为基础，将物流中的各种经济行为、经济关系和规律与生态系统联系起来研究，谋求经济与生态的协调发展，最终实现经济发展和生态环境保护的双赢。

（五）可持续发展理论

在经济领域内，发展的目标是物质财富的增加。随着人类物质文明和精神文明不断发展，人们逐渐意识到，经济增长只是必要条件而不是充分条件，发展的最终目的是改善人民的生活质量，经济增长只是社会发展的一部分，因此我国确定了可持续发展的战略目标。这意味着要保持或延长资源的生产使用性和资源基础的完整性，不能影响后代人的生产与生活。

1994 年，国务院第十六次常务会议审议通过了《中国 21 世纪议程》，首次提出了促进经济、资源与环境相互协调和可持续发展的总体战略、对策和行动方案。

根据国内外的研究文献，学者对可持续发展的定义有 4 种具有代表性的解释，分别是从自然属性、社会属性、经济属性和科技属性给出的解释：①着重从自然属性定义可持续发展，旨在强调自然资源的开发利用和保护的平衡，认为可持续发展是寻找一种最佳的生态系统，以实现生态平衡，同时满足人类的需求；②着重从社会属性定义可持续发展，侧重于自然资源的合理开发和利用，认为在人类生活质量得到改善的同时也可创造美好的生存环境；③着重从经济属性定义可持续发展，把经济发展作为可持续发展的核心来定义，是以不降低自然环境质量和不破坏自然资源为基础的经济发展；④着重从科技属性定义可持续发展，是以技术选择为出发点来定义的，这方面的学者专家认为，可持续发展就是从传统的生产工艺转向更清洁有效的技术，尽可能地采用接近零排放的工艺方法，尽可能地减少对再生或者不可再生自然资源的消耗。他们认为环境技术创新能在很大程度上减少生产活动带来的污染，而如今的技术水平和效率则普遍偏低。

综上所述，可持续是一种经济状态，在这种经济状态下，人和商业对环境的需求在并不降低提供给后代的环境承载能力的情况下就能满足。可持续发展的原则之一就是使今天的商品生产、流通和消费不至于影响未来商品生产、流通和消费的环境及资源条件。低碳物流可以视为可持续发展的一个重要方面，它与低碳制造、低碳消费共同构成了一个提倡环境保护的低碳经济循环系统。低碳制造是实现低碳物流和低碳消费的前提，低碳物流则可以通过流通对生产的反作用来促进低碳制造，通过低碳物流管理来满足和促进低碳消费，它们之间相互渗透、相互作用。

二、低碳物流理论

人类社会的发展，伴随着对各种能源，如生物质能、风能、太阳能、水能、化石能、核能等的开发和利用。对能源的开发利用提高了人们的生活质量和生产效率，促进了人类社会的发展。然而，随着全球人口数量上升和经济规模不断扩大，废气污染、光化学烟雾、水污染和酸雨等环境污染问题随着化石能源等的使用不断出现，渐渐被人们了解和认识。"温室效应"——大气中 CO_2 浓度的持续升高已经带来的和将要带来的全球气候变化，就是人类不合理的生产生活方式所带来的后果。在此背景下，和"碳"有关的环保系列的新名词、新概念应运而生，如低碳经济、碳足迹、低碳技术、低碳生活方式等。

"低碳经济"（Low-Carbon Economy，LCE）的概念最早是在 2003 年的英国能源白皮书《我们能源的未来：创建低碳经济》中提出来的。英国自然资源并不丰富，因此其正在将能源供应模式从自给自足的模式转向进口模式。《我们能源的未来：创建低碳经济》一书指出，低碳经济的宗旨就是要通过更少的资源消耗和环境污染，来获得最大限度的经济产出，同时也指出，人类要想创造更好的生活，低碳经济是一个途径和机会，而且其也能创造新的商机，使就业问题得到缓解。简单来说，低碳经济就是在落实可持续发展战略的前提下，通过技术创新、产业结构创新以及新能源开发利用等多种环境友好型举措，使资源利用最大化并降低对高碳能源的消耗，以实现经济发展与环境保护双赢。

低碳经济要从统计碳源和碳足迹开始，它们是国际通用的语言，不过到目前为止，低碳经济的具体衡量标准还没有确定和统一。低碳经济的基础是低能耗、低污染、低排放，是一种能同时实现社会经济良好发展与保护人类的生存环境的经济发展模式，潜藏着很大的经济价值，有着良好的发展前景。

物流，简而言之是"物的流通"，指物品从供应地向目的地流通的整个庞大的、烦琐的系统过程，它贯穿物质生产、分配、储运、消费、废弃的全过程，直接横跨生产、交通运输和消费这三大领域。物流业是碳排放大户，也是能源消耗大户，要发展低碳经济必须发展低碳物流。低碳物流是当今物流业发展的趋势，大力推进低碳物流的发展是我国物流业实现可持续发展的不二选择。如今物流行业越来越热门，各地也涌现出众多的物流公司，虽然其中不乏规范经营的，但是更多的只是将原有的运输公司改头换面而已，这样的物流公司没有完善的物流规划运作系统，可想而知，不合理的运输是大量存在的。可见，随着物流产业不断壮大，交通污染作为其发展中存在的问题也变得越来越严重，已逐步成为人们关注的城镇环境问题之一，空气污染、交通拥挤、噪声污染和视觉污染都是物流运输所带来的"恶果"——不受欢迎的副产品。物流本身是一个庞大复杂的系统工程，低碳物流要求在优化物流配送方案、提高配送效率、降低成本的同时注意"节能减排"。这就大大地提高了低碳物流配送的难度，使本身就以复杂著称的物流系统变得更加复杂，其复杂性体现在国家宏观调控下经济增长目标与节能减排目标相冲突、经济结构和产业布局重新调整所带来的不确定性、可能出现企业物流配送成本增加与效率降低的风险等方面。因此，在低碳经济趋势下我国低碳物流的发展不能只是低碳储运和包装，而需要综合考虑政府、公众、企业和技术这几个方面的复杂现状。

第五节　物流企业环境技术创新的具体路径分析

物流企业环境技术创新是指在物流过程中抑制物流对环境造成的危害，减少资源消耗，利用先进的物流技术，实现运输、仓储、装卸搬运、流通加工、包装、配送等作业流程清洁化，使物流资源得到最充分的利用，最终达到净化物流环境的目的。下面从物流各环节来谈谈物流企业开展环境技术创新的四个重要途径。

一、运输环节的环境技术创新

运输是物流系统的一项重要功能，是物流系统中最主要和最基本的要素。基于运输业在国民经济中的重要地位和作用，加强运输管理显得十分重要。对一个物流企业来说，运输管理是最重要也是最基本的工作内容，合理安排运输可以提高整个物流系统的运行效率和绩效。尤其要注意的是，运输过程中的燃油消耗和尾气排放是物流活动造成环境污染的主要原因之一。因此，要想降低物流企业对环境的负面影响，首先要对运输线路进行合理布局与规划，通过缩短运输路线、提高车辆装载率等措施，实现节能减排的目标。另外，还要注重对运输车辆的养护，使用清洁燃料，减少能耗及尾气排放。总之，运输合理化就是按照货物流通的规律，用最少的投入来组织货物调运，获取最大的经济效益。也就是说，在有利于生产，有利于市场供应，有利于节约流通费用、运力、劳动力的前提下，使运输走最短的里程、经最少的环节、用最快的时间、以最小的损耗、花最少的费用，将货物从生产地运往消费地。

二、储存环节的环境技术创新

储存在物流系统中起着重要作用，它与运输是物流系统中的两大支柱，是物流的中心环节。实行物品存储的合理化，提高仓储管理质量，对加快物流速度、降低物流费用、发挥物流系统整体功能起着重要作用。要降低仓储活动对环境的不利影响，可以从以下4个方面来进行：其一，仓库选址要合理，以便缩短运输距离，节约运输成本；其二，仓储空间布局要合理，仓库内部布局要合理，使仓储空间得到充分利用，降低仓储成本；其三，仓储时间安排要合理，科学安排仓储时间，完成仓储任务，降低仓储能耗和仓储成本；其四，仓储技术的选择要合理，用最经济、合理的办法实现储存的功能，保障商品仓储条件和仓储环境最优。换言之，合理储存的实质是在保证储存功能实现的前提下尽量减少投入。

三、包装环节的环境技术创新

包装是物流活动的一个重要环节，低碳包装可以提高包装材料的回收利用率，有效控制资源消耗，避免环境污染。包装环节可以从两个方面实现环境技术创新。其一，包装合理化包装。运输包装的合理化是产品包装管理追求的最终目标。包装的合理化，就是要做到在合理保护产品的基础上，尽量降低包装成本和减少物流费用，这实质上就是要求做好包装各种功能之间的平衡。运输包装方便、保护功能的提高，将降低物流管理费用。其二，包装信息化。随着科技的大发展，物流与电子商务结合得更加紧密，呈现出数字化、网络化、信息化的特点，尤其在物流信息收集、传递、处理方面表现得更加突出。物流信息存储的数字化、电子订货系统（Electronic Ordering System，EOS）、电子数据交换（EDI）等技术的广泛应用，要求商品包装实现信息化。

四、废弃物环节的环境技术创新

废弃物物流是指在经济活动中根据实际需要对失去原有价值的物品进行搜集、分类、加工、包装、搬运、储存等，然后分送到专门的处理场所后形成的物品流动活动。随着我国居民生活水平的提高以及市场经济日趋成熟，商品的流通速度和更新换代速度不断加快，因此废弃物物流逐渐成为企业竞争的重要方面。如果能将废弃物进行合理的分类与拆解，实现资源的高效利用，不仅可以节约大量资源，尤其是一次性资源，还可以降低企业的生产经营成本。基于以上分析，废弃物物流可以从两个方面实现环境技术创新。其一，资源的回收利用技术，如手机、电脑、电视机等废旧电器的资源回收利用率可达到98%；1 t废线路板中可提取400 g黄金，其资源回收效益非常可观；在日本等国，生产生活的各类废弃物几乎都通过资源回收实现了重新利用。其二，垃圾分类与管理。垃圾分类与管理是资源回收的前提和基础，只有科学合理地进行垃圾分类与管理，才能提高资源回收的数量和质量，进而为后期的资源循环利用创造条件。

要实现废弃物最少化和能源保护最大化需要一个渐进的过程。为最大限度减少工业生产过程中的废弃物，通常依赖两种办法：①从废弃物的产生源头预防废弃物的产生；②对已有废弃物实行"变废为宝"式的处理。其具体方法为减少废弃物数量（Reduce）、废弃物再利用（Reuse）、废弃物循环（Recycle）、废弃物回收（Recover）（以上方法合称为 4Rs）。对于废弃物品的低碳化处理，可以借鉴 Thierry 提出的观点，即直接再利用（Direct Reuse）、修理（Repair）、再生（Recycling）、再制造（Remanufacturing），如表 7-1 所示。

表 7-1 4Rs 的层次及处理方式、方法和举例

层 次	低碳处理方式	低碳处理方法	举 例
1	直接再利用（Direct Reuse）	回收的物品不经任何修理，可直接再利用（或要经过清洗或花费较少的维护费用）	集装箱、瓶子等包装容器
2	修理（Repair）	通过修理将已坏产品恢复到可工作状态，但质量可能有所下降	家用电器、工厂机器等
3	再生（Recycling）	只是为了物料资源的循环再利用而不再保留回收物品的任何结构	从边角料中再生金属、玻璃及纸品等
4	再制造（Remanufacturing）	通过拆卸、检修、替换等工序使回收物品恢复到"新产品"的状态	飞机、汽车发动机、打印机的再制造等

4Rs 能够减少要处置的废弃物数量，它们相互之间有一定的逻辑层次，这种逻辑层次揭示了四种方法之间的优先顺序，如图 7-4 所示。

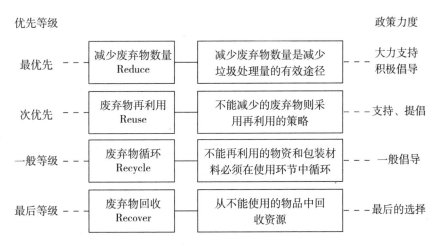

图 7-4 4Rs 的层次优先顺序

在通常情况下，减少废弃物数量是最好的方法，力争从源头控制废弃物的产生。如果废弃物已经产生，必须想尽办法充分挖掘其内在用途，如果可能，最好的办法就是再利用。如果不可行，则回收这些废弃物。另外，从不能减少、再利用和循环的废弃物中回收能源，实现"使资源得到最充分利用"的目标，为实现自然资源持续利用、可持续发展战略目标奠定坚实的基础。在工业生产中，实现物质、能量的生态均衡必然成为我

国工业制造理论研究的一个重要方向。

以上是从各环节分别提出的物流企业环境技术创新的可能路径，但在实践过程中，由于各环节相互衔接，只有相互配合才能更好地实现物流企业的绿色发展目标。因此，物流企业要从全局出发开展环境技术创新，实现低碳物流，减少资源浪费，减少对环境的破坏。

第八章 企业低碳经济下物流发展案例

第一节 物流企业低碳化运作

一、案例背景

从行包快运专列这种新型的铁路货运方式开始采用至今，铁路部门已积累了丰富的运行、管理等多方面的经验。行包快运专列是指"按旅客列车运输方式组织、可以使用货运站场（设备）、整列装载包裹的列车，是由铁路部门提供运输工具，由集团（或企业、个人）包租、每年向铁路部门交付包租费并独立经营的一种新型货运方式"。与一般货运列车不同的是，行包快运专列由承包商与铁路部门签订合同（协议），采取承包商"自收货、自装货、自押运、自卸货、自交付"的货物运输模式——这与目前邮政自己揽收邮件、自己负责押运、自己装卸邮件的客列挂邮运输模式极为相似——并且具有直达快运、安全可靠、价格低廉、长距离、大批量等优势，因而可以成为一种比较理想的邮件运输方式。

中铁行包快递有限责任公司（China Railway Parcel Express Co., Ltd, CRPE）是铁道部直属专业运输企业，2003 年 11 月 4 日在国家工商行政管理总局登记成立，注册资本 10 亿元人民币。根据铁道部的授权，公司负责经营和管理铁路行包运输业务，旅客列车行李车、行邮特快和行邮快速列车等运输资源经营和管理。

2004 年，公司积极探索各种合作方式，寻求多方面的合作，按照铁道部"以资产为纽带、市场化运作，实现铁路与邮政两大行业的战略合作"的要求，与国家邮政局联合，组建新时速运递有限责任公司，5 月 18 日开行 5 对特快行邮专列；与民营企业合作，组建中铁行包吉盛物流基地管理有限公司，投资建设 5 个行包基地；根据铁道部投融资体制改革要求，将中国铁路对外服务总公司变更为中国铁路建设投资公司，完成中国铁路对外服务总公司机构、人员的两次重组整合。根据铁道部《关于在中铁快运公司开展股份制改革试点工作的通知》精神，将中铁快运有限公司整体改制为中铁快运股份有限公司，并顺利进入上市辅导期；中铁外服国际货运代理有限公司按业务划分谋划未来发展，进行内部资源整合，构建"两线四区"总体框架；组建中铁纪念票证有限公司、中铁物业管理有限公司，界定中铁广告有限公司的经营业务。公司由此形成"总分制"与"母子制"相结合的新的管理体制。

公司按照专业化管理要求，对生产业务流程进行重新修订，突出以人为本的宗旨，优化行包运输方案。初步建立战略营销、区域营销和服务营销的三级营销管理体系；建立公司、分公司、营业部三级调度管理体系，对公司运力资源进行有效配置；成立统计工作机构，建立各项统计分析报告制度；建立车辆集中调配机制，提高资源配置效率；建立财务清算体系，形成内部各业务单元间谁提供服务便向谁付费的清算办法；建立包租车等管理办法，挖潜提效，提高资源使用效率；积极拓展新业务，推出行邮专列、试行"门到门"运输和解决方案的新产品；试行代理制，对包租车、代办点实行运量和价格弹挂，增强市场竞争能力；制定代办点管理办法，有序开办行包代办点，延伸服务网络，扩大市场份额；开展配送试点工作；推进站车一体化试点工作，总结经验做法；接转 15 个车站装卸人员和资产，开始实施行装一体化管理。通过推进专业化管理，形成行包运输专业化管理新格局。

二、低碳经济对物流企业发展的要求

按照《物流业调整和振兴规划》的有关要求，物流业要做好统筹协调、改革体制、完善政策、企业重组、优化布局、工程建设等各项工作。要提高物流信息化水平、完善物流标准化体系、加强物流新技术的开发和应用，从而改变运输环节高能耗、低效率的现状，为发展低碳经济做出贡献。大多数发达国家的邮政部门，仅邮递类业务一项在其业务收入中所占比例就达到 2/3 以上，居于绝对的主导地位。这种情况说明邮递类业务是各国邮政的核心业务，是邮政赖以生存和发展的基础，而我国邮递类业务收入所占的比重较低，随着我国国民经济的持续发展，还具有很大的增长空间。邮递类业务及物流业务的良好发展，需要高效率与高效益的网络来支撑，其中干线运输又是其中的关键环节。因此，并组开专列行邮是目前和将来满足邮政业务干线运输需求、支撑业务快速发展的重要举措。中国邮政组开邮运专列是一项工程浩大的项目，是对传统干线运输模式的突破，它改变了邮政干线运输长期以来依赖客列挂邮的运输方式，可以有力地支撑邮政业务的开展，促进中国邮政健康、稳定、持续地发展。

从表 8-1 和图 8-1 中可以看出，在几种运输方式中，公路运输的优点在于机动灵活，可以实现"门到门"运输，但由于能耗和运输成本较高，一般不适于运输大宗且长距离的货物，并且其由于燃油消耗而排放的碳大大高于其他运输方式。航空运输的速度最快，但成本高，相对运输能力小，技术要求严格，受气象条件限制大。行包运输从体系来看属于客运范畴，但本质上还是货物运输，其特点是运量大，但灵活性差、时间不定。

表 8-1 不同货运方式的对比

项　目	公　路	铁　路	航　空
优势	机动灵活，可以实现"门到门"运输	载运量大，运输成本较低	速度快，运输路程最短，灵活、舒适、安全，包装要求低
劣势	不适于运输大宗且长距离的货物	速度较慢、时间不定、灵活性差	成本高，相对运输能力小，技术要求高，受气象条件限制大

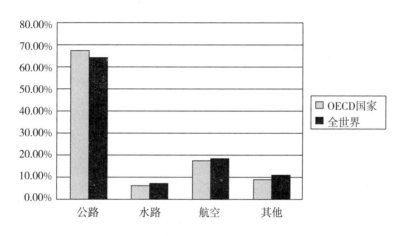

图 8-1 各种运输方式燃油消耗排放二氧化碳比例

从全国来看，珠江三角洲地区、长江三角洲及京津唐地区的公路行包快运发展迅速，其他内陆省市由于公路客运不发达，公路行包快运发展水平较低。由于受公路客运现状制约，目前行包快运的经营方式是各站场各自经营，不限件数、不凭车票托运，货物由站到站的运送方式运营；费用结算、托运凭证没有统一的标准。经营过程中存在多头、分节管理，使托运人和经营站场、企业等不能确定行包快运是否可靠，对其发展缺乏信心。另外，由于没有统一的市场标准，各站场、运输企业对行包快运的交接、运输、发放等过程中的工作要求不统一，容易在经营过程中出现"真空"地带，使"快运"变慢，从而影响其服务水平。

在碳排放量上，公路运输高于其他运输方式。据经济合作与发展组织（OECD）统计，在 OECD 国家和全球交通运输业燃油消耗排放的二氧化碳中，公路运输消耗燃油所排放的二氧化碳分别高达 67.6% 和 64.2%。可见，解决好道路货运高能耗和高排放问题是发展低碳物流的关键。随着全球石油消耗量不断增加和气候问题日益严重，人们所面临的物流节能减排压力也越来越大。

通过对比铁路与公路、水路、航空、邮政等货运方式，可以看出各种运输方式都有自己的利弊。铁路拥有大量的铁路干线资源，而邮政有着非常完善的末端网络，那么可不可以设想，使铁路和邮政这两个货运巨头联合起来，打造一种新型的快运模式，这种模式既有铁路行包运输的干线优势，又有邮政快递的网络优势。这种新型的货运形式就是行邮快运。铁路行包快运专列目前在全国已形成一定规模。截至目前，全国共开行了厦门—哈尔滨、杭州—乌鲁木齐、广州—沈阳、柯桥—成都、柯桥—北京、杭州—哈尔滨、杭州—昆明、广州—昆明、厦门—北京、广州—成都、广州—上海、广州—天津、北京—成都、广州—乌鲁木齐等多对行包快运专列。可以看出行包快运专列的线路与邮政运输主干线路的拟合程度较好，全面覆盖了全国 7 个一级邮区中心局所在的城市。行包快运专列的快速发展，使邮政无论是通过独立承包行包专列，还是利用现有行包快运专列资源发展运邮专列，都有着良好的发展条件。

三、行邮快运低碳化运营方案

（一）行邮快运专列的概念及其传统优势

行邮快运专列是在铁道部成立两大货运公司后推出的全新铁路邮政联合快速运输通道，主要为中心城市及辐射区域的大型物流企业、制造企业、零售企业、跨国集团提供家电、服装、医药、汽配、IT、仪器仪表等高价值、高附加值产品的长距离、大批量、全天候的专列直达快速运输服务、区域接取送达服务和全程物流服务，按直达特快客车运行等级（120 ～ 160 km/h）运行，沿途不进行甩挂和装卸作业，从始发站直达终点站。

其优势主要表现在以下 3 个方面。

1. 速度快

行邮快运专列是目前最快的行邮专列，最高速可达 160 km/h。以北京至上海为例，公路运输需要 22 ～ 24 h，而行邮快运专列只需要 11 h 48 min，在价位相当的情况下，时间节省了一半。这对快速消费品行业企业来说尤其具有吸引力。

2. 时间准

这是行邮快运的一大特点。一是定时间，行邮快运专列有固定的客车时刻表，不受自然条件限制，每日准点发车，准点到达；二是定地点，固定始发站、终点站、行车路线；三是定编组，行邮快运专列编组为 18 辆，采用"1+16+1"的编组方式，首尾各 1辆 25T 型行李宿营车，中间为 16 辆 25T 型行包车。

3. 服务好

全天候的运作特点保障了城际之间快速通道的畅通无阻。由于在途时间的缩短和准点到达，发货方和收货方完全可以根据准确运输时间，合理安排采购、生产、仓储、销售活动，大大减少库存和在途资金占用，由此引发的一系列连锁反应及"零库存"为货主带来更大的效益。

（二）行邮快递管理体制方面的优势

长期以来，由于我国生产力布局较分散、公路运输发展水平较低及铁路经营管理观念较落后等，铁路货运营业站的布局极为分散。就全路而言，早年年底货运点办理站总数为 4 301 个，其中日均装卸车 1 车以下的占总量的 21%，日均 3 车以下的占总量的 35%。平均站间距仅为 12.64 km，与发达国家货运站 50 km 的平均站间距相比差距较大。过度分散的车站布局不仅导致摘挂列车等低档次列车数量过多，使铁路运输生产效率低下，严重影响运输能力，还造成生产作业分散，人员冗余，劳动生产率及设备利用率低下，经营管理水平低下。因此，过度分散的车站布局影响了铁路货物运送速度，阻碍了快捷运输的发展。尤其是在当今低碳经济和低碳运输的背景下，大多数物流企业的规模都比较小，多数企业仍然保留着"大而全""小而全"的经营方式，企业物流设施内部保有率较高，并成为企业资产的重要组成部分。这部分企业物流运输业务少、车辆运输任务单一，很难形成规模化生产的组织和指挥能力，更不能形成统一的货源组织和车辆调配。这种自营物流模式存在着供需波动大、规模性差、设施设备闲置率高、人员不专业等问题，在不知不觉中浪费了大量的能源。构建行邮快运班列网络就是要使铁路将有限的资金重点装备核心节点站，提高车站作业效率，减少货物在站停留时间，进而提高货物送达速度；优化的生产布局还可加大货运营业站间距，使铁路能够开行行邮快运班列，提高运输能力，提高运输速度、效率，保证货物及时送达。

行邮快运是一种高附加值的运输方式，根据铁路"网运分离"体制改革的总体思路，铁路 18 个铁路局相继组建了铁路客运公司，有些客运公司在主营铁路旅客运输的同时，还接管了铁路行包运输业务，实行市场化管理。这种管理模式由铁路客运公司和铁路车站行包办理站构成。客运公司内部设有客运行包运输管理的机构，负责本公司行包运输组织管理。此外，一些铁路局、分局和车站针对自己的实际情况，制定了一些适合自身的行包运输规章。例如，中国铁路广州局集团有限公司根据自身实际情况制定了行包运输管理标准，铁路车站行李、包裹运输作业标准，广州站行包公司岗位责任制管理办法等。行包运输能够有效解决多头管理带来的生产活动混乱问题。

（三）行邮快运专列网络建设优势

1. 理论可行性

（1）运网分离。所谓"网运分离"，是将铁路线路、车站、编组站场等基础设施与客货运输车辆分开经营，客货运输企业变成运输市场的主体，直接或由车站代理与旅客和货主发生契约关系，并且有偿使用线路、车站、编组场站等基础设施。就事实而言，真正属于自然垄断的是路网等基础设施，而客货运输环节则具有竞争性，适合由多元化的主体来共同经营。"网运分离"就是把具有自然垄断性质的国家路网基础设施管理与具有竞争性质的铁路客货运输经营分开，实行分类管理。目前，铁路运输存在的一个最大问题就是政府职能错位，政企不分，造成政府在铁路运输市场里，既做裁判员又做运动员，还当管理员；既是经营者，又是监督者，还当立法者。"网运分离"就是要打破垄断，按照市场需要配置资源，将路网基础设施与客货运输分离，组建专门的客货运公司和路网公司。行邮快运专列是在铁道部成立两大货运公司后推出的全新的铁路邮政联合快速运输通道，货运实行自主经营、独立核算，逐步实现"网运分离"。对普通百姓而言，"网运分离"会让广大旅客有望以更低的价格获得更好的服务，也让旅客和货主可以选择不同的客货运输公司。

（2）客货分流。行邮快运专列作为中国铁路行邮运输组织方式改革的一个新尝试，改变了传统铁路行包运输组织模式，以其运输速度快、运输费用低、托运手续办理便捷、"门到门"运输等特点，深受快运市场的欢迎，获得了很好的社会经济效益，实现了客货分流。其依托铁路运输网络的主干线的优势和公路运输的灵活的特点，以最快的速度聚集和运输各方货物。行邮快运网络的建设是对长途运输和区域配送的合理分工。建设铁路行包专业化站场有利于减少行邮快运对客运枢纽的干扰，有利于减少因行包运量增加进行客运站大面积行包仓库建设的投入，有利于减少行包运输对车站客运作业的影响，有利于减少运力紧张对铁路运输作业的影响，有利于减少行邮快运改制对原有行包运输生产环节的冲突。

2. 技术可行性

目前，我国的铁路干线是以北京为中心的全国铁路网。京广线纵贯南北，陇海线和兰新线横贯东西，形似经纬的中枢。京广线以东，有津浦、沪宁、沪杭、鹰厦等线形成了第二条纵贯线，贯穿东部沿海地区。京广线以西，有集二、同蒲、太焦、焦枝、枝柳、黎湛等线组成了第三条纵贯线，联结内蒙古西部、山西高原及广大的中南地区和南海前哨。在陇海线以北，有京包、包兰、京原及石太、石德、胶济等线斜贯东西。此外，还有汉丹、襄渝、阳安等线，连接我国中部数省。以哈大、滨洲、滨绥线为骨干的东北铁路网，如今可以分别通过京沈、京承、锦承、京通等线与全国铁路网相连接。现在，以兰州为中心的西北铁路网和以成都、重庆、贵阳、昆明为中心，并以成昆、贵昆、成渝、川黔、襄渝、黔贵、湘黔等干线为骨架的西南地区铁路网均已初具规模了。

通过优化全国的铁路干线网，建立行邮快运专列跨区联通的主干网。行邮快运专列网络可以通过两种方式来建立主干网，一种是结合现有的全国主干网来规划自己的运营线路；另一种是建立新的铁路干线。通过优化铁路干线网最终形成以核心城市为中心，重点城市为节点的干线结构。

3. 服务能力

行邮快运专列的特色就是将长线的铁路干线服务和邮政配送网络相结合，综合了铁路和邮政运输的长处。铁路与公路相比，可以排除很多不确定的因素，更安全、更准时。新的《中华人民共和国道路交通安全法》实施之后，公路运输的成本、运输价格提升幅度很大，这对于行邮快运来说是一个良好的契机。

行邮快运专列全程按直达特快旅客列车等级运行，时速最高可达 160 km，使用此种运输方式可以使往来于北京、上海、南京、沈阳等城市的邮件比使用其他运输方式提前 1 ~ 2 天到达，使发往新疆的邮件提前 4 ~ 5 天到达，也可使南方各省经北京中转，发往东北各省的邮件提前 3 ~ 4 天到达，同时邮资不变。行邮快运专列速度快，可准时到达目的地，使商家可根据市场需求合理安排进货、发货时间，从而减少了库存，降低了成本，为企业的经营带来了方便。

四、行邮快运碳排放量分析

在环保方面，柴油机的二氧化碳排放平均比汽油机的低 30% ~ 35%。在我国，电力机车还没有普及，2007 年全国铁路机车拥有量达到 1.83 万台，其中内燃机车占 67.0%，电力机车占 32.4%，主要干线全部实现内燃、电力机车牵引。所以，这里以柴油内燃机车计算。开车造成 CO_2 排放的原因主要是含碳燃料的燃烧，这些含碳燃料包括汽油、柴油、液化石油气（LPG）、液化天然气（LNC）等，它们每单位排放 CO_2 的量不一样。将 IPCC 提供的最新数据换算成常用单位，结果如表 8-2 所示。由结果可知，柴油和液化石油气造成的排放量似乎较汽油略高。但是，这样的数据仅能表示使用相同容量（升）时，柴油或液化石油气的排放量较高。

表 8-2　常用车用燃料之二氧化碳排放系数

单位：kg of CO_2e

项　目	温室气体排放系数（含 CO_2、CH_4 及 N_2O 排放）
车用汽油	2.36
柴油	2.77
液化石油气（LPG）	3.27
液化天然气（LNG）	2.33

（一）以行驶千米数计算

以每天上下班所驾驶汽车的里程数为 30 km 为例，以平均油耗为 12 km/L 估算，每天所排放的温室气体约为 5.9 kg of CO_2e，平均每千米排放 0.2 kg of CO_2e。

（二）以耗油量计算

假设平均一个月约排放 190 kg of CO_2e。若骑摩托车上下班，一样 30 km，以平均油耗为 40 km/L 估算，每天所排放的温室气体约为 1.8 kg of CO_2e，平均每千米排放 0.06 kg of CO_2e。

通过查询资料可以求得货运量，然后根据中铁快运的货运量（t·km）和单位货运周转量耗油量（L/t·km）求得总耗油量，进而求得温室气体排放量。2007 年国家铁路行包周转量为 256.33 亿 t·km，2006 年为 235.54 亿 t·km。国家铁路单位运输工作量综合能耗 5.78 t 标准煤 / 百万换算 t·km，比 2006 年减少 0.34 t 标准煤 / 百万换算下 t·km，降 5.6%。

标准煤是一个能量单位，没有标准煤的含碳量数据，因此也无法计算标准煤的二氧化碳排放系数。通常估算的标准煤的二氧化碳排放量是按照与标准煤的能量比较接近的某种燃料（如焦炭）来计算的，因此数据也有差异。一般 1 t 标准煤大约排放 2.66 ~ 2.72 t 二氧化碳。

能源的种类很多，所含的热量也各不相同，为了便于相互对比和在总量上进行研究，我国把每千克含热 7 000 kcal（29 307.6 kJ）的煤定为标准煤，也称标煤。另外，我国还经常将各种能源折合成标准煤的吨数来表示，如 1 t 秸秆的能量相当于 0.5 t 标准煤，1 m³ 沼气的能量相当于 0.7 kg 标准煤。

第二节　铁路客运垃圾处理低碳化

一、铁路客运垃圾的特性

为了掌握铁路垃圾的产生、组成、性质和变化特征及其影响因素，为铁路垃圾制备复合垃圾衍生燃料（C-RDF）提供预处理、成型及污染控制方面的依据，同时也为城市生活垃圾制备 C-RDF 提供重要的参考，下文以广州火车站、上海火车站、西昌火车站及成都火车北站（春秋两季）为调查对象，同时为了降低垃圾产生地点对调查结果的影响，分别对旅客列车、候车室和广场产生的垃圾进行了调查。

（一）物理组分分析

2017 年 5—11 月，有关部门分别对全国不同地区、不同季节铁路客站的垃圾进行采样，分析结果如表 8-3 和表 8-4 所示。

表 8-3　不同地区铁路垃圾物理组分

单位：%

不同地区客站		有机物					无机物	
		纸	塑料	食物残渣	织物	竹木	玻璃	金属
广州	列车	23	22	45	4.2	1.8	1.6	2.4
	广场、候车室	32	19.6	42	—	1.6	0.7	4.1

续 表

不同地区客站		有机物					无机物	
		纸	塑料	食物残渣	织物	竹木	玻璃	金属
上海	列车	28	19	49	0.8	2	1.2	—
	广场、候车室	30	14	52	3.2	0.8	—	—
成都	列车	22	17	53	2	0.8	3	2.2
	广场、候车室	26	22	48	1.6	2.4	—	—
西昌	列车	28	20	38	—	3.6	9.4	1
	广场、候车室	23.21	30.36	42.86		3.57	—	—

注：取样时不包括餐车的灰渣。

表 8-4 不同季节铁路垃圾物理组分

单位：%

不同季节成都客站		有机物					无机物	
		纸	塑料	食物残渣	织物	竹木	玻璃	金属
春季	列车	22	17	53	2	0.8	3	2.2
	广场、候车室	26	22	48	1.6	2.4	—	—
秋季	列车	24.23	17.08	50.8	—	2.04	3.55	2.3
	广场、候车室	24.43	11.59	53.49	5.19	1.6	1.0	2.7

由表 8-3 和表 8-4 可看出，广州站、上海站、成都北站 3 个不同区域客站的垃圾组分一致，且各组分的含量无明显区别。通过比较还可知，不同客站、同一客站不同季节及同一客站不同产生源的垃圾的组分、含量也无明显区别，原因是火车站人员的流动性大，且旅客在旅途中及候车过程中的生活习惯基本相似。

铁路垃圾的组分有纸、塑料、食物残渣、竹木、织物、玻璃及金属等几类，各组分中食物残渣的含量最高，约占 50%，纸和塑料的含量都在 20% 左右，而其余几种组分的含量都较少。造成这种垃圾构成的主要原因是旅客通常在候车室及列车上以食品消磨时间。

（二）热值分析

热值是垃圾作为能源回收利用的一项重要指标，能反映垃圾在热能利用方面的可用性，是垃圾焚烧的首要参数,对在不同区域采样的铁路站车生活垃圾的热值分析如表8-5所示。

表 8-5　不同地区铁路垃圾的热值分析(湿基/干基)

单位:kJ/kg

项　目	上海铁路垃圾混合物	广州铁路垃圾混合物	西昌铁路垃圾混合物	春季成都铁路垃圾垃圾混合物	秋季成都铁路垃圾垃圾混合物
干基	28 627	24 162	26 279	23 135	22 884
湿基	9 981	7 778	8 937	7 521	9 078

从表8-5中可看出,各地铁路垃圾的热值差别不大,主要因为垃圾的组分和各成分的含量都相差不大。垃圾用于焚烧,其低位热值一般在4 000 kJ/kg以上。去除不燃物后,铁路垃圾主要成分为塑料、纸等发热量很高的物质。经过测定各地铁路垃圾的湿基低位发热量基本在7 500 kJ/kg,干基热值在22 000 kJ/kg以上,完全符合焚烧对于热值的需求,由此可知铁路垃圾制备 C-RDF 后用于燃烧是完全可行的。

(三)重金属分析

垃圾中的重金属是垃圾处理过程中不容忽视的问题,选取不同季节(成都站春、成都站秋),不同地点(上海站、成都站)客站的垃圾进行分析。

从表8-6中可看出,垃圾中各种重金属的含量,总体表现为锌(Zn)最高,变化范围是35.4~298 μg/g;其次是铜(Cu)和铬(Cr),变化范围分别是9.7~237 μg/g和21.5~117 μg/g;镉(Cd)的含量最低,变化范围是0.08~0.22 μg/g。并且不同地区、不同季节、不同产生场所的垃圾中变化最大的3种重金属是锌(Zn)、铜(Cu)和铬(Cr),其中锌(Zn)含量最高的是在上海铁路垃圾。

表 8-6　铁路垃圾重金属含量

单位:μg/g

样　品	砷(As)	镉(Cd)	铬(Cr)	铜(Cu)	镍(Ni)	铅(Pb)	锌(Zn)
春季成都列车	1.6	0.14	21.5	26.1	5.1	6.0	35.4
春季成都广场、候车室	2.0	0.12	53.6	237	7.0	9.0	56.6
秋季成都列车	2.0	0.09	14.4	24.3	3.7	3.5	38.1
秋季成都广场、候车室	1.9	0.22	117	47.8	4.5	5.8	83.2
上海列车	1.5	0.08	15.7	10.2	4.5	8.0	298
上海广场、候车室	1.3	0.08	14.5	9.7	3.3	7.2	266

比较不同地点（上海站和成都站）的垃圾可发现，上海站的垃圾中的锌（Zn）含量远高于成都站，而成都站的垃圾中的铜（Cu）高于上海站；成都站春秋两季列车垃圾各种重金属含量变化不大，广场、候车室垃圾的铜（Cu）、铬（Cr）含量要多一些。

与10年前旅客列车垃圾中的重金属含量相比，现在旅客列车垃圾中砷（As）、镉（Cd）大幅度减少，其余重金属的含量变化不大。

通过以上对铁路垃圾的全面调查研究，得到以下主要结论。

（1）铁路垃圾的构成较生活垃圾简单，且其组成及含量随季节和区域的改变不明显。

（2）铁路垃圾中塑料的含量大大高于城市生活垃圾，由于其成型性可能较差，在衍生燃料的成型环节应该对此特别注意。

（3）铁路垃圾中水分的含量在55%左右，食物残渣对水分的影响最大，所以在制备C-RDF的过程中需对干燥环节进行更多研究。

（4）铁路垃圾容重变化范围是80.9～253.5 kg/m^3，具有很大的压缩空间。

（5）铁路垃圾灰分小、可燃分大，完全符合C-RDF对这两个指标的要求。

（6）在剔除了不燃物后，铁路垃圾湿基低位发热量基本在7 500 kJ/kg，干基热值在22 000 kJ/kg以上，完全符合焚烧对于热值的要求。

（7）铁路垃圾中硫（S）、氯（Cl）元素含量都不高，但在制备C-RDF时需针对其元素的含量加入合适比例的添加剂，以降低污染物的排放浓度。

（8）铁路垃圾中含量最多的3种重金属依次是锌（Zn）、铜（Cu）和铬（Cr）。

二、铁路客运垃圾资源化方式

固体废物的处理方式有很多种，常用的有填埋、焚烧、堆肥等，其中除了填埋为末端处置环节外，其余几种处理方式均是对废物资源进行再利用。通过上面对理化特性的分析可知，铁路站车生活垃圾作为一种特殊的固体废物，其成分较一般生活垃圾简单，而且以可回收物质和食物残渣等生物质为主。为其选择一种合适的处理方法，可以使废物充分资源化。下面将对固体废物一般资源化处理方法进行介绍和对比，并针对铁路垃圾的特点，为其选择合适的资源化处理方式，力求做到资源利用最大化。

（一）资源化处理方式简介

固体废物常规的处理方式包括回收、填埋、堆肥和焚烧等，它们各有使废物资源化利用的途径。例如，焚烧可以利用垃圾的热能进行供暖或发电，堆肥可以将生物质垃圾制成有用的肥料产品，回收可以将物质进行再循环利用，而制成C-RDF可以将垃圾制成燃料，进行燃烧。下面分别从技术、经济效益和社会效益等方面对这些资源化处理方法进行介绍。

1. 分选回收

垃圾分选处理是将废物中可回收利用的或不利于后续处理、处置的物料分离出来，这是固体废物处理过程中的重要处理环节之一。依据物料的物理性质和化学性质（包括密度、粒度、重力、磁性、电性、光电性、摩擦性、弹性等）的不同而有不同的分选方法，包括筛分、重力分选、磁力分选、电力分选、光电分选、摩擦与弹性分选、浮选及最简单有效的人工分选等。分选回收的主要目的是直接回收有用的资源，以创造可观的经济效益，并取得直接或间接的环境及社会效益。

在垃圾综合处理过程中，垃圾分选回收是一个重要环节，为后续的各种处理提供了条件。从发达国家垃圾综合处理技术演变及发展趋势看，综合处理技术的应用总体上大致分为不同的优先等级（图 8-2），优先级从高到低依次为避免垃圾产生（Reduce）、资源重新利用（Reuse）、资源再生（Recycle）、回收能量的焚烧方法、填埋以外的其他处置方法、填埋处置。其中，资源重新利用即是通过垃圾分选回收实现的。

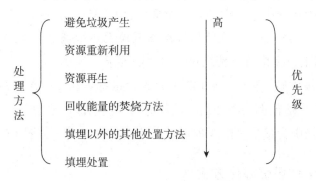

图 8-2 综合处理技术应用优先级

此外，在循环经济理论中，处理废物的优先顺序是避免产生—循环利用—最终处置，即首先要在生产源头充分考虑节省资源、提高资源利用率；其次要对使用过的包装废物、旧货等加以回收利用，使它们回到经济循环中；最后只有当避免产生和回收利用都不能实现时，才允许将废物进行环境无害化处置。而资源化处理要求将废物最大限度地变废为宝，在减少自然资源消耗的同时减少污染物的排放。从目前情况看，资源化的途径主要有两种：一种是再生利用，如废铝变成再生铝，废纸变成再生纸；另一种是将废物作为原料，如塑料回收利用、电厂粉煤灰用于生产建材产品、城市生活垃圾用于发电等，这些都离不开垃圾的分选回收。

2. 堆肥

垃圾堆肥技术的应用对象主要为生活垃圾中的厨余、果皮等易腐有机物。现代垃圾堆肥处理是在有控制的条件下，依靠土壤和垃圾中固有的微生物，使垃圾中有机成分在高温下发酵、分解并转化成一种类似于腐殖质的稳定物质，这种物质可以作为肥料或土壤改良剂，从而使垃圾达到无害化。

美国堆肥技术广泛应用于污水处理厂的污泥处理，目前有 274 套处理装置在运行，处理装置中好氧静态堆肥占 50%。欧洲的间歇坑式堆肥技术发展迅速，该技术所使用的原料由禽粪向污泥、生活垃圾发展。日本的札幌、岐阜等城市也相继采用堆肥技术来处理垃圾，其利用堆肥技术来处理废物的比例逐年增加，从 4.0% 增加到 11.3%。

在我国，垃圾堆肥处理具有很悠久的历史，我国部分农村至今仍在采用这种方法。采用这种方法既可处理垃圾，又可产生肥料。堆肥技术的应用也是解决城市生活垃圾的重要手段之一。上海、常州、无锡、北京、杭州等地已经建设了好氧堆肥实验厂，积累了适合在我国城市推广的垃圾堆肥的经验，获得了大量数据。

垃圾堆肥具有以下优点：首先，堆肥法比焚烧法投资省，技术和管理相对简单，易于操作；其次，从经营角度看，近年进入生活垃圾处理领域的民营企业大都采用以堆肥为主体、兼有废品回收和惰性残余物填埋的一体化处理方式；最后，堆肥法不受规模大小限制，可以因地制宜，制造不同品种和品级的堆肥，易于推广。

但是，垃圾堆肥也存在着以下缺点：首先，堆肥生产规模受市场需求限制；其次，由于我国绝大多数城市的垃圾未进行分类收集，堆肥的成本高、肥料质量较差、销路不好；再次，堆肥中重金属含量较高，不宜施用于农作物；最后，相当数量的不可堆肥物仍需填埋处理。上述因素极大地制约着堆肥法的推广和应用，因此当前我国许多大中城市仍难以用堆肥法消纳和处理所产生的垃圾。

目前国内应用较多的堆肥技术是机械化程度较低的静态通风好氧发酵技术，其特点是工艺简单、使用机械设备少、投资少、操作简单、运行费用低；但同时也存在占地面积大、生产周期长、产肥率低、堆肥质量不高、容易产生渗沥液及恶臭等问题。

3. 焚烧

垃圾焚烧处理是一种将固体废物进行高温热化学处理的技术，也是对固体废物焚烧热能进行回收利用的一种资源化形式。固体废物中的可燃组分与空气中的氧进行剧烈的化学反应，释放出热量并转化为高温的燃烧气和少量性质稳定的固定残渣，从而使废物减容并稳定。

许多发达国家由于能源、土地资源日益紧张，焚烧处理的比例逐渐增大，并结合发电、供热进行综合利用。日本、新加坡、卢森堡、瑞士、丹麦等土地资源较少的国家垃圾焚烧所占比例已高达 70% ～ 85%。用焚烧法处理的垃圾占垃圾处理总量的比例大于 40% 的国家和地区有德国、法国及中国台湾等。近年来，美国也转向采用垃圾焚烧法，用该法处理的垃圾比例已达 42% 以上，单个垃圾焚烧炉平均日处理量在 100 ～ 1 500 t。目前日本垃圾焚烧炉有 3 000 余座，其中垃圾发电站 131 座，2003 年垃圾发电量超过 2 000 MW。美国垃圾发电量也已达到 2 000 MW 以上，焚烧炉垃圾平均日处理量达到 2 000 t。

垃圾焚烧处理也存在一些问题：第一，焚烧垃圾产生的废气成分复杂，治理难度较大，一般垃圾焚烧废气处理设备占投资的 1/2～2/3；第二，垃圾的成分复杂，燃烧热值低，稳定性差；第三，小规模焚烧不经济，无法进行。国内外有关资料表明，只有在焚烧数量超过 300 t 时，才可以不亏损，此时尚不具备外售电力的可能，500～600 t 时，才具备外售电力的可能；第四，焚烧垃圾处理系统的运行管理技术要求高；第五，设备费和运转费高，资金投入大。不得不说，这些问题严重限制了焚烧法的推广应用。

4. C-RDF

复合垃圾衍生燃料是指由至少两类可燃的废物或者一类可燃废物与粉煤或泥煤压制成型块的固体燃料。C-RDF 可控制燃料热值，容易实现稳定燃烧。C-RDF 可规范燃烧，减少污染。由于 C-RDF 是具有统一形状和规格的型块燃料，可以在成型时添加固硫、脱氮及催化剂等，再使用合适的燃烧设备，既有利于高效燃烧，又能减少污染。

我国铁路垃圾特点的调查结果显示，我国铁路垃圾的构成比生活垃圾简单，且其组成及含量较为稳定，同时垃圾灰分小、可燃分大，完全符合 C-RDF 对这两个指标的要求。此外，垃圾经过分选回收了可循环利用的物质以后，其成分基本以食物残渣、织物、竹木等生物质为主，生物质由于具有含硫量低，含氮量不高，灰分较小，二氧化碳能循环产生与吸收等特点，是一种宝贵的清洁燃料。

（二）资源化处理方式的特性比较

以上从技术、经济和社会效益等方面对几种资源化处理方式进行了介绍，下面将对这几种垃圾资源化处理方式的特性进行简要介绍和比较。

1. 分选回收

分选回收主要是将可以回收再利用的物质从垃圾中分选出来，因此垃圾的物化特性基本上不会改变，也不会产生新的污染物质。总体说来，分选回收的环境负荷较小。

分选回收产生的环境污染主要是粉尘污染。粉尘的来源有两个：一是收集操作；二是处理设施。在生产线上粉尘的排放是很少的。加工操作通常在室内进行，这里会安装通风设备和采用一些局部粉尘抑制方法。混合垃圾的处理会导致大量的粉尘排放，通常需要采用旋风分离器和布袋除尘器等通风除尘设备。粉尘主要是倒卸、储存和装载操作中从垃圾箱中吹出的纸张等。这要求操作者和收集者频繁地监测、清扫被风吹出或掉出的垃圾。如果没有对垃圾收集设施旁边的垃圾收集给予足够重视的话，会使处理场所凌乱不堪、令人厌烦。

在预处理过程中，可能存在恶臭污染，可以对卸料区地板进行设计，形成微负压，来控制气味。由于进入回收设施后的垃圾中易腐成分含量很少，通常恶臭问题不大。

此外，在机械分选过程中会产生严重的噪声污染，虽然通过隔音、消音等设施可以将噪声污染控制在厂区内，但是会对工人的健康和安全造成威胁。因此，必须为工人提供专门的防护服、耳塞等防护装备，同时合理安排工作时间，以保证工人的劳动安全。

2. 堆肥

堆肥是唯一可以使有机垃圾回归自然的垃圾处理方法，优良的堆肥产品可明显改善土壤性质，是难得的好肥料。堆肥属于垃圾中间处理环节，在堆肥之前需要进行预处理，在堆肥之后也需要再处置。总的来说，在生产过程中会对环境产生许多负面的影响，尤以对水体和大气的污染最为严重。

当堆肥时物料水分高于最佳堆肥水分时，会产生渗滤液。此外，因雨雪等不可控因素而使水分增高时也会产生渗滤液污染问题。此外在堆肥中或堆肥后产生垃圾泄漏，或堆肥过程中溢流，均会对水质产生负面影响。因此，堆肥操作需在防渗漏表面上进行，这样可以防止渗滤液渗到地表水和地下水中。

堆肥过程中的生物及非生物介质极可能以堆肥不同阶段产生的尘土颗粒及浮质的形式进入大气环境。以这种方式传播的微生物会对少数易感人群的健康造成危害。气溶胶是多种微有机体的特殊载体，这些微有机体可以单体、有机聚集体或黏附于尘土颗粒上等形式出现。这些污染物携带的传染病菌会通过呼吸道被人体吸收，因此堆肥处理场，尤其是露天处理场不应建在人类居住区附近。

除了尘土颗粒的污染外，恶臭是堆肥处理场最显著的问题。不过，虽然难闻的气体降低了大气的质量，但是其通常不会对人类的健康造成危害。在建筑物内，通过通风，对废气进行吸附、吸收和氧化等措施可以控制处理过程中产生的气味。此外，还可通过化学洗涤或生物过滤的形式进行处理。

除了对水体和大气造成污染外，由于有机物残渣的性质及堆肥稳定化时间较长，在堆肥过程中不可避免地会吸引一些苍蝇与啮齿动物，严重影响堆肥处理场周围的卫生状况。因此，在所有操作过程中应注意保洁，尤其要注意原始垃圾的储存。

3. 焚烧

焚烧对垃圾的减量化和无害化贡献最为明显，通过焚烧可使垃圾体积减小80%～95%，重量也明显减少，焚烧产物为化学性质比较稳定的灰渣，通过焚烧可以彻底消灭各类病原体，消除腐化源，但是它给大气环境造成的二次污染较为严重。

垃圾焚烧炉产生的颗粒物数量和浓度取决于垃圾性质及焚烧系统的设计和操作。固体废物中大部分无机物和不可燃物质会以燃烧底灰的形式从焚烧炉中排出，但仍有很大一部分以粉尘的形式随废气一起排出。焚烧过程产生的主要污染物包括酸性气体（HCl、HF、SO_2）、NO_2、CO、碳氢化合物、重金属（Pb、Be、Hg）及二恶英等。

废气中 HCl 和 SO_2 的浓度主要与垃圾中的 Cl 和 S 含量有关，如垃圾中若有较多的PVC塑料，则其焚烧废气中会含有较高浓度的 HCl。此外，从烟囱排入大气的 HCl 和 SO_2 的量还与飞灰的碱性、添加剂、污染物控制系统等多种因素有关。

因为燃料本身含有 N，空气中也含有大量的 N，因此在整个燃料燃烧过程中会产生多种氮的氧化物，其主要成分是 NO，也含有少量的 NO_2 和 N_2O。在垃圾焚烧时，NO_2

一部分在较低温度下由垃圾中的 N 转化而来，另一部分在较高温度下由空气中的 N 转化而来。

CO 是垃圾焚烧时碳的不完全氧化产物。CO 浓度较高，表明燃烧气体在高温下没有停留足够长的时间，或没有足够高的氧浓度，或没有充分混合。垃圾焚烧初期，燃烧产物主要是 CO、H_2 和未燃尽的碳氢化合物。补充空气进一步燃烧，可使 CO 和 H_2 转化为 CO_2 和 H_2O。但是当焚烧区空气量过多时，会降低气体温度，抑制氧化反应进行；反之，易造成可燃物混合不充分，燃烧不完全，使 CO 浓度增加。不同类型的焚烧炉，由于空气分布和混合条件不同，产生的 CO 浓度会有很大差别。

4. C-RDF

关于 C-RDF 的污染特性前面已经进行了详细的介绍，此外仍需说明的是，C-RDF 是将垃圾与煤混合压制成型煤燃料，这样就可以避免垃圾热值不稳定的缺陷，保证燃烧的稳定。

C-RDF 在燃烧过程中，随着温度升高，有机生物质比煤先燃烧完，炭化后留下的空隙起到膨化疏松的作用，使固硫剂氧化钙颗粒内部不易发生烧结，甚至使空隙率增加，增大了二氧化硫和氧气在氧化钙颗粒内的扩散作用，提高了钙的利用率，从而提高了固硫率。

此外，由于生物质型煤在成型过程中煤与固硫剂接触混合均匀，可以在较低的钙硫比下，使固硫率达到 50% 以上。同时，生物质对铁路复合垃圾衍生燃料在燃烧过程中起到的膨化疏松作用会增加燃烧时的空气流通量及煤粒的表面积，促进燃烧过程中的氧化还原反应，改善燃烧条件，加快型煤的燃烧速度。

另外，成型制备可使燃料颗粒尺寸可控和规格化，使烟气中的粉尘浓度得以大量降低，同样也使燃料的挥发分的释放速度可控。

单从环境影响角度分析，在这 4 种资源化处理方式中，分选回收产生的环境负荷最小，但是它不是垃圾最终处置环节，必须配合其他处理方式一起使用。而在堆肥、焚烧和 C-RDF 这 3 种处理方式中，C-RDF 产生的环境负荷相对较小，如果在成型时选择合适的添加剂，并配以适当比例的煤，则可以实现清洁燃烧，它优于单独燃煤和单独焚烧垃圾，只是二恶英类物质的存在与否需要进一步深入探讨。堆肥和焚烧产生的环境负面影响均较为严重。堆肥产生的污染类型多，不但对环境造成污染，而且其卫生状况较差，容易令人感到不悦，对劳动工人的健康危害较大。焚烧产生的大气污染物种类多，虽然通过气体净化设备可以去除废气中大部分颗粒物，但是越微小的颗粒物对人体的伤害越大，因为这种颗粒物容易吸附酸性气体、金属及有毒有机物，而且很容易被人体的肺吸收。

因此，从环境影响角度看，铁路站车生活垃圾最佳的处理途径是分选回收与 C-RDF 相结合的处理方式，即先对铁路垃圾进行分选，再将剩余部分制成 C-RDF 进行燃烧。

三、不同垃圾资源化处理方式的效益比较

（一）经济效益比较

除了技术本身的特性和适用性以外，经济效益也是直接影响技术可行性的重要指标，下面对上述 4 种垃圾资源化处理方式进行经济效益比较。

1. 分选回收

目前我国垃圾分选回收工作十分落后，除了人工分选出塑料、纸等外，基本上没有进一步的处理，这也与我国垃圾源头分类收集薄弱有关。但是根据国际发展趋势，分类收集将是垃圾资源化处理的首要步骤，而且应以机械分选为主，以保证较高的分选回收利用率。因此，分选回收的主要投资在于设备投资，基于我国目前技术水平，分选回收的设备部分需要进口，因此需投资 15 万～30 万元 /t。但是分选回收后的物质资源化利用可以带来较为丰厚的回报。有资料统计，在我国用废纸生产的新闻纸比用原木浆生产成本可降低 300 元 /t，高质量的漂白脱墨木浆成本比原生漂白木浆成本低 500～750 元 /t。而且，目前市场上有较为成熟的废品回收利用公司，其产品市场也很好。

2. 堆肥

堆肥处理的初期投资一般每吨为 5 万～40 万元，根据机械化程度和设备国产化率的不同有较大差别。运行中，垃圾处理成本为 100～200 元 /t，由于堆肥产品市场受限制，堆肥生产效益很低，销售量也很低，通常约为堆肥总量的 1/5，且单位价格仅为成本的 1/10。目前城市垃圾堆肥处理呈现停滞甚至萎缩的状态，相当一部分的堆肥厂如同堆放厂，二次污染严重，实际处理量很低。从袋装化收集的混合生活垃圾分选要求的角度来看，由于我国垃圾含水率高、黏连性强，很难进行机械分选处理，或者说机械分选处理效果很差，难以满足堆肥发酵所需要的适宜的碳氮比等要求，高温发酵堆肥效果差。

3. 垃圾直接焚烧

垃圾焚烧处理是目前发达国家应用最普遍的垃圾处理方法，垃圾焚烧发电厂的服务期限一般为 25 年左右，这意味着它的稳定收益期将长达 25 年。垃圾焚烧发电厂的收益稳定、运营成本低廉并享有一定的税收优惠政策，能给投资者带来稳定高额的回报。但垃圾焚烧发电厂一般前期投资很高，日处理垃圾 1 200 t、装机容量 2.4 万 kW 的垃圾焚烧发电厂需要投资 3 亿多元（国产设备），设备初期投资 14.2 万元 /t。以服务期限 25 年计算，每年设备折旧 1 200 万元，处理垃圾的设备折旧费约为 27 元 /t；运行成本和后续处理费用不低于 150 元 /t。

4. 垃圾制作 C-RDF 并燃烧

根据实际制备试验，将铁路垃圾制成 C-RDF，初期设备等投资至少在 20 万元 /t，成本为 456 元 /t。"锅炉燃烧铁路垃圾衍生燃料与烟煤散煤环保热工性能对比测试"实验结果表明，1 t 煤的热量折合 2.1 t 铁路垃圾的热量，或折合 1.2 t C-RDF 的热量。

若将煤燃烧发电，1 t 煤燃烧发电量约为 2 350 kW·h，上网电价按每千瓦时 0.60 元计算，1 t 煤效益为 1 410 元；成本方面，煤价约为 500 元/t，运行费用约 50 元/t，烟气、炉渣处理成本约为 20 元/t，三者之和为 570 元/t；因此，利润为 840 元/t。

当处理成本和煤一样，仅考虑燃烧成本时，1 t C-RDF 燃烧发电量大约为 1 958 kW·h，效益为 1 175 元，成本为 526 元/t，利润为 649 元/t。成本虽然比燃煤降低 44 元，但比燃煤 1 t 产生的利润低约 200 元/t。

表 8-7 对 4 种资源化处理方式经济成本效益进行了简要的比较，其中单位投资主要指设备的初期投资；产品出卖收益分别指分选回收后的废纸、废塑料的买卖，堆肥产品的销售，焚烧和 C-RDF 发电；运输费用从运输距离角度分析。焚烧是一种投资和收益都较高的处理方式，而且垃圾焚烧发电的市场较好，既无技术障碍又有政策支持，可以大力发展。堆肥由于受产品市场限制，收益非常少，而其投资和运行成本又偏高，因此发展较为困难，只有提高堆肥质量，开拓堆肥产品市场，才能发挥堆肥在保护生态环境方面的价值。分选回收的投资不高，收益比较好，但是它不能作为单独的处理方式，需要将分选后的物质送至其他处理厂，因此其运输成本比其他处理方式多 1 倍。C-RDF 的投资省，而且由于可以就地生产使用，具有节省运输费用、不受市场限制等特点。

表 8-7 经济成本效益比较

比较项目	分选回收	堆 肥	焚 烧	C-RDF
单位投资	15 万~30 万元/t	5 万~40 万元/t	35 万~65 万元/t	15 万~25 万元/t
运行管理费用	40~60 元/t	100~200 元/t	150~250 元/t	50~100 元/t
产品出卖收益	1 000 元/t	10~20 元/t	1 000~1 500 元/t	1 000~1 200 元/t
运输费	距离市中心较近，但是分选后的物质仍需运输到其他处理厂	距市中心较远	距市中心较远	就地消耗，运输费用可忽略
产品市场	已有废品回收公司，市场很好	形成堆肥市场有一定难度	产生的热能和电能可为社会使用，市场较好	就地消耗，不受市场限制
生态经济损失	小，占地小，环境影响小	一般	一般	一般

（二）社会效益比较

表 8-8 从民众接受程度、实现难易程度、社会效益、发展方向等几方面将分选回收、焚烧、堆肥和 C-RDF 进行了比较。

表 8-8　社会性指标比较

比较项目	分选回收	焚　烧	堆　肥	C-RDF
民众接受程度	较易	难	难	一般
实现难易程度	难	一般	一般	较易
社会效益	实现了资源的循环利用，节省了大量能源	发电量大，可以供给城市电网，节省煤等燃料消耗	充分利用生物质资源，高质量的堆肥是一种高效的土壤改良剂	节省煤等燃料，可以为局部地区供热、发电
发展方向	增长迅速，是许多发达国家首选的垃圾处理技术	发展较快，发达国家及国土面积较小的国家焚烧比重大，但废气处理的投资过高，影响了其进一步发展	受堆肥产品销路的限制，其比重保持在一定的范围内，但在发达国家有稳步增加趋势	发展较快，是垃圾资源化领域新的增长点，目前的增长主要集中在发达国家

从表 8-8 中可以看出，4 种处理方式均具有一定的社会效益。分选回收是目前发达国家首选的垃圾处理方式，我国民众也愿意接受。有关调研结果显示，目前北京市居民中有 50% 的希望增加回收网点数量，有 20% 的居民由于回收渠道不畅，而不得不将可以回收利用的物品直接丢弃，而且居民还希望能通过正规渠道多回收一些物品，如废玻璃、废旧金属、废电池、废旧家电等。但是分选回收目前实现起来有一定难度，需要政府大力普及垃圾分类收集做法。

在其他 3 种资源化处理方式中，焚烧和堆肥分别存在投资过高和产品销路不好的问题，而且虽然它们在技术上均比较成熟，但是由于污染问题严重，民众一般不愿接受，不希望自己居住在垃圾焚烧厂和垃圾堆肥场附近。C-RDF 是目前发展最快的一种垃圾处理方式，易于实现，而且因为 C-RDF 是一种燃料，而非垃圾，所以焚烧 C-RDF 比焚烧垃圾这种资源化处理方式更容易让人接受。

每种方法各有其优缺点，选用处理方法时除了考虑技术本身的特点以外，还要考虑当地的地理环境、垃圾成分特点及经济水平等具体情况。在进行明确分析的前提下，按照环境可持续性、经济可承受性和社会可接受性的原则，选择合适的垃圾管理模式，通过减量化、无害化和资源化等具体的管理措施，实现对固体废物的有效管理。

简要来说，垃圾分选回收利用的资源化处理效果最好，选址容易，投资和运行费用较低，最符合当前的发展趋势，但应保证源头分类的高效，才能达到较好的分选效果。焚烧法在国外发展得较为成熟，它具有占地面积小、运行稳定可靠等优点，但经济投入较大，且其烟气（特别是二恶英等）对环境的影响备受人们的关注。堆肥法可以使有机垃圾成分得到充分利用，且其投资和运行费用都不太高，但是其产品的销路问题目前难以解决。C-RDF 相比于垃圾直接焚烧，对其处理对象的要求不高，占地面积小，而且社会可接受程度较高，但是目前国内相关运行管理经验欠缺。

四、铁路客运垃圾处理低碳化对策研究

为了更好地对铁路站车生活垃圾进行资源化管理，除了技术支撑外，还需要政策的扶持和保障。下面主要针对目前铁路站车生活垃圾处理过程中产生的主要问题，结合实际情况进行管理对策研究。

（一）加强宣传教育

宣传教育是指依靠舆论解决环境污染问题。例如，说服人们不要乱丢垃圾、进行正确的垃圾分类、购买有利于环保的商品等。因为观念对人的行为具有极强的指导性，所以通过加强对旅客和铁路工作人员的垃圾资源化教育，令垃圾资源化观念深入人心，让分类收集成为每一个旅客和铁路工作人员的自觉行动，是实现铁路站车生活垃圾资源化处理的根本途径。另外，从发达国家的垃圾管理经验来看，宣传教育是加强环保意识的重要手段。

1. 加强对旅客的宣传教育

旅客是铁路站车生活垃圾的主要生产者，因此铁路垃圾的管理离不开旅客的参与和支持，提高旅客环保意识，使其主动参与固废治理十分必要。首先，必须认识到的是，资源过度消耗是导致环境退化的主要因素，垃圾资源化不仅是经济效益的问题，更是关系到人类长期发展的全球性问题。而且垃圾与资源的界限不是绝对的，垃圾只是放错了地方的资源。既有研究结果表明，通过广播宣传环境保护，向人们介绍垃圾资源化的必要性和紧迫性，制定有效的管理办法等措施，可有效增强旅客环保意识。为此，建议铁路部门充分利用舆论工具，宣传铁路沿线环境保护的重要性及有关法律、法规。例如，可以通过车站和列车上的广播增强旅客的环保意识，介绍铁路车站的垃圾收集情况和相应的处理设施，张贴醒目的禁止乱扔固废的标志等。

其次，在铁路站车生活垃圾的资源化过程中，分类回收是首要环节，而这一环节应该主要依靠旅客的分类收集，而非混合收集后的人工分选，因为后者的难度和人力、财力支出远远大于前者。由于铁路站车的客流量大，而旅客的停留时间短暂，通过加强宣传教育，在铁路站车形成良好的垃圾资源回收氛围，努力使旅客在乘车、候车的这段时间里做到垃圾分类收集。采取的手段可以是张贴漫画和警示标语、广播宣传、多媒体电视宣传及铁路站车工作人员的耐心教育等。

宣传教育的形式要通俗易懂，如免费赠送旅客彩色日历，在日历上用彩色图标和图片标注，使旅客清楚哪些是可回收垃圾、哪些是不可回收垃圾，并且了解如何正确处理产生的垃圾，应该何时把何物放在何处，使垃圾减量活动得以良好开展。

2. 规范客运工作人员作业

除了依靠旅客自觉以外，铁路客运部门的工作人员有对铁路站车生活垃圾进行资源化处理的义务，所以铁路部门应加强对相关工作人员的宣传教育，使相关工作人员意识到自己工作的重要性，加强责任感。

在铁路站场，垃圾主要由清扫人员负责。尽管在清扫工作人员作业规则里，对清扫固废作业进行了规定，但并未制定具体的作业管理和监督办法。因此，建议修订客运工作人员清扫收集固废作业规范，重点管理固废集中产生时间段和特定区域。可以在固废集中产生的时间段增加人力，保证铁路站场的整洁。此外，还可以安排专员负责垃圾的初步分选工作，并对其进行培训，向其讲解垃圾的基本特点和分类方法。

在列车上，铁路垃圾主要由乘务人员负责收集。首先，他们应该随时对旅客进行垃圾资源化的宣传教育，对随地乱扔垃圾、不按要求分类回收垃圾等不文明行为进行及时制止。其次，他们应该主动对可再利用物质进行回收，尤其是短途旅客列车，垃圾产生量少，列车乘务员应该按照相关要求对垃圾进行分类收集。

此外，需要加强对客运工作人员的管理，将垃圾清扫和垃圾分类回收作为一项考核标准，实行赏罚分明的奖惩制度，对有清扫不彻底和分类不规范等失职行为的员工给予警告或经济处罚。

（二）加强产生源管理

铁路站车生活垃圾产生源管理既是固体废物全过程管理的初始环节，也是最重要的环节。因为只有加强产生源管理，规范产生主体的行为，使之按照"减量化、无害化、资源化"的要求排放固废，才能合理地进行收集、运输、储存、回收利用，直至最终处置等。否则，必将加大对城市生态环境的压力，也必将增加实施铁路站车生活垃圾综合治理的难度和资金投入。

1. 调整列车到发时间和车次

既有调研结果表明，在较大的铁路客运站，旅客列车到发时间对站车生活垃圾产生量有直接影响。如果调整旅客列车的到发时间，使之尽量避开铁路站车生活垃圾集中产生时间，则可以减少列车的固体废物投放量，从而有效地减少客运站的固废量。具体措施包括增开"夕发朝至"列车等。

此外，调查结果表明，单位时间内，短途客运列车的垃圾产生量小于长途客运列车，由此推断，铁路列车生活垃圾产生量受列车运行里程的影响。因此，建议在特大城市增开中短途列车，分散长途客流，相对缩短旅客列车的平均运行里程。

2. 开发新型列车就餐方式，提倡"净菜上车"

在旅客的诸多就餐方式中，餐车就餐方式产生的垃圾量最少。但是，旅客列车餐车的空间有限，不可能容纳所有旅客同时就餐，因此需要寻找新型旅客列车就餐方式。在此可以借鉴航空客运业的经验，增开"精品列车"，在客票价格中包含合理的就餐费，由列车工作人员将质量好、品种多的食品和饮料送到旅客手中，并及时回收食物残渣和废弃食品包装物，以减少固废产生量。

此外，为了进一步减少列车生活垃圾产生量，还应特别提倡"净菜上车"的餐车进货方式，改革现行餐车的食品加工方式，把边角余料尽量留在列车下，减轻列车垃圾处理的负担。

3. 加强垃圾的分类回收

长期以来，我国垃圾都采用混合收集的方式，造成了极大的资源浪费和能源浪费。垃圾混合收集不利于垃圾中可利用物质的回收和循环利用，降低了可用于堆肥和焚烧的有机物资源化和能源化价值。混合收集后再利用（分选）又浪费了人力、财力、物力。另外，垃圾混合收集可能造成严重的交叉污染和二次污染。垃圾混合收集具有一次性投入、运行成本低以及对人员素质和技术熟练程度的要求低的特点。与之相对，垃圾分类收集具有有利于垃圾资源化、无害化的优点，既能提高资源回收率，又便于有害物的单独处理。

在铁路车站和列车上要做到垃圾的分类回收，除了要求人们具有垃圾资源化处理的观念外，还需要有配套的硬件设施，帮助人们做好垃圾分类收集工作。目前，在我国大部分铁路车站和列车上，收集垃圾的容器通常只有一个，人们只好把所有垃圾都放到这个容器里，尤其在列车上，人们通常会把方便面汤等液体物质一起倒进垃圾桶里，这也是造成铁路站车生活垃圾含水率高的一个重要原因。

针对铁路站车生活垃圾的分类收集问题，铁路管理部门首先应和专家一起制定审评《铁路站车生活垃圾分类收集目标和总体规划》，确定工作目标和实施步骤。例如，确定按照"旅客粗分，车站工作人员细分，最后送至专业的分选回收中心"的步骤进行铁路垃圾的处理。在这个过程中，需要旅客协助工作人员将铁路站车生活垃圾分为两大类，即可回收的垃圾和有机垃圾（如食物残渣等）。

现场调查结果显示，旅客随意将垃圾丢置于非指定地点，不仅给收集和处理工作带来了困难，还造成了环境污染。但是，要想规范旅客行为，首先应考虑向旅客提供便利、卫生、美观的设施，因此建议在铁路站场和列车上，增加垃圾箱的数量和分类回收设施，使旅客容易实现废水和固废分离、可回收固废和不可回收固废分离。

在车站候车室等处可以设置多个垃圾桶，将可回收的垃圾进行更细致的分类，如按照废塑料、废纸等分类。在列车上，由于空间有限，可以设置两个垃圾桶，并在距离洗手池较远的车厢的一端设置废水桶，通过张贴指示标志，指导旅客进行垃圾分类。而对于短途列车，垃圾产生量少，通常由列车员负责收集和清理，因此可以直接通过培训，达到垃圾分类收集的目的。

只有真正做到垃圾的分类收集，才可能使后续的资源化处理更加高效，才能提高列车垃圾在中间处理过程中的减量率，使固废的最终处置量达到最小。

4. 尽快推出环保型客车和"绿色客运站"

为了更好地制定产生源管理对策，可以先选择一些列车和车站作为试点，推出新型环保型客车和"绿色客运站"。

新型环保型客车可以采用"净菜上车"的餐车进货方式，实施航空客运业的食品管理方法，在列车上增加垃圾桶的数量，通过广播和车厢内的宣传海报，倡导人们自觉进行垃圾分类收集。通过环保型客车的带头示范作用，让更多旅客意识到通过自己的努力可以改善列车和铁路沿线的环境状况，意识到通过垃圾分类收集，不仅使自己的旅行环境变得整洁，还为环境保护和资源回收利用做出了贡献。

而各试点可以根据自身特点，具体制定分类收集实施原则、指导思想和具体方法。例如，在北京客运站可以把铁路站车生活垃圾分类收集管理作为建设"绿色北京"的一项重要工作，以此为契机进行宣传，并抓紧对相关工作人员进行培训，做好铁路站场的垃圾收集和回收工作，使旅客可以明显感受到"绿色客运站"的新面貌。通过开展"绿色客运站"评比，刺激各铁路客运站在提高服务水平的同时，加强铁路站场的环境治理，积极投入铁路站车生活垃圾资源化处理的工作。

通过总结环保型客车和"绿色客运站"的试点实施情况，可以为大规模地推广铁路站车生活垃圾资源化处理提供经验，从而为实现整个铁路绿色和谐发展提供宝贵经验。

（三）加强政府宏观管理

1. 大力发展铁路站车生活垃圾资源化处理技术

虽然我国近年来在提高垃圾的清运和转运的机械化水平上有了明显的进步，有条件的城市也在逐步进行垃圾焚烧技术的开发和应用，但总体技术水平仍较落后，清扫工作以劳动密集型为主，尚未摆脱"脏、苦、累"的状况，而垃圾处理场所主要以填埋场为主。

垃圾的资源化处理在很大程度上与资源化处理技术有关，科技的进步可以增加可利用废物的种类和对废物的利用程度，提高综合利用率，从而推动垃圾资源化产业的快速发展。因此，需要结合国情，在引进国外先进技术和关键设备的同时，加大科技投入，研究开发先进适用的铁路站车生活垃圾处理成套技术和处理垃圾的专用机械设备，为铁路站车生活垃圾资源化处理提供硬件支持。

另外，很多资源化处理设备都需要进口，十分昂贵，这也使垃圾资源化处理工作难以开展。因此，应鼓励科研人员研发拥有自主知识产权的资源化处理设备，从而使资源化处理成本大大降低。

2. 制定优惠政策，鼓励垃圾处理产业的发展

垃圾处理产业以垃圾减量为前提，以实现垃圾资源回收利用为主要目的，是一种逆向产业，它的社会效益和环境效益要大于经济效益。我国目前的垃圾处理产业市场尚不

成熟，需要通过国家调整垃圾处理产业政策，培育垃圾处理产业及市场，完善企业回报渠道，通过企业高效运作，促进垃圾处理产业市场的繁荣。尤其在大城市，垃圾产生量大，可以形成一定的规模效应，但是由于政策、资金不到位，很少有企业能吃到垃圾资源化这块蛋糕，不仅自己没有办法取得收益，也使大量资源白白流失了。因此，通过减免税收、增加政府补贴等政策，降低有关企业的经营风险，调动企业的积极性，从而促进整个产业的良好发展。

首先，要明确税收支持政策，鼓励民间科研机构独立进行垃圾处理、处置技术的开发工作；其次，鼓励垃圾处置利用的科技成果有偿转让，对先进工艺、先进技术、先进设备和先进材料的引进、应用及技术咨询，技术转让，技术服务给予税收优惠，针对城市垃圾减量化、资源化处理技术及附加产品的开发、转让，制定税收扶持政策。

与之相应地，需要制定平稳合理的废品回收价格和奖惩制度，保证垃圾分类收集和废品回收的持续发展，如建立垃圾处理回收利用技术研发专项资金。有条件的地区可以每年安排一定的环保产业化专项资金，主要为环保骨干企业进行环保技术创新、产品开发、成果转让等提供贷款贴息、投资担保等方面的支持，实行专款专用。对符合条件的股份制环保企业，有关部门优先推荐上市发行企业债券。积极支持有条件的环保企业利用国际资本市场筹集资金，引导企业自主行动。

此外，当前我国再生资源的价格同初生资源的比价关系严重扭曲，再生资源价格往往高于同类原材料的价格。对此，政府需要制定合理的政策来促进再生资源的利用。这些政策包括再生资源补贴政策、提高再生产品市场占有率的消费政策等。通过对再生资源提供补贴，规定政府机关、企事业单位再生产品的使用比例等方式，达到鼓励再生资源利用、扶持垃圾处理产业的目的。

除了加大税收扶持力度外，还需要对我国垃圾管理体系进行改革。目前，我国垃圾管理体制的问题集中表现为政企不分、管干合一及缺乏管理与监督的权威性等方面。我国垃圾治理工作一直被作为社会公益事业由政府包揽，从收集、清运到处理处置及监督管理等都由政府负责。各地环卫部门既是垃圾治理的监督管理部门，又是垃圾收运和处理业务的执行单位，这种体制缺少公众参与，不能在环卫行业形成有效的监督和竞争机制，限制了垃圾处理产业运营的市场化。因此，要进行体制改革，打破目前垃圾处理政企不分、垄断经营、非市场化、非产业化运作的局面。

一个产业的发展，除了要有先进的技术，更重要的是对市场进行培育。一些发达国家和发展中国家的成功经验说明，专业经营性公司处理垃圾的费用是市政机构的一半。因此，要实行"环保部门监督，环卫部门管理，专业公司提供社会化服务"的管理模式，建立与社会主义市场经济相适应的管理机制。建立垃圾经营许可证制度，鼓励各类公司参与铁路站车生活垃圾治理，改变目前环卫部门一条龙运作的管理形式，使监督管理与运行作业分离。

在这方面，政府可以利用补助、减税、补贴、贷款等经济手段，鼓励各种形式的资本进行符合城市规划的垃圾处理设施的建设和经营，从而达到培育市场主体、形成市场竞争的目的。例如，对于有明显垄断经营效益的垃圾处理场，政府可以采取有限期的专营权拍卖或者股份制改造，使政府的投资转化为收入。通过政府的宏观调控和市场的调节，垃圾处理将会逐步分工细化，从垃圾的收集、分类、运输、分拣到垃圾的处理和无害化处置，都会形成独立的产业环节，这些不同的产业环节再与化肥厂、饲养场、造纸厂等相互联系，形成一个复杂的产业链，这样垃圾处理就能真正实现产业化。

铁路站车生活垃圾处理问题既是一个复杂的社会问题，也是一个纷繁复杂的系统工程，既涉及技术问题，又涉及政策管理问题。该问题虽然是铁路运输部门的问题，但是需要市政环卫部门、环保部门等单位合力解决，有时还需要相关科研单位的鼎力协助。因此，各政府部门和单位应针对铁路站车生活垃圾特点，选择最符合当地实际情况的处理方案和管理办法，并尽各方最大努力，制定相关优惠政策，通力合作，解决好铁路站车生活垃圾的处理问题，使铁路站车生活垃圾处理朝市场化、企业化、专业化、产业化的方向发展，使铁路客运环境更加舒适、整洁。

第三节　打印机耗材市场中的低碳物流

下面以打印机耗材市场的墨盒生产方式为例，以降低二氧化碳排放量为最终目标，来分析、研究打印机废弃耗材的处理现状、市场现状等。

一、打印机耗材市场的特征

计算机如今已经进入千家万户，与之相配套的打印机也得到了普及，成为必不可少的办公器材，从而形成规模庞大的耗材市场。目前，打印机产业所显示出的两大特征——高利润和高污染，都是由于其极高的部件损耗率。

打印机耗材市场具有以下几方面的特征。

（一）高利润

打印机产业长久以来一直以极高的利润著称，其中大部分的利润是靠耗材获取的。由惠普公司的财务报表可知，惠普每年700亿美元的收入中70%来自其打印机部门，而其中的大部分来自耗材的收入。据华尔街分析师估计，每年光是墨盒及墨粉盒的收入就有100亿美元，约等于美国陆军一年的国防预算。再从成本估算，分析师指出每只墨盒及墨粉盒的成本约为售价的5%，也就是说税前净利润可以达到95亿美元，这么庞大的利润让许多公司难以望其项背。

（二）高污染

高污染主要指废弃墨盒等部件产生的固体废弃物污染及打印机生产过程中产生的温室气体。以我国香港地区为例，每年激光碳粉盒的废弃会占用 66 万公顷的堆填区，如能全部重注和再用的话，单就不用再造配件便可节省 188 万 t 原油，二氧化碳排放量亦可大为减少，减少量相当于全港人口 9 年的呼出量。

以我国某地区为例，估计每年需消耗约 15.87 亿元人民币的墨粉盒，约为某地区在线游戏市场的产值，再生墨粉盒目前只占 10% 的墨粉盒市场，至多有 7 亿元新台币的产值。受环保的大趋势影响，民众普遍认为墨粉盒给社会环境带来了沉重的负担，必须妥善处理。将废品处理再制之后卖回市场也受到了环保团体的肯定，只要回收市场机制公平完整，打印机这个产业的前景非常广阔。

由此可见，在打印机产业中推广逆向物流，将回收的废弃墨盒等部件用于再制造过程，不仅可以降低生产成本，在日益激烈的市场竞争中拓展新的利润空间，同时还可以降低二氧化碳排放量，发展低碳物流。

二、废弃耗材的处理现状和市场现状

（一）废弃耗材处理现状

以某地区为例。某地区目前约有 50 万台激光打印机，若以 3 个月使用 1 只墨粉盒来计算，一年约用掉 200 万只墨粉盒，且每年使用量一直在不断增长。该地人们最常使用的墨粉盒主要有原厂墨粉盒及回收再制的再生墨粉盒两种。对原厂墨粉盒厂商而言，他们主张原装粉墨盒有高质量、高稳定度的特质，可有效降低错误率，避免纸张浪费。再生墨粉盒厂商则主张将墨粉盒回收再制，因为只有这样才能真正落实环保政策，达到减轻环境负担的目的。再生墨粉盒制造商表示激光打印机的墨粉盒主要是由可循环使用的塑料制成，且每一个墨粉盒的可再生率高达 95%，因此只要回收使用完的空墨粉盒，更换其中损坏的零件，清洁溢出的碳粉，然后进行组装，测试合格后，即可成为质量可与原厂墨粉盒媲美、不会损坏打印机的再生墨粉盒。

根据保守估计，某地区废弃的墨粉盒一年可制造出 2 000 ~ 2 500 t 的固体废弃物，而这些塑料废弃物需要用 100 多年的时间分解，将对环境造成极大的污染。若能将这些废弃的墨粉盒做适当的回收、再利用，必将有效减轻环境负担。而环保再生墨粉盒就是对废弃空匣进行的有效利用。

在欧美等地再生墨粉盒的使用已有较长的历史，回收再生技术也已相当成熟，甚至发展到有用再生墨粉盒印刷的杂志出版。通过不断教育使用者树立回收、减量、再利用的观念，同时制定相关环保法令，在美国再生墨粉盒市场占有率已高达 40%。目前，美国一些大企业大多与墨粉盒供货商合作收集墨粉盒，并使用再生墨粉盒。以美国福特公司为例，其在美国所有的设施点均回收墨粉盒，并使用再生墨粉盒，从回收的墨粉盒的数量看，已节省 180 000 美元的废弃物清理成本。相较之下，亚洲地区的再生墨粉盒制造发展较晚，主要是在引进美国技术后才开始展开。日本企业则是受经济不景气的影响，开始思考如何减少开支，同时日本当局积极提倡环保教育，倡导企业界使用再生墨粉盒。

有鉴于此，该地区开始加强资源回收和再利用。在人们环保意识提高的情况下，再生墨粉盒在该地区逐渐受到大家的重视，专门生产再生墨粉盒的厂商也与日俱增。然而，该地每年墨粉盒的回收率只有约 1/4，再使用率不到 15%。也就是说，每年用掉的 200 万只墨粉盒中有 150 万只墨粉盒被当成垃圾压碎，只有 20 万～30 万只回收后重新填充碳粉，制成再生墨粉盒销售。由此看来，相较于欧美国家和地区，该地仍有较大进步空间。再生墨粉盒在价格上比原厂墨粉盒便宜 30%～40%，如果使用再生墨粉盒，可减少开支。

原厂墨粉盒以低污染为诉求，产品在生产过程中除了需符合低污染的生产要求外，生产者还需要进行墨粉盒的回收与再使用。对碳粉空匣使用的收集、回收、再使用或对环境友善处置系统（收集系统、处理能力、处理细节等）及所生产的产品应为可拆解性（Disassemblable）等，都有清楚的交代。对于回收的墨粉盒中无法再利用的零件，要以对环境友善的方式进行处置（包括进行热回收）。原厂墨粉盒制造商强调在制造环节就坚持低污染、省能源等环保原则，并无不爱护环境的情形。原生产商回收空匣、拆解、再制造，甚至获得环保署环保标章认可，极力排除对原厂墨粉盒不环保的说法，再加上原厂墨粉盒拥有高质量、高稳定特点，使再生墨粉盒在与原厂墨粉盒的竞争中很难胜出。

（二）某地区墨粉盒市场现状

为使地球资源得以可持续利用，各式各样的资源再生工业在全世界已蔚为潮流。根据统计，全球投入再生墨粉盒及墨盒制造的厂商约有 9 455 家，其中欧洲地区 1 890 家、美洲地区 5 800 家、中东地区 385 家、亚洲地区 1 380 家，可以看出欧、美地区打印机墨粉盒再制造厂商的数量明显高出其他地区。

某地区目前主要墨粉盒供应来源有打印机原生产商（OEM 厂商）及墨粉盒再生厂商，其中供应该地全新墨粉盒厂商（如协益）多以代工国外原厂为主，上福则以生产兼容性墨粉盒为主，供应该地的原厂墨粉盒厂商有 HP、EPSON、Lexmark、IBM 等。而再生墨粉盒厂商则以荣科、绿德、埃布尔泰等为主。据统计，该地每年销售 150 万～200万只墨粉盒，其中原厂墨粉盒每月至少有 10 万只的销售量，而再生墨粉盒每月有18 000～20 000 只的销售量，由此可知原厂墨粉盒的市场占有率明显比再生墨粉盒高。

从表 8-9 和表 8-10 中可分别得知该地原厂墨粉盒市场占有率及该地回收原厂墨粉盒再利用的比率。其中，原厂墨粉盒市场占有率以 HP 最高，占 70%；其次是 EPSON，占 20%；而后有 Lexmark 及 IBM，分别为 5% 及 2%；其他厂商如 Samsung、Kyocera 等占 3%。回收原厂的墨粉盒回收再利用的比率同样是 HP 和 EPSON 占前两位，有趣的是

HP 的市场占有率高达 85%，比原厂墨粉盒的市场占有率（70%）高出 15%，EPSON 只有 7%，明显比原厂墨粉盒市场占有率（20%）低许多。目前，该地再生墨粉盒制造商有荣科、绿德、埃布尔泰、胤通、全录、爱普网、惠众、德生、台盐等 9 家，但缺乏具有公信力的统计资料。

表 8-9　某地区原厂墨粉盒市占比率

厂商品牌	市场占有率 /%
HP	70
EPSON	20
Lexmark	5
IBM	2
其他	3

表 8-10　某地回收原厂墨粉盒再生的比率

厂商品牌	市场占有率 /%
HP	85
EPSON	7
其他	8

某地激光打印机产业结构可分为激光打印机系统厂商、次系统厂商及相关零组件厂商。为了解这些相关厂商在市场上的相对关系，必须了解一台激光打印机的各个零件构造及用途。

激光打印机打印原理如图 8-3 所示。激光打印分成调耦、读写、显影、转印、热凝、清洁等 6 个阶段。系统厂商负责设计、制造、整合出完整的打印机。次系统厂商将一部分的次系统委托其他厂商制造，最后在系统厂进行整合。零组件厂提供个别的零组件给次系统厂，如墨粉盒所需的感光鼓、刮刀、布电滚轮、磁棒、碳粉、齿轮、显像滚轮等。由图 8-3 可知，感光鼓在墨粉盒这样的耗材中是十分重要的组件，将其粉碎处理，十分可惜。

再生墨粉盒是以"低污染及减少废弃物"为主要概念来获取环保标章。透过回收再利用生产的再生墨粉盒，除了在生产过程中需使用无毒材料，还必须满足"打印机回收再利用墨粉盒打印的黑度与新品的误差不得高于 5%""打印机回收再利用墨粉盒的耐印量应为新品耐印量的95%（含）以上"等要求，方能获取环保标章。墨粉盒是激光打印机将图文展现在纸张上的重要耗材，其制造精密度及整体系统质量对打印质量影响很大。墨粉盒内部构造如图8-3所示。再生墨粉盒不同于粗制滥造的填充墨粉盒的地方在于整个墨粉盒的细部处理。成像时是由搅动叶片将碳粉扬起，再靠静电吸附于滚筒的表面，因此每个墨粉盒不可能完全将内部碳粉用完，一定会有剩余。这些剩余的碳粉如果不彻底清除，将会结块或漏墨，影响打印质量。

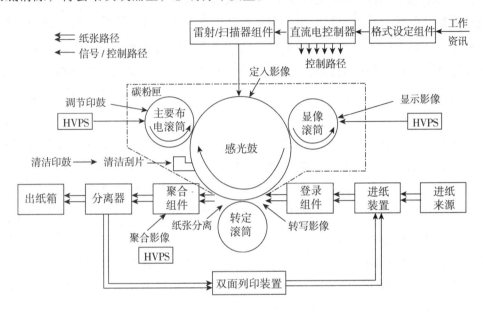

图 8-3　激光打印机打印原理

三、低碳物流效果分析

（一）绿色消费者的购买意愿对于回收与再生策略的影响

对绿色消费者而言，他们关注的是何种生产制造方法对环境最为友善，希望能多用环保产品，因此只要打印质量无太大差异便能接受。虽然原厂墨粉盒厂商强调从制造环节就注意低污染、省能源等，但是原生产商坚持不生产再生墨粉盒这种做法也受到各界质疑，因为再生墨粉盒的制造确实能更有效地对资源进行再利用，大大减少不必要的资源浪费，对环境更为友善。

（二）预算型消费者对于再生墨粉盒市场的影响

现在多数再生墨粉盒不但获得环保机构核发的环保标章，在打印质量上也能让消费者百分之百满意，再加上其价格一般是原厂墨粉盒的30%～50%，对于预算型消费者来说，是较为经济实惠的选择。

（三）打印机原厂资源转向的影响

无论是对原生产商还是再生厂商，墨粉盒都能为其带来相当可观的利润。对原生产商而言，他们在墨粉盒上投入极大的成本，其中包括研究发展费用、专利申请等费用，再加上打印机型号不断推陈出新，每一种型号的打印机及墨粉盒都有一定的寿命，所以虽然墨粉盒本身的原料并不需太多的费用，但研发、投资费用让厂商不得不以高价售出。

打印机墨粉盒是打印机制造商策略性利润的主要来源。各大打印机厂商以先进的技术创造出独特的核心技术与核心竞争力，并在市场上造成各具优势的特色市场。他们的销售策略是以极低的售价与高质量的打印功能，先将消费者绑定在打印机市场中，然后从墨粉盒耗材上赚取高额的利润。这种结合性的系统商品，如丢弃式刮胡刀、电视游乐器、拍立得相机、专用电池等，普遍采用不对称的定价方式。这种结合性的系统商品便是由核心能力将消费者锁在其产品之中，从而以独特的竞争优势保证厂商的永久获得收益。有些核心能力属于品牌效应，让有些消费者一味地忠于某一品牌；有些则请求专利法保护，让其他竞争者无法进入同一市场。

各方面的压力促使原厂商不得不生产再生墨粉盒，但其坚持认为这不可行。虽然过去有很短的一段时间，一些打印机原厂商也生产再生制品，但他们很快就发现此举并不可行。一方面，因他们的成本偏高，不利于再制造；另一方面，消费者要求这种再生品价格便宜，影响他们赚取超额利润。现今的打印机原厂采取的策略一致，坚持不生产再生品，而以百分之百回收作为对竞争者攻击的响应。这里的竞争者指的是发出攻击信号的组织，如环保组织、消费者、打印机小厂等。

这些打印机二线生产厂商与一线厂商之间在持续发动攻击，希望从中获利。例如，IBM 所发展的 Lexmark 品牌在市场占有率上一直远远落后于其他品牌，因此想借由环保这个大帽子，使用资源转向策略中的伪装策略，希望 HP 能将一部分资源转来再生墨粉盒这个市场，这样 IBM 就能大力进占打印机这个市场。

打印机原厂所保持的持久性竞争优势可使竞争对手无法复制其现有的策略，但会因为产业环境发生变化而丧失。例如，最近发展得如火如荼的电子纸难保不会大幅度改变一般人的使用习惯，使人们大量减少打印的次数。这项具有环保概念的产品还具有另一个特性，就是其不耗用专用耗材，原本打印机市场中的不公平利润会因此消失。当然他们可以等这项产品普及之后，再将几家有前景的公司并购，这也就是策略管理中提到的水平整合，但这种从并购及仿效中得到的快速利益，要保持持续的竞争优势并不容易。

（四）在夹缝中求生存的再生墨粉盒厂商及其制造与营销的影响

墨粉盒生产以创新技术制造出结合性商品，形成独特的市场，采用特别的定价方式，如能解决法律及质量问题，获取的利润将会相当可观。案例中所描述的多方厂商角力之下所使用的竞争策略表明，原厂商会以法律压制再生厂商的再生行为，同时其他打印机厂商会趁机利用是否符合环保要求打击领导厂商。由于原厂商和再生厂商之间利益存在着关联，只有市场占有率最小的厂商才会主动出击，而且是佯攻，并不具破坏性。

对于生产兼容性产品的再生墨粉盒厂商来说，质量及客户抱怨是本身开发市场所遇到的最大问题。因本身产品的特殊性，介于维修与大量生产的生产模式之间，所以必须使用大量高质量的人力，而出货的质量也与回收的空匣质量有关。正是出于上述原因，原厂绝不愿从事再制生产，但社会又期待较具环保性的产品，使得再生厂商仍有足够的获利空间。

对市场中相对弱势的一方来说，对于攻击的响应较为艰难。实质的防御行动，必须动用大量资源加以响应，但其外来威胁明确，较易有充分准备。当第一个知识产权的官司成立时，或第一个反托拉斯案件确立时，有相似背景的公司都知道接下来可能会发生什么样的转变，这时公司的决策者可有充分的时间思考对策。

再生墨粉盒符合环境保护要求，有较好的环保形象，因此许多企业化经营的再制品业者经常与公益团体合作，请其为他们代言。这种营销的手法希望在产品知名度上造成扩散效应以帮助其扩散的外部效果（External Factors）。在扩散的内部效果（Internal Factors）上，以口耳相传的方式，使越来越多的人有用过再生墨粉盒的经验，造成网络外部性（Network Externality），从而加速这种再生产品的扩散效应。这种网络外部性对于系统性的结合性产品而言也称为间接网络外部性，意指买这个品牌的墨粉盒的人多了，耗材选择性就多了，就间接提高了其打印机的销售量。

另一方面，所有的旧机型都会面临停产的问题，特别是一些生命周期长的产品，如汽车、冷冻设备或网络服务器等。打印机旧机型停产之后，市面上将不再有同型的打印机出售，但还是有许多客户仍然在继续使用旧的型号的打印机，这时原厂如果要顾及公司售后服务形象，就必须继续提供售后服务，直到最后一个客户停止使用为止。这些零件耗材生产及库存问题，对于原制造厂商来说，成本一直较高。如果墨粉盒再生厂商可以担任和汽车二手零件商一样的角色，便可以大大减轻原厂补给线过长的压力。

第九章　行业低碳经济下物流发展案例

第一节　秸秆回收中的低碳物流

一、秸秆回收利用现状分析

（一）秸秆的品种及年产量

农作物秸秆主要包括粮食作物（包括水稻、小麦、玉米、谷子、高粱、大豆、豌豆、蚕豆、红薯、土豆等）秸秆、油料作物（包括花生、油菜、胡麻、芝麻、向日葵等）秸秆、棉秆、麻类（包括黄红麻、苎麻、大麻、亚麻等）秸秆和糖料作物（主要包括甘蔗和甜菜）秸秆等五大类。

我国是农业大国，每年农作物秸秆的产量很大。但是，由于秸秆的产生方式及自身的特点，加之一直以来对其利用状况不是很理想，农作物秸秆具体的年产量没有详细的统计，也未列入国家有关部门的统计范围，因此只能对秸秆的年产量进行估算。

目前，估算秸秆资源的产量通常是依据农作物的产量进行的，计算公式为

$$CR = \sum_{i=1}^{n}(Qc_i \times r_i)$$

式中，CR表示秸秆资源实物量，Qc_i表示第i类农作物的产量，r_i表示第i类农作物的谷草比例系数（Residue to Product Ratio，RPR），如表 9-1 所示。

表 9-1　不同农作物谷草比系数及秸秆的折标系数

农作物品种	RPR	秸秆折标系数	农作物品种	RPR	秸秆折标系数
粮食			油料	0.529	
谷物			花生	1.5	

续 表

农作物品种	RPR	秸秆折标系数	农作物品种	RPR	秸秆折标系数
稻谷	1.0	0.429	油菜	3.0	
小麦	1.1	0.500	芝麻	2.0	
玉米	2.0	0.529	麻类	1.7	0.500
其他	1.6	0.050	糖料		0.441
豆类	1.7	0.543	甘蔗	0.1	
薯类	1.0	0.486	甜菜	0.1	
棉花	3.0	0.543	其他	2.0	

1. 秸秆资源总量分布状况

秸秆资源的分布格局与农作物的分布一致。从总量分布情况来看，我国秸秆资源主要分布于东部农区，东北平原、华北平原及江南和西南部分省份是我国秸秆资源的主要分布区，西北地区和其他省份秸秆资源量较少。

2007 年，54% 以上的秸秆资源集中在河南、山东、黑龙江、河北、吉林、四川、江苏、安徽等 8 省，它们的秸秆年产量均超过了 3 900 万 t，其中又以河南、山东、黑龙江、河北、吉林和四川 6 省分布最集中，6 省秸秆资源总量占全国秸秆资源量的 44% 以上。农作物秸秆产量最高的省份是河南和山东，其秸秆产量分别为 8 306 万 t 和 6 996 万 t，分别占全国秸秆资源总量的 10.73% 和 9.04%，远高于黑龙江（6.90%）和河北（6.30%）等省；最低的是上海市，其秸秆资源量仅为 128 万 t，占全国秸秆资源总量的 0.17%。

2. 各类农作物秸秆资源分布状况

我国各类农作物秸秆资源的分布具有明显的地域性，在地处热带、亚热带的江南地区，大米是当地群众的主要食品，水稻成为该地区最重要的作物品种；地处温带的我国北方地区，小麦、玉米是当地种植的主要作物；而位于高寒地区的西藏以青稞为主要作物。

不同地区的作物秸秆资源存在较大差异：稻谷秸秆资源主要分布在湖南、江西、江苏、湖北、四川等省的农场；小麦和玉米秸秆资源主要分布在河南、山东、河北等省的农场；豆类秸秆资源主要分布在黑龙江、安徽、四川、吉林、河南、江苏和云南等省的农场；薯类秸秆资源主要分布在重庆市、内蒙古自治区和四川、甘肃、贵州、山东、云南、广东等省的农场；油料秸秆资源主要集中在我国的河南、湖北、安徽、山东、江苏等省的农场；棉花秸秆资源主要集中在我国的新疆维吾尔自治区和山东、河南、河北等省的农场；麻类秸秆资源在我国东北、西北、西南和中南地区均有分布；糖类秸秆资源中的甘蔗秸秆资源主要集中在我国南方热带地区，而甜菜秸秆资源则主要集中在我国北方地区。

（二）秸秆回收利用的主要途径

目前，农作物秸秆回收利用的主要途径如下。

1. 秸秆还田

秸秆还田主要方式有机械直接还田、覆盖还田、堆沤还田等。

（1）机械直接还田。机械直接还田技术可分为粉碎还田和整秆还田两种。通过机械一次性粉碎还田，可以集秸秆还田、灭茬于一体，能加速秸秆在土壤中的腐解，提高土壤有机质含量，改善土壤的团粒结构和理化性能，促进作物增产；整秆还田是将作物秸秆整秆进行翻埋或平铺还田。

（2）覆盖还田。秸秆覆盖地表后既可以阻挡降水对地表的直接冲击，保护土壤表层结构，也可以有效降低土壤中水分向大气蒸发的速度，减少蒸腾量，使土壤有效储水量明显提高。秸秆腐熟后能够增加土壤中的有机质含量，补充土壤 N、P、K 和微量元素含量，使土壤理化性能改善。另外，秸秆是热的不良导体，在覆盖的情况下，能够形成低温时的"高温效应"和高温时的"低温效应"，以调节土壤温度，有效缓解气温激变对作物的伤害。

（3）堆沤还田。堆沤还田也称为高温堆肥，可解决我国目前有机肥短缺的问题。目前的堆沤还田技术已不同于传统堆制沤肥技术，其主要是利用快速腐熟剂产生大量的纤维素酶，在较短的时间内将各种作物秸秆堆制成有机肥。例如，酵素菌能产生活性很强的各种酶，能迅速催化分解人畜粪尿、作物秸秆、杂草等有机物质，使之在短时间内转化成有机肥料，并且可以消灭土壤中的病原菌。施用腐熟秸秆有机肥能改善因施用化肥导致次生盐渍化的土壤，同时也可以提高作物的产量。

2. 秸秆做饲料

长期以来，农作物秸秆，特别是小麦、玉米秸秆是牲畜主要粗饲料的原料。有关化验结果表明，玉米秸秆含有 30% 以上的碳水化合物、2%～4% 的蛋白质和 0.5%～1% 的脂肪，总能量与牧草相当。玉米秸秆既可青储又可直接饲喂。玉米秸秆经过青储、黄储、氨化等处理后，可成为具有醇、酸、甜、香，牛羊喜食、营养丰富、适口性好、消化率高的优质饲草。对玉米秸秆进行精细加工处理，不仅有利于发展畜牧业，还可节省大量粮食。因此，秸秆饲料加工具有很大的经济和社会效益。

近年来，秸秆氨化、青储等技术的推广大大加快了我国农作物秸秆利用的步伐。目前，全国青储、氨化秸秆达到 2 亿 t 以上，秸秆饲草利用率获得很大提高。现在随着物理、化学、生物等方面的技术在秸秆饲草加工中的应用，秸秆饲草利用的途径将更多，秸秆饲草业将会取得更快、更好的发展。

3. 秸秆能源化利用

秸秆的能源化利用途径主要有气化、制沼气、发电等。

（1）秸秆气化。秸秆气化技术也称为秸秆热解气化工程技术，是将玉米秸秆、玉米芯、棉柴、麦秸等干秸秆粉碎后作为原料，经过气化设备（气化炉）热解、氧化和还原反应转化成一氧化碳和氢等可燃气体，经净化、除尘、冷却、储存加压，再通过输配系统送往一家一户，用作燃料或生产动力。我国农村目前使用的能源（液化气、沼气、太阳能、电、原煤、蜂窝煤、植物燃料）中，秸秆气具有容易取得原料、操作方便等优势，替代液化气等能源，可以取得较好的经济效益、生态效益和社会效益。目前，在全国已有几百个村进行了秸秆气化、集中供气的试点工作，取得了比较理想的效果，除大型气化站外，一些小型的秸秆气化炉也在各地得到推广。

（2）秸秆制沼气。利用秸秆制沼气即用秸秆和畜禽粪便混合发酵制沼气，其不仅可解决农村的煮饭和照明问题，还可与柴油混合使用，节约70%～80%柴油。另外，沼液沼渣中含有丰富的氨基酸和蛋白质，是很好的速效肥。沼气液的中下层是喂猪和养鱼的优良饲料添加剂，沼渣是栽培食用菌的好原料。这种秸秆利用方式具有较高的经济效益、环境效益和社会效益。2007年，原农业部把秸秆沼气生产技术列为我国农业和农村"十大节能减排技术"之首。在农村沼气利用方面，目前全国已建成户用沼气池2 200多万口，建成畜禽养殖场大中型沼气工程2 000多处，年产沼气70多亿 m^3。目前，我国生产沼气主要利用的是畜禽粪便，但利用畜禽粪便制沼气无法保证原料供给和达到上述目标，可收集的畜禽粪便产量不足以生产大量沼气；而用秸秆制沼气不存在原料来源问题，可就地获得、就地建厂，因此要在我国广大农村地区大规模推广沼气就必须利用秸秆资源。

（3）秸秆发电。农作物秸秆直接燃烧供热发电的利用方式是一种将秸秆转化为生物质能源的重要方法。丹麦建成了世界上第一座秸秆生物质发电厂，如今已有百余家秸秆发电厂。目前生物质能秸秆发电技术的开发和应用已引起世界各国政府和科学家的关注。许多国家都制订了相应的计划，如日本的"阳光计划"、美国的"能源农场"、印度的"绿色能源工厂"等，它们都将生物质能秸秆发电技术作为21世纪发展可再生能源战略的重点工程。近年来我国开始引进世界先进技术，并启动生物质能发电工程示范项目。目前，河北、山东、江苏、黑龙江、北京等地正与国外有关公司合作建厂。如果秸秆直接燃烧供热发电示范成功，将成为中国最大的支农项目和最大的节能、环保项目，是我国最可能大面积推广的可再生能源项目。

4. 秸秆工业化利用

秸秆的工业化利用途径主要有栽培食用菌、制造建材、制造包装材料、制造编织物、制造乙醇等。

（1）秸秆栽培食用菌。农作物秸秆含有丰富的纤维素和木质素等有机物，是栽培食用菌的好材料。我国传统的食用菌栽培多用木屑与棉籽壳，但是木材的过度砍伐造成林木资源匮乏，而棉籽壳又因其用途广泛、用量大，价格呈上涨之势，这些严重制约着食用菌生产。实践证明，利用稻草、麦秆、玉米秆、油菜秆、花生壳等作主料，可大量生产多种食用菌，如草菇、鸡腿菇、平菇、凤尾菇、榆黄菇、双孢蘑菇等，此技术已具有成熟的配方和管理工艺，使出菇率达到甚至超过单纯用棉籽壳的标准。

（2）秸秆制造建材。秸秆制造建材主要以玉米秸、麦秸、棉花秆等各种秸秆为原材料，综合利用物理、化学、电气、机械、液压等加工技术，利用高压模压机械设备，将碾磨处理后的秸秆纤维与树脂混合物在金属模具中加压成型，制成各种高质量的低密度、中密度和高密度的纤维板材制品，再在其表面加压和进行化学处理，可用于制作装饰板材和一次成型家具。秸秆板材制品具有强度高、耐腐蚀、防火阻燃、不变形、不开裂、美观及价格低廉等特点。秸秆板材的开发对于缓解木材供应不足问题、节约森林资源、发展人造板产业具有十分重要的意义。

（3）秸秆的其他工业化用途。用麦秸、稻草、玉米秸、苇秆、棉花秆等生产的可降解型包装材料，如保鲜膜、一次性餐具、果蔬内包装衬垫等，具有安全卫生、体小质轻、无毒、无臭、通气性好等特点，同时又有一定的柔韧性和强度，制造成本与发泡塑料相当，而大大低于纸制品和木制品。在自然环境中，一个月左右即可全部降解成有机肥。秸秆用于编织业最常见的就是稻草编织草帘、草苫、草席、草垫等。例如，草帘、草苫等可用于蔬菜温室大棚中；草席、草垫既可保温防冻，又具有吸汗防湿的功效；而品种花色繁多的草编制品，如草帽、草提篮、草毡、壁挂及其他多种工艺品和装饰品，由于工艺精巧、透气保暖性好、装饰性佳，深受国内外消费者的喜爱。用稻草、玉米秸代替棉花、棉短绒作原料，制成纤维素，然后经化学改性、提纯等可制得羧甲基纤维素产品；玉米秸秆经过预处理、水解、净化、催化氢化、浓缩和结晶等步骤可制取木糖醇，所制取的木糖醇可达到食品级标准；以稻草和麦秆为原料，用复合添加法可制取糠醛，废渣全部变为中性复合肥料；秸秆酶解发酵酒精选择性强，且较化学水解条件温和，目前国内外的研究已有一定进展。

二、秸秆回收物流系统

秸秆回收物流系统是根据确立的秸秆回收物流系统目标建立的。下面将综合运用生态经济、循环经济、物流系统等多学科的理论，从系统要素与结构的角度，构建我国秸秆回收物流系统的结构框架并梳理系统运作的一般流程。

（一）系统构建的目标与原则

1. 系统构建的目标

目标是组织和个人活动所希望达到的结果。确定我国秸秆回收物流系统的构建目标，是系统构建工作开展的前提，同时目标的达成情况也是评价系统构建是否成功的标准。构建我国秸秆回收物流系统的目的就是要从系统要素选择、结构设计等方面，对物流系统进行重构和改造，保证新建立的系统能够具有秸秆资源回收利用的功能。因此，构建我国秸秆回收物流系统应实现以下主要目标。

（1）通过构建我国秸秆回收物流系统，确定秸秆资源回收利用的主体、客体及支撑等系统要素，并明确各要素在系统中的地位与作用。

（2）通过构建我国的秸秆回收物流系统，对系统的结构进行归纳，对没有秸秆回收物流系统的区域进行系统新建，对已有秸秆回收物流系统的区域进行系统重构，采用成本较低的秸秆回收空间组织结构，最大限度地回收秸秆资源，使秸秆回收物流系统创造出更大的价值。

（3）通过构建我国秸秆回收物流系统，对系统的运作流程进行梳理，提高秸秆资源回收利用率，最大程度实现秸秆资源化利用，减少秸秆资源焚烧量、废弃量，充分发挥物流在发展农村循环经济中的重要作用。

2. 系统构建的原则

（1）构建我国秸秆回收物流系统，首先要遵循物流系统构建的一般原则。

①优化创新原则。构建新的物流系统要突破旧的模式，根据客观实际情况和科学管理的要求加以优化与创新。

②充分利用资源的原则。对已有的资源进行深层次加工，实现共享。

③实用和有效原则，即无论是系统设计与构建的方案还是最终的系统，都必须是实用的和有效的。

④发展变化原则。物流系统的动态性决定了系统在时间与空间上会产生变化，如物品数量和种类、设施规模和能力等。因此，物流系统的构建需要进行动态调节，以适应发展变化。

（2）构建我国秸秆回收物流系统，除了应遵循物流系统构建的一般原则外，还应遵循秸秆回收物流系统特有的原则。

①减量化、再利用、再循环原则（3R原则）。3R原则是建设循环型社会的基本原则。其中，"减量化"（Reduce）原则针对产业链的输入端——资源，旨在减少资源，尤其是不可再生自然资源的消耗；"再利用"（Reuse）原则针对产业链的中间环节，目的是通过尽可能多地使用商品或以多种方式使用物品，避免产品过早废弃；"再循环"（Recycle）原则针对产业链的输出端——废弃物，减少废弃物的最终排放量与处置量。总之，构建我国秸秆回收物流系统，就要遵循减量化、再利用、再循环原则，重构和改造实际承载资源流动的物流系统，促进资源循环，力求环境效益与经济效益的统一与双赢。

②自组织与他组织相结合原则。如果一个系统是依靠外部指令而形成的，就是他组织；如果不依靠外部指令，系统按照某种规则，各尽其责而又协调地自动形成有序结构，就是自组织。我国秸秆回收物流系统的目标体系中，经济目标与环境目标的一致性，使我国秸秆回收物流系统存在着遵循经济规律，通过市场机制自发建立的可能性，即自组

织；而经济目标与环境目标的不统一，又使得我国秸秆回收物流系统只有在政府主管部门的监控与引导下才能有效地建立起来，即他组织。因此，构建我国秸秆回收物流系统必须遵循自组织与他组织相结合的原则，既要重视经济规律，不应当使我国秸秆回收物流系统的构建成为社会负担，又要充分发挥政府管理部门在产业结构、企业配置和引导行业发展等方面的调控作用，推动相关主体共同构建我国秸秆回收物流系统。

（二）系统的要素分析

系统是由要素组成的，根据系统的目标确定系统的要素，这是构建系统的首要工作。下面将根据我国秸秆回收物流系统的构建目标，应用物流系统理论，对我国秸秆回收物流系统的构成要素进行分析。

1. 系统的主体要素分析

物流系统的人机工程性决定了物流系统必然要以人为主体，表现为企业或部门。从宏观角度来看，我国秸秆回收物流系统应分为两层：进行秸秆资源回收利用的农户、回收站、工厂及第三方构成第一层，即运营操作层；国家和地方政府等相关行政机构构成第二层，即管理监督层。这两层主体之间并无行政上的隶属关系，相互之间也没有法律上的权利、义务关系，它们之间是通过国家宏观调控与市场配置资源相结合的方式来运行的。

在我国秸秆回收物流系统的双层体系中，相关的主体要素如下。

（1）政府机构。政府机构是我国秸秆回收物流系统的主要参与者，特别是在我国目前尚未形成秸秆资源回收和处理行业产业的情况下，政府机构在我国秸秆回收物流系统中的作用和责任就显得更为突出。目前，我国可以参与管理秸秆回收物流系统的政府部门很多，主要有各级商务主管部门、发展改革部门、公安机关、工商行政管理部门、环境保护行政管理部门，以及建设、城乡规划行政管理部门等，它们的主要职能如下。

商务主管部门是再生资源回收利用的行业主管部门，负责制定和实施再生资源回收利用产业政策、回收标准和回收行业发展规划。

发展改革部门负责研究提出促进再生资源回收利用发展的政策，组织实施再生资源回收利用新技术、新设备的推广应用和产业化示范。

公安机关负责再生资源回收利用的治安管理。

工商行政管理部门负责再生资源回收经营者的登记管理和再生资源交易市场的监督管理。

环境保护行政管理部门负责对再生资源回收利用过程中的环境污染防治工作实施监督管理，依法对违反污染环境防治法律法规的行为进行处罚。

建设、城乡规划行政管理部门负责将再生资源回收利用网点纳入城乡规划，依法对违反城乡规划、建设管理相关法律法规的行为进行查处和清理整顿。

（2）回收站。回收站是我国秸秆回收物流系统中的一类重要的主体，负责将分散的秸秆资源进行收集、储存，以供秸秆回收利用企业使用。它联结着秸秆回收利用供应链的上游（农户）和下游（工厂），承担了主要的运输、储存等回收物流职能，是秸秆资源成功得以回收利用的关键性主体。

从具体实体的角度来看，回收站可以是秸秆资源回收利用企业成立的专门收集秸秆的机构，或者是专门的废弃物回收企业。

2. 系统的客体要素分析

我国秸秆回收物流系统的客体是指系统的运作对象，即秸秆。前面已对客体要素的品种、产量、分布状况等进行了详细论述，在此不再赘述。

从对秸秆回收物流运作产生影响的角度进行分析，我国秸秆资源在收集、储存等方面存在以下特性。

（1）分布分散、分布密度低。我国的秸秆资源分散在全国各地的耕地中，物源密度很低，以亩产 2 000 kg 计算（两季种植区），物源密度仅为 3 kg/m²，而成材树的物源密度可达 50 ～ 100 kg/m²，煤炭的物源密度高达吨级数量。分散的地理分布状况和较低的分布密度带来了较高的秸秆回收成本，给我国秸秆资源的收集工作带来了严峻的挑战。

（2）收集期短、需迅速处理。秸秆虽然是每年都可以产生的可再生资源，但是其收集期很短，只有作物收获后的那十几天。此外，秸秆资源大部分掌握在农民手中，农作物收获产生秸秆资源后，为了不影响下一季粮食生产，他们没有时间收集密度低、价钱低的秸秆，而付之一炬最省事，于是出现了秸秆回收利用企业没有原料，而农民又在田间地头焚烧秸秆的现象。

（3）密度较低，需进行致密化处理。自然形态的秸秆物理结构比较松散，如果收集起来堆放在一块，既不方便运输也不利于储存，因此在秸秆运输和储存时一般需要进行致密化处理，目前常见的方法如下。

①打捆：这是最简单的方法，把自然松散状的秸秆通过人工捆绑形成捆状，以便于运输和堆放，其单体密度可达 0.1 ～ 0.12 t/m³。

②打包：用机械将秸秆挤压、捆绑成包块体，多以长方体为主，以便于运输和堆放，其单体密度可达 0.2 ～ 0.4 t/m³。

③压块：用机械将粉碎的秸秆压成或挤成块形、棒形等，也可压成不同尺寸的长方体或饼状。这种方法是在冷态下进行的，属于冷压致密，其单体密度可达 0.6 ～ 0.8 t/m³。

④造粒：用机械将粉碎的秸秆挤压成颗粒状。造粒也属于冷压致密，其单体密度可达 0.9 ～ 1.1 t/m³。

⑤制棒：秸秆在加热情况下被压缩，使其木质化。这种致密化处理不是简单的物理压缩，而且与其他致密化处理方式不同的是在干馏热解时可以得到块状的木炭。制棒能

耗高，不但对粉碎粒度有严格的要求，而且对加热温度、压力、原料含水量、品种都有严格的要求。

3. 系统的结构分析

我国秸秆回收物流系统的结构主要由不同类型与数量的系统主体要素构成。回收物流系统主体要素在空间上的布局很大程度上影响着物流的路线、方向和流程，而物流系统的结构又直接影响着物流运作的成效。合理的回收物流系统结构，既要求系统主体要素的设置有利于物流快速、高效运作，又要求系统主体与系统客体和系统支撑要素相适应，符合资源优化配置的要求。

下面将从回收物流的渠道构成和系统主体要素的空间分布两个方面来分析我国秸秆回收物流系统的结构。

（1）基于物流渠道的系统结构分析。根据我国秸秆回收物流系统双层体系中运营操作层的主体要素类型，按照物流路径和渠道的不同，我国秸秆回收物流系统的结构可以分为以下 6 种类型（图 9-1）。

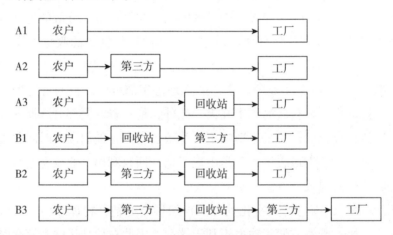

图 9-1 不同回收物流渠道下的秸秆回收物流系统结构

在结构 A1 中，回收物流依次经过农户和工厂两类主体；在结构 A2 中，回收物流依次经过农户、第三方和工厂；在结构 A3 中，回收物流依次经过农户、回收站和工厂。结构 A2 和结构 A3 的主体类型均为 3 个。

在结构 B1 中，回收物流依次经过农户、回收站、第三方和工厂；在结构 B2 中，回收物流依次经过农户、第三方、回收站和工厂；在结构 B3 中，回收物流依次经过农户、第三方、回收站、第三方和工厂。结构 B1、结构 B2 和结构 B3 的主体类型均为 4 个。

在 A2、B1、B2 和 B3 这 4 种结构中，物流企业均参与了秸秆回收物流活动。

按参与回收物流系统主体要素类型的数量，我国秸秆回收物流系统的结构可以分为简单型和复杂型两类。

①简单型结构。结构为简单型结构的秸秆回收物流系统的主要特点是回收物流中间

环节少，参与物流活动的主体少，多数规模一般。该结构一般适用于秸秆还田、将秸秆加工成饲料供应本地、秸秆制沼气、秸秆气化等回收利用途径。例如，结构 A1、A2、A3。结构 A1 存在两种情况，一是工厂的规模较大，其直接派车到农户处回收产生的秸秆；二是工厂的规模一般，农户处产生的秸秆由专营农户回收后，运输到工厂处进行处理。在结构 A2 中，工厂的规模较大，其委托第三方对农户处产生的秸秆进行回收。结构 A3 也存在两种情况，一是较大的专业回收站对农户处产生的秸秆进行回收后，再运至工厂处进行处理；二是农户处产生的秸秆由专营农户收集后，运输到规模较大或一般的专业回收站，回收站再将秸秆运至工厂处进行处理。

②复杂型结构。结构为复杂型结构的秸秆回收物流系统的主要特点是回收物流中间环节多，参与物流活动的主体多，多数规模较大。该结构一般适用于秸秆发电、秸秆做饲料远销外省、秸秆栽培食用菌、秸秆生产乙醇等回收利用途径。例如，在结构 B1 中，工厂的规模较大，农户处产生的秸秆由专营农户收集后，运输到专业的回收站，回收站再委托第三方将收集的秸秆资源运至工厂进行处理。在结构 B2 中，工厂和专业回收站的规模均较大，专业回收站委托第三方对农户处产生的秸秆进行回收后，运输到回收站集货，回收站再将收集的秸秆资源运至工厂进行处理。在结构 B3 中，工厂、专业回收站和第三方的规模均较大，农户处产生的秸秆由专业回收站委托第三方回收后，运输到回收站集货，回收站再委托第三方将收集的秸秆运至工厂进行处理。

（2）基于空间分布的系统结构分析。从系统主体要素的空间分布来看，我国秸秆回收物流系统的结构属于"多对一"的收敛型结构，如图 9-2 所示。

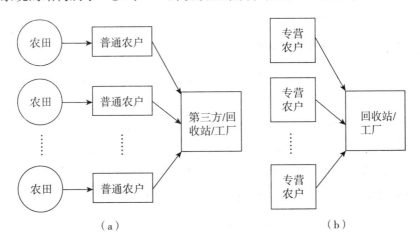

图 9-2 我国秸秆回收物流系统的空间分布结构

由于我国秸秆回收物流系统客体要素——秸秆资源——的空间分布具有分布分散、分布密度低等特点，回收物流系统的结构主要为"多对一"的收敛型，即由一个系统主体（可以是专营农户、第三方、回收站或工厂）对多个农田产生的秸秆进行回收。具体来说，最初的秸秆回收模式有以下 2 种。

①普通农户回收型。我国目前大部分秸秆资源的最初回收模式是普通农户回收型，如图9-2（a）所示。在该回收模式构成的空间分布结构中，普通农户以"一对一"的形式在农作物成熟时对自家农田产生的秸秆进行收集，收集后的秸秆由回收主体（可以是第三方或回收站或工厂）运走。一个回收主体一般要到许多农户处回收秸秆，而且由于一家普通农户收集的秸秆资源数量较少，极少出现将秸秆卖给两个回收主体的情况，因此系统的结构为"多对一"的收敛型。

②专营农户回收型。我国部分省份秸秆资源的最初回收模式为专营农户回收型，如图9-2（b）所示。在该回收模式中，专营农户在农作物成熟时对多家农户的秸秆进行收集，收集后的秸秆由专营农户运至回收站或工厂进行处理，此时系统的结构也是"多对一"的收敛型。

三、建立秸秆回收物流系统的政策建议

在我国秸秆回收物流系统双层体系中，处在管理监督层的主体要素——政府机构是我国秸秆回收物流系统的主要参与者，特别是在我国目前尚未形成秸秆资源回收和处理行业产业的情况下，政府机构在我国秸秆回收物流系统中的作用就显得更为突出，其制定的政策法规是系统的重要支撑要素，在我国秸秆回收物流系统建立的过程中发挥着重要作用。

为此，基于前文对我国秸秆回收物流系统构建和增值效益进行研究的结果，下面将提出建立秸秆回收物流系统的4项政策建议，以解决我国秸秆资源回收利用过程中存在的主要问题，并为我国有关部门提供决策支持。

（一）广泛开展秸秆资源回收利用宣传和教育

秸秆资源的回收利用需要广大农村地区农户的积极参与，提高农户回收秸秆的积极性和主动性是实现秸秆资源回收利用的关键。此外，舆论对人们的思想起着重要的引导作用，加大对秸秆资源回收利用的宣传力度，有助于在我国广大农村地区的居民形成对秸秆资源回收利用的意识。具体措施包括以下几种。

各级地方政府是推进秸秆资源回收利用宣传教育工作的责任主体，要把秸秆资源回收利用和禁烧秸秆的宣传工作作为推进环境保护、发展农村循环经济、促进农村生态文明建设的一项工作内容，摆上重要议事日程，进一步加强领导，统筹规划，制订秸秆资源回收利用和禁烧秸秆的宣传教育方案并予以落实，努力实现加强对广大农户秸秆资源回收利用和禁烧秸秆的宣传教育的目标。

要在群众中开展形式多样、生动活泼、贴近生活的秸秆资源回收利用和禁烧秸秆的宣传教育活动，充分发挥新闻媒体的舆论引导和监督作用，通过宣传与教育，改变广大农户认为秸秆资源一文不值，可一烧了事的观念，使农户主动承担起开展秸秆资源回收

利用的社会责任，并逐步意识到，秸秆资源回收利用可以通过规模化、效率化、现代化运作来创造较高的经济效益，从而提高广大农户对秸秆资源回收利用的认识水平与参与意识，使禁烧秸秆、秸秆资源回收利用成为农户的自觉行动。

（二）运用经济手段支持秸秆回收物流系统发展

秸秆回收物流系统能够降低秸秆资源的回收成本，增加秸秆回收利用企业回收秸秆资源的数量，从而减少农作物成熟季节焚烧秸秆导致的环境污染，带来了社会效益和环境效益，可见其具有显著的外部性。为此，我国有关部门应该运用合适的经济手段，制定相关的政策，对秸秆回收利用企业建立回收物流系统予以扶持，以保障秸秆回收物流系统社会效益、经济效益、环境效益的同步提高。具体措施包括以下几种。

应当加大对秸秆回收利用企业建立秸秆回收物流系统的资金投入力度。我国有关部门应当研究建立政策引导、市场运作的产业发展机制，不断加大对秸秆回收利用企业建立秸秆回收物流系统的资金投入力度。对秸秆回收利用企业和农机服务组织购置秸秆回收和处理机械给予信贷支持。鼓励和引导社会资本投入，对投入秸秆资源回收物流设施建设、运营、服务的企（事）业单位，政府应给予税收、经营期限等方面的优惠政策和法律保障，保证秸秆回收利用企业获得稳定的投资回报。

应当制定相关的税费政策。我国有关部门应当把秸秆回收利用列入国家产业结构调整和资源综合利用鼓励与扶持的范围内，针对秸秆回收利用的不同环节和不同用途，制定和完善相应的税收优惠政策。我国秸秆回收物流系统由企业进行实体运作，需缴纳的税费大致有营业税、所得税、养路费、过路费、过桥费、过闸费、车船使用费等，以及设备的折旧费用，这些税收部分应享受减税或税收返还等优惠待遇。

（三）大力推动秸秆资源回收物流产业化

目前，我国秸秆资源回收利用在产品生产层面已经有了一定程度的发展，但是我国的秸秆回收物流体系发展严重滞后，仍然采用低层次的分散式的以单个农户回收为主的模式，不但人员素质参差不齐，而且技术含量低、基础设施不完善，这些都很大程度上制约了我国秸秆资源的回收利用。

政府大力推动秸秆资源回收物流产业化发展，不仅有利于降低我国广大农田中秸秆资源的回收成本，提高回收效率，还有助于秸秆回收利用企业及时获得秸秆资源的供给信息，降低秸秆资源回收后直接进入处理生产环节的交易成本。另外，通过发展完善的第三方委托回收物流体系，可以带动包括信息支持、技术服务、现代物流等一系列现代服务业的发展，吸纳大量就业人员。具体措施包括以下几种。

应当制定秸秆资源回收利用的资源产品目录与回收费用标准，针对不同的资源产品特性采用不同的回收方式，在农户、回收站、第三方委托回收者和工厂之间合理分配回收秸秆资源的职能，从而达到尽量降低回收成本、提高回收效率的目标。

以政府投入为先导，建立完善秸秆资源回收的信息收集与发布体系，并进行秸秆资源分类与处置领域的基础设施建设，进而以此为基础建立政府主导下的秸秆资源第三方委托回收物流与处置体系，推进秸秆资源回收物流产业化发展。

第二节　电煤采购与物流整合中的低碳物流

一、我国电煤物流管理现状分析

（一）电煤供应链特点

1. 电煤供需分析

我国电煤生产量虽然不断上涨，但需求总量也在继续增长，特别是东南沿海地区的电煤消费将成为全国电煤消费增量的主体。

2006 年我国煤炭产量为 23.73 亿 t，2007 年为 25.23 亿 t。2008 年上半年全国产煤 12.56 亿 t，较上年同期增长 14.8%。同期，我国电煤消费总量也在继续增长，2008 年电煤需求量增长幅度为 6% ～ 8%。而且，沿海地区的电煤消耗量将进一步提升。

2. 电煤物流方式

（1）铁路运输瓶颈依然是制约电煤供应的重要因素。现阶段，虽然国家对铁路的建设、改造力度很大，使铁路运力有所提升，但新投产矿井的生产能力实际上已超过铁路运力上限。电煤消费量（尤其是沿海地区电煤消费量）的迅速增加将使电煤运输紧张状况在一段时间内持续存在，我国电煤的铁路运输瓶颈仍将在相当长的时期内存在。

（2）电煤公路运输成本将大幅提高。由于铁路运力紧张，每年有近亿吨的电煤通过公路方式由"三西"地区运往北方的电煤消费地及沿海电煤输出港。随着石油价格的飞涨，我国电煤的公路运输价格会大幅上升。现阶段，我国电煤公路运输距离一般不超过 300 km。在不超载的情况下，每 1 吨货物运送 1 km，汽车运输运价为 0.60 元左右，而铁路运输的运价是 0.07 元左右，水运的运价是 0.03 ～ 0.04 元。因此，用汽车长距离运煤，尤其是向海港运煤，是非常不经济的方法。未来，随着我国铁路扩能，沿海、内河港口综合通过能力增强，大吨位水运运具增加，电煤的综合运输过程将日趋合理，远距离公路运输的比例将迅速下降。

（3）在电煤供应链中，物流成本占销售价格的 60% 以上。以蒙西煤矿的产煤销售至东南部地区发电厂为例，我国的电煤价值增值过程如图 9-3 所示。从图 9-3 中可以看出，电煤在蒙西煤矿坑口的销售价格约为 400 元 /t；经过 100 ～ 200 km 的公路运输，至包头地区货运车站发运时，电煤的销售价升至 580 元 /t（含储存、装车等费用）；当通过铁路运输至秦皇岛港口，下海时的电煤销售价格是 900 元 /t（含储存、装车等费用）；

运至东南部地区（如福建省宁德市）码头的价格大约为 1 030 元 /t；如果再经过陆路或水路运输直至消费地，还需要将实际发生费用计入电煤价格中。从图 9-3 中可以得知，在电煤的最终销售价格中，物流费用所占比重高达 60%，主要由陆路运输费用构成。为此，严格控制电煤物流成本，可以有效降低电煤价格。

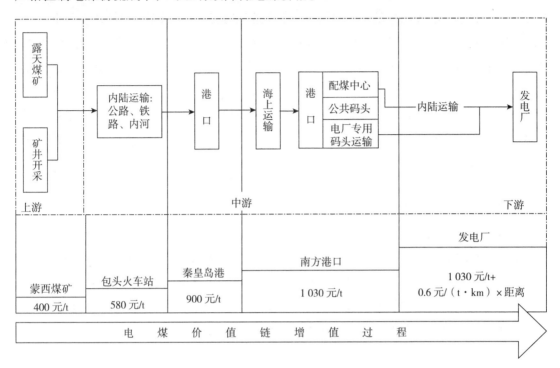

图 9-3　我国的电煤价值增值过程示意图

（二）电煤供应链问题

1. 物流资源分布存在时空不均衡问题

我国电煤供应链的主要特征是，电煤的供应与需求之间存在显著的空间和时间两大方面的不均衡性。电煤供需的时空不均衡性决定了电煤物流也存在时空不均衡的问题，但是长期以来，人们大多关注电煤供需的时空不均衡性，很少考虑从解决电煤供应链的物流问题入手，解决电煤供应链中供需不均衡所带来的问题。

（1）我国电煤生产和消费的空间布局不均衡。我国电煤资源储备和电煤生产多集中在西部和北部地区，而电煤消耗中心则集中在东部和南部的经济较发达地区及沿海城市，由此构造了"西煤东运"和"北煤南运"的典型电煤物流流向。

（2）我国电煤生产和消费的时间分布不均衡。我国电煤的生产大多集中在春、夏、秋季，而电煤的集中需求却常常出现在秋冬季，因此时间分布上具有一定的不均衡性。例如，冬季采暖期是我国用煤高峰期，而夏季一般被认为是我国电煤生产和运输的黄金时段，我国各地气候的变化对电煤需求量的影响也非常明显。

（3）我国电煤物流供给能力的时空不均衡。我国电煤物流供给能力的时空不均衡不仅受到我国电煤供需的时空矛盾的影响，还受到不同地区和不同时间的各种物流方式的不同的影响。例如在我国北方，陆路运输方式承担了绝大部分的电煤和其他货物的运输，而东南地区和沿海一带则主要是海运和内河航运。又如在冬季采暖期，特别是春节前后，既是发电、取暖用煤的物流高峰期，还是陆路旅客运输的集中时间段。因此，当全国电煤需求进入高峰期时，我国北方的陆路运输部门虽千方百计强调和保证电煤运输，但是由于旅客运输也同时进入高峰期，由此发生的"电煤荒"是任何部门和方法都很难解决的。

（4）我国电煤物流资源分布的时空不均衡。我国电煤的物流资源（如铁路运输线路能力、配煤中心能力）存在严重的资源分布时空不均衡问题，研究如何进行多种运输和物流方式的一体化管理，分析根据不同区域、不同物流资源分布特点，将对有效解决电煤物流资源分布的时空不均衡问题起到重大作用。

2. 物流管理方式处于传统落后与高成本阶段

现阶段我国电煤的主要物流运作管理方式如图9-4（a）所示。从图9-4（a）中可以看出，虽然国家定期召集各省市自治区主管部门、铁道部、交通运输部、中国煤炭工业协会、中国电力企业联合会及其所属煤炭公司和电力公司，对全国煤炭的主要运力进行计划分配，并规定计划期的电煤采购或供应价格等。但是，现在电煤物流运作管理采用的仍然是传统物流管理阶段的"多对多"方式。

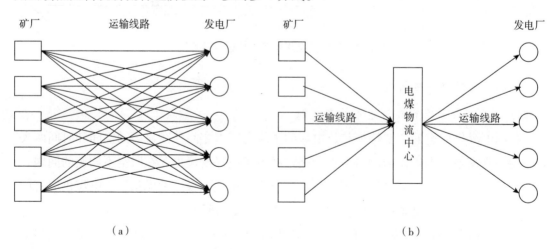

图9-4　我国电煤物流运作管理方式

根据物流管理理论可知，这种分散的物流运作管理方式在物资缺乏和运输能力紧张时，由于供应者与消费者"对接"，实行"门到门"的直通式物资供应，确实可以提高物资供应的可靠性，但是却常常因为各消费者的需求较小、空间分布分散，而造成运输能力的浪费，造成大型、先进的技术设施不能采用；同时，在物流过程中，也因供应线路过多、距离过长而使物流组织风险较大，有时并不能保障物资供应的及时性，并存在物流成本过高等问题。为了有效解决这些问题，现代物流管理理论认为：通过科学整合物流资源，适当建立物流中心，实行"多对一"及"一对多"的集中运输和配送管理，不仅可以提高物流规模经营的经济效益，采用大型技术设施，节省物流资源，降低物流成本，还能通过中间环节的集中物资储备，科学筹措，提高对下游电煤消费企业的电煤供应保障能力。

尤其是在电煤供应和陆路运输能力比较紧张的现阶段，为了保障电煤供应，提高电煤物流规模经营效益，特别需要运用现代物流管理理论和方法，构建和优化电煤物流系统。

3. 电煤供应链整体抗风险能力低

每当我国的电煤供不应求或电煤物流过程遇到自然灾害或电煤运输能力出现瓶颈时，电煤供应链均可能发生断裂，并有可能引发局部地区，甚至是全国性的电煤供应危机，可见我国电煤供应链抗风险能力较低。

长期以来，在我国的电煤供应链中，两个价格体系并存，一是国家根据铁路部门对煤炭运力的分配制定的煤炭订货计划价格；二是根据煤炭市场供求关系及运力市场调节机制形成的煤炭采购市场价格。现阶段，只有国家级、大规模的电煤物流活动，才可以享受国家煤炭订货计划价格的优惠，同时运输部门也能提供较低的服务价格和较高的服务保障。

由此可见，位于电煤供应链下端的发电企业只有优化整合电煤供应链资源，提高电煤供应链的整体抗风险能力，才能提高本企业的经济效益和市场竞争能力，否则将无法降低电煤供应链的物流费用，无法获得更好的物流服务，只能依靠加大本企业的库存来降低电煤供应和生产风险。

二、我国电煤物流网络构建研究

电煤物流网络是指在网络经济和网络信息技术的条件下，适应物流系统化和社会化的要求发展起来的，由物流组织网络、物流基础设施网络和物流信息网络三者有机结合而形成的电煤物流服务网络体系的总称。在我国，现阶段构建全国性的电煤物流网络具有特殊而又深远的意义。

（一）网络构建的必要性

1. 外部必要性

（1）经济发展的要求。现阶段我国正逐步转变经济发展方式，不再只注重发展速度，更加注重发展质量和效益，以实现经济又好又快发展。又好又快发展是在经济工作中贯彻落实科学发展观的具体体现，首先是要好，只"快"不"好"的发展不是真"好"，但"好"的发展一定是"快"的发展。我国经济要实现又好又快发展，对我国电煤物流网络的经营模式也提出了基本要求，即在对我国电煤物流网络进行管理的过程中要讲求效益和效率。这就需要作为国家重要物资储备基地的我国电煤物流网点通过提高管理水平实现又好又快发展。

随着电煤物流网络调控国民经济的作用更加突出，电煤物流网络必须较好地发挥对电煤能源供应市场的稳定作用，并且发挥新时期、新阶段电煤物流和储备在市场经济体制下为国家经济建设服务的基本功能和作用。这就要求我国电煤物流网络的构建目标之一是确保在任何情况下都能持续稳定供应电煤，为国家、地方和企业服务。

按照我国电煤物流网络的定位和主要任务，对其基本要求体现在储备力量充实、储存能力完善、全预警体系和应急机制健全等方面。对我国电煤物流网络的管理要求就是在全面执行电煤物流的各项规章制度基础上，创新自身的体制机制、健全自身的法规制度体系、加强自身的队伍建设、健全自身的安全管理长效机制、建立健全自身的监督评估机制。

（2）政治环境的要求。电煤物流网络和电煤储备，对于国家政治稳定、国防安全和国家经济安全的作用是毋庸置疑的。此外，由于某些因素，一些重要的生产、生活资料的价格往往会产生较大波动，导致社会经济失衡，严重时可能扰乱正常的生产生活秩序，影响国家政治的稳定。因此，需要构建我国电煤物流网络，进行必要的电煤储备；通过电煤收储、投放等手段进行宏观调控、应对突发事件，保障国民经济健康、稳定发展。

在这一背景下，我国电煤物流网络必须保证在突发情况发生时，电煤储备能够发挥应有的作用。除了对国家储备的电煤物资要做到保证质量、保证数量、保证安全外，对国家电煤储备的收发作业也需要保证质量、保证速度、保证安全。这对我国电煤物流网络管理的全过程、全系统都提出了更高的要求，但目前国家物资储备普遍存在管理水平不高、现代技术应用能力有待加强、对国家保护性政策依赖性较强等情况，还没形成真正意义上的现代管理体系。因此，迫切需要提升我国电煤物流网络的管理水平。

（3）能源安全的要求。所谓能源安全，是指一个国家或地区可以持续、稳定、及时、足量地以经济的方式获取所需能源的状态或能力。我国电煤物流和储备资源的运用，不仅要考虑经济因素和政治因素，还要考虑社会安全因素，有时后者更为重要。储备电煤被投放使用的过程是缓解和消除突发事件对国民经济的不良影响的过程。从这个角度上讲，加快构建我国电煤物流网络，有利于保障电煤供应。在构建社会主义和谐社会的进程中，困难和挫折在所难免，必须充分发挥电煤储备"稳定器"和"蓄水池"的作用，使不良影响和损失降到最低。在这个过程中，必须依靠高水平的管理体系来完成这项重要的任务。

电煤的救灾调运任务通常具有任务重、时间紧的特点，如无高水平的管理、周到细致的计划安排，很难在较短时间内完成。这对我国电煤物流网络的管理提出了更高的要求，尤其是要充分发挥我国电煤物流网络作用，通过周密的计划与协调，高效率和高效益地完成国家赋予的应急保障任务，是必须通过提升管理水平实现的。

2. 内部必要性

（1）整合物流资源的要求。根据流通经济学理论可知：物资的采购单价随物资的采购数量的变化而变化，如图9-5所示。一般来说，物资采购数量越少，其采购单价越高；物资采购数量越多，采购单价越低。由图9-5可知，为了保障电煤供应，实现电煤供应链的价值最大化，就需要构建全国电煤物流网络，整合电煤需求资源，最大限度地实现电煤的规模化采购与物流，降低各电煤需求企业的采购与物流成本。

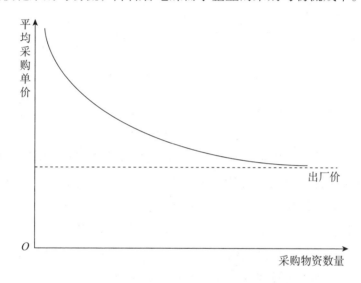

图9-5　物资采购量与采购价格的关系

根据战略采购管理理论也可知：物资的采购优势随物资的采购数量的变化而变化，如图9-6所示。一般来说，企业物资的采购数量越少，其采购优势相对来说就越低；随着物资采购规模的扩大，采购资金运用、物流服务水平、供应及时性等诸多优势相对提升。由图9-6可知，为了保障电煤资源的充分利用，提高电煤供应链下游需求企业的市场竞争优势，就需要构建全国性的电煤物流网络，最大限度地整合电煤的采购与物流资源，以提高需求企业在电煤采购与物流过程中的优势；通过提高电煤采购与物流的优势来解决我国电煤物流企业和发电企业经营不利或在竞争中处于劣势的问题。

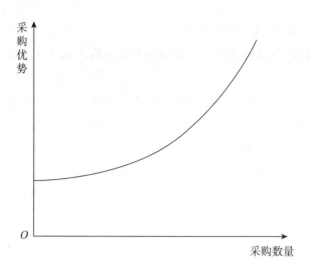

图 9-6　物资采购量与采购优势的关系

作为全国性的电煤物流网络，其突出优势是拥有网络化的物流设施资源，要将这种优势转化为现实的竞争力量，需要引入物流资源整合的理念和方法，通过系统性的技术进步，提升整体运行效率，从而为国民经济与社会发展提供强有力的物资保障。

电煤物流资源整合是现代物流组织管理技术、现代物流装备技术与现代物流信息技术的综合与集成，是保证现代物流发展的重要支撑力量，也是推进电煤生产与流通紧密结合、提升电煤物流运作效率的重要手段。我国电煤物流网络担负着保障国家经济运行中的能源安全的重要功能，提升电煤物流网络的整体保障能力、服务水平、响应速度、运行质量与运行效率是最为重要的一环。因此，电煤物流资源整合将有效增强自身的市场竞争力。

（2）物流金融开拓的要求。现阶段，国内外电煤的价格波动加大，最难以承受的就是我国发电企业。在不改变现有谈判议价模式的基础上，积极探索更先进的电煤经营方式，对于缓解企业由于电煤价格波动带来的资金问题是十分必要的。开拓电煤物流的金融功能，用市场化的金融方式解决电煤物流相关企业面临的资金和经营问题，是有效解决电煤物流问题的重要途径之一，电煤物流金融业务正是在这一需求下产生的。电煤物流金融在借鉴了在其他领域广泛应用的金融技术的基础上，结合我国电煤经营的实际情况，形成新的电煤经营方式。

电煤物流有多种多样的金融业务，根据现阶段我国电煤物流企业的参与能力和市场需求，主要有电煤仓单融资模式和电煤期货市场模式。

在电煤物流金融服务中，仓单融资模式的基本运作原理如下：发电企业等先以其采购的电煤作为质押物或反担保品存入电煤物流网点中，并据此获得协作银行的贷款，然后在其后续生产经营过程中或质押产品的销售过程中分阶段还款。电煤物流企业提供质押物品的保管、价值评估、去向监管、信用担保等服务，从而架起银企间资金融通的桥梁。

这类电煤物流的金融服务，不仅能使发电企业和电煤销售商间接或直接降低经营成本，还可以提供高质量、高附加值的配煤服务，以提高电煤供应链的整体绩效和发电企业资本运作效率。

在电煤物流金融服务中，电煤期货交易的目的是转移电煤价格风险或从中牟利，所以没有价格风险的电煤也就不必进行期货交易。电煤价格越是频繁波动，就越适合进行期货交易。目前，世界电煤的资本市场已发展成传统电煤市场、柜台交易市场（OTC）、期货市场等形式并存的市场。我国是世界电煤生产和消费的第一大国，直至今日还没有具备价格发现和套期保值功能的电煤期货市场。尤其近几年，"煤电矛盾"集中显现，直接影响了国民经济的持续健康发展，迫切需要建立电煤的期货市场，以协调煤电两大行业的关系。在我国建立电煤期货市场，电煤期货价格将真实地反映电煤的供求状况，可为电煤现货市场提供参考价格，也可提高对未来电煤价格走势的预测能力。同时，在电煤期货市场上确定的电煤远期价格，能指导电煤的生产、物流和发电企业进行合理生产和经营，防范电煤价格波动等带来的风险，对电煤价格大幅波动问题将起到一定的防范作用。再有，建立电煤期货市场，还将为电煤的交易双方提供安全、准确、迅速地交易平台，提高交易效率，节约交易成本，并避免交易双方出现资金和债务等问题。

为此，拓展电煤物流金融功能，提供电煤的仓单融资和期货交易等服务，政府和物流相关企业就能利用期货市场预测电煤的供需形势和价格走势，科学地进行宏观调控和微观决策。电煤期货交易等物流金融服务，能够有效解决煤炭企业的均衡生产、实现预期利润等问题；发电企业则通过获得稳定的电煤供应，形成合理的电煤市场价格，通过仓单融资等物流金融服务促进本企业资金的快速周转，大幅降低经营成本，获得良性发展。

（二）网络构建目标

目标是组织和个人活动所希望达到的结果。确定我国电煤物流网络的构建目标，可为评价我国电煤物流网络构建是否成功提供依据。根据构建我国电煤物流网络的必要性分析结果可知，构建我国电煤物流网络的目的就是从基础设施、组织结构、信息管理等方面，对我国现有电煤物流系统进行重构和优化，保证新建的网络能够支撑我国电煤物流网络高效运营。我国电煤物流网络是国民经济社会物流系统和国家能源安全系统的组成部分，其构建目标是获得网络整体的政治效益、社会效益、经济效益及环境效益综合最优。在我国电煤物流网络的网点建设和运营中，除了追求网络整体的综合效益外，也需讲求各自的政治效益、社会效益、经济效益以及环境效益。

构建我国电煤物流网络的具体目标包括以下几点。

我国电煤物流网络的整体目标是确保在任何情况下都能持续稳定地保证电煤供应，为国家、地方和企业服务。

我国电煤物流网点的经营目标是在保障国家和区域能源安全的基础上，为电煤需求者提供高水平物流服务及其延伸服务，以获得必要的经营收益。

构建我国电煤物流网络，要突破尚存的电煤价格计划管理体制和单一的物流服务模式，根据客观实际情况和科学管理的要求加以整合、优化与创新。例如，创建我国电煤物流的金融服务、实现电煤交易的市场化等，使电煤供应链真正实现商流、物流、资金流、信息流和知识流的一体化；在国际金融危机中，还将协助电煤生产企业、电煤物流企业和发电企业平稳度过危机，并从中得到升级与发展的机会。

三、电煤物流网络增值效益分析

为保证我国电煤物流网络构建和运营收益，不仅需要探讨如何提高我国电煤物流网络的增值效益，还需提供解决发电厂经营成本降低、电煤储备规模扩大与储备资金缺乏的矛盾的方法。

（一）集中采购增值效益

我国构建电煤物流网络的主要目的是整合全国电煤需求资源，实施电煤规模化采购与物流，从降低电煤采购价格和电煤供应成本入手，获得网络经营超额利润。

具体来说，我国电煤物流网络的增值效益主要从以下整合过程中获得。

构建电煤物流网络，整合更大量的电煤需求。在电煤采购过程中，在与电煤生产商和电煤供应商的谈判中，代表电煤需求企业获得更多的在采购价格和电煤供应方面的谈判优势，争取以更低的单位电煤采购价格、更高的电煤供应可靠性来获得盈利或经济效益。

构建电煤物流网络，整合更大规模的电煤物流需求，如电煤的铁路运输、公路运输和水路运输需求规模。在与电煤运输企业和专业物流服务商的谈判中，代表电煤需求企业以支付更低的电煤物流费用、更高的电煤物流及时性和物流服务水平获得盈利或经济效益。

构建电煤物流网络，整合更大量的电煤供需规模，可以使各网点购置先进的电煤物流技术设施，建设大型电煤物流基地；以便对电煤物流网络实施网络化、现代化管理，提高电煤物流生产率，降低电煤物流成本，来获取盈利或经济效益。

（二）库存整合增值效益

构建我国电煤物流网络，还可以通过整合全国电煤储备资源，实施网络化和集中化储备，在保障国家能源安全的同时，降低储备成本，以获得网络化、集成化管理的增值效益。

我国电煤物流网络实施集成化储备管理是指若干电煤物流企业和电煤需求企业共同实施联合库存管理模式。首先，作为先进的经营方式和管理理念，电煤集成化储备管理对于优化我国电煤储备资源配置，提高电煤储备质量与经济效益，增强电煤物流企业的竞争力，尤其对电煤供应紧张阶段，以更少的电煤储备保障更多的电煤需求的满足，对保障我国乃至国际能源安全均发挥着不可忽视的重要作用。其次，节约了极其紧张区段的铁路运量，如果将这些运力改运其他货物，那么对于区域经济发展和社会进步的效益不可估量。再次，还可以节约公路、水路运输消耗的燃油量，缓解空气污染等环境问题。最后，可以节约大量因电煤储备而占用的国土资源，使发电厂可充分利用所征土地发展主业。

（三）金融服务增值效益

构建电煤物流网络，使长期以来业界期盼的电煤仓单质押和期货交易等金融增值物流服务成为可能，这样不仅可以根据期货市场中形成的电煤销售价格了解国际、国内市场供求状况，同时还可以提高电煤物流网络经济效益。

在市场经济条件下，电煤价格是根据电煤市场供求状况形成的。电煤期货市场上，来自四面八方的电煤交易者带来了大量供求信息，可为电煤现货市场提供了参考价格，起到电煤物流的"价格发现"作用。

构建电煤物流网络，整合更多的电煤供需者，使建立我国电煤期货市场的条件更加充分。基于我国电煤物流网络推出的电煤期货交易，将为电煤市场参与主体提供明确、合理的近期、中期和远期的价格。该价格可能的变动趋势将为政府和相关企业预测电煤的供求形势和价格走势、进行宏观调控和微观决策提供依据和支持。

对于电煤供需双方来说，依托我国电煤物流网络从事电煤期货交易，能够使电煤生产企业保持均衡生产，锁定生产经营成本，实现预期利润。发电企业则能够获得稳定供应，有利于形成合理的电煤价格，从而促进电煤供需双方的良性发展。

我国电煤物流网络构建后，积极推出煤炭期货。电煤期货市场作为现货市场的延伸，有利于电煤现货市场平稳运行，同时为电煤现货市场提供了参考价格，还有助于完成电煤战略储备任务。

建立煤炭期货市场，电煤物流网络的盈利模式如下。

（1）为投资者提供新的投资工具，有助于电煤产业吸收外来投资，合理利用社会闲置资金，在以"资金流"促进"物流"的现代物流管理过程中获利。

（2）由于电煤物流网络有助于避免诸如协议定价、行政手段等非市场化操作手段的介入，促使电煤走向现代市场流通，网络将从电煤资金流和物流的市场化中获取收益。

（3）由于促使电煤物流资源的合理配置，我国电煤物流网络将逐步形成自己的电煤定价中心，提高我国在国际电煤贸易上的定价话语权。

（四）社会保障增值效益

我国电力工业以火力发电为主，电煤占全部电力生产能源的80%，用于发电的煤炭占每年全国煤炭生产总量的 60%，因此我国电煤物流网络运营水平在相当程度上体现了国家电力供应和国家能源保障能力，社会效益极大。

自 2004 年以来，由于我国电煤供应缺口逐步增大，多个地区的发电厂处于低容量运行中。2008 年年初，由于受全国大范围雨雪冰冻灾害的影响，全国电煤库存一度降至 2 119 万 t，不到正常存煤的一半，供电形势最为严峻的华中地区，因缺煤停机机组容量达 1 022 万 kW，约占国家电网缺煤停机机组总容量的 40%。电煤供应不足直接导致全国各地均出现了用电高峰期拉闸限电现象，给各地的社会生产、人民生活都带来了较大的不便，带来了严重的经济损失，也引起了不小的社会反响。以湖南省为例，2007 年 7 月 23 日至 8 月 12 日，湖南省一共拉闸限电 1.1 万次，限电量共计 5 亿 kW·h，造成机械制造、食品加工、纺织、机电等工业项目共计 41 亿元的损失。

2008 年年初，我国南方各省持续下了近 20 天的暴风雪，使本来就存在的电煤供应危机大规模且集中地爆发了。其中，四川省泸州市生活着 70 多万人的古蔺县至少停电 4 天，县内企业除郎酒厂外全部停电限水停产。江苏全省的电煤库存只剩 4 天半的量，以致省内 89 家企业"放假"，大部分施工建设工地停工。

如果按照上述的限电损失情况计算，我国电煤物流网络的构建，可以通过减少限电损失，避免几百亿元的经济损失。

此外，我国电煤供应紧张带来的社会影响还有如下几方面：①拉闸限电影响居民正常生活用电；②电力生产企业亏损严重，造成全国电价上调；③影响工业企业正常生产，全国工业生产增速放缓，给社会经济发展带来消极影响；④电煤短缺会给国家战略安全带来威胁。

我国电煤物流网络是结合国家新的经济发展状况和国家能源安全的新特点构建的，构建我国电煤物流网络的目标之一是确保在任何情况下都能持续稳定保证电煤供应，为国家、地方和企业服务。电煤物流网络必将在防范突发事件、保卫国家安全过程中，在满足社会应急需求和进行灾害救助过程中发挥积极作用。

综上所述，构建规模化、网络化、具有国家能源战略储备功能的电煤物流网络，新建若干网点，鼓励企业参与网络化经营管理，可以获得非常大的社会效益、非常可观的经济效益以及对国家来说难以估量的政治效益，不但十分必要，而且现实可行。

第十章　区域低碳经济下物流发展案例

第一节　北京市低碳物流系统的构建

随着社会的不断进步、城市的快速发展、人口的增长和人们生活水平的提高，人们对能源的消耗与日俱增，环境问题也日益突出。社会开始关注经济活动与资源环境的共生性，低碳的理念应运而生。物流活动作为社会生产生活必不可少的一部分，对环境也有着重大的影响。把低碳概念引入物流领域，对物流业而言将会是一次全新的革命，其意义不言而喻。本节通过对当前北京市的物流体系进行分析，提出了通过在物流活动中采用资源循环利用的方法来减少城市物流活动的碳排放，在循环物流基础上引入低碳概念，建立北京市低碳物流体系，并从各个方面对新体系进行分析评价。

一、概述

近年来，经济的飞速发展导致资源枯竭和环境恶化问题日益严重，社会开始关注经济活动与资源环境的共生性，低碳经济的理念应运而生。它要求以尽量减少碳排放为原则开展社会经济活动，对经济活动的开展提出了更高的要求，使投入社会经济系统中的所有物质和能源都能得到合理和持久的利用，最大限度提高资源的利用效率和减少温室气体的排放，从而尽可能地降低经济活动对自然环境的影响。

低碳经济这种新型经济增长方式对物流产生了深刻的影响，它要求物流活动和物流管理符合低碳经济要求，向资源节约型、环境友好型的低碳物流转变，形成一种能促进经济和消费健康发展的物流，即低碳物流。低碳物流的目标就是在物流活动中尽量减少碳的排放，提高资源的利用率。它的实现形式多种多样，下面重点研究通过在物流活动中采用资源循环利用的方式来实现低碳物流的方法，即循环物流。

循环物流系统是为满足循环经济发展模式的物流服务需求，由物流服务需求方、物流服务提供方及其他相关机构形成的一个包含所需物流运作要素的网络。与传统单向物流不同，循环物流整合了正向物流和逆向物流，一方面，通过生产和分销满足消费者的需求；另一方面，通过回收废旧物品并进行不同层次的再利用，充分获取其剩余价值，减少废弃物对环境的污染并节约资源。

在城市资源循环利用过程中，资源回收环节将城市固体废弃物转化为城市再生资源，是实现资源循环利用最为关键的一个环节。据 2009 年北京市政协城市生活垃圾处理课题组的调研报告，2007 年全市再生资源回收量为 374.72 万 t，交易额达到 58 亿元。据北京市市政市容管理委员会公布的数据，2009 年全市资源回收利用量约为 400 万 t。据测算，北京市再生资源回收量年均增幅为 8% ～ 10%。

（一）物流客体的现状

社会物流总额是指第一次进入国内需求领域，产生从供应地向接受地实体流动的物品的价值总额。其具体包括 6 个方面的内容，即进入需求领域的农产品物流总额、工业品物流总额、进口货物物流总额、外省市调入物品物流总额、再生资源物流总额、单位与居民物品物流总额。北京市 2016 年、2017 年社会物流总额及其构成情况如表 10-1 所示。

表 10-1　北京市社会物流总额及构成

项　目	2017 年		2016 年		2017 年与 2016 年物流总额的比值 /%
	物流总额 / 亿元	构成 /%	物流总额 / 亿元	构成 /%	
农产品	231.2	0.75	224.0	0.9	103.2
工业品	8 669.9	28.4	7 511.6	29.6	115.4
进口货物	10 951.5	35.8	9 386.8	36.9	116.7
再生资源	229.5	0.75	257.3	1.0	89.2
外省市调入物品	10 409.2	34.1	7 971.5	31.4	130.6
单位与居民物品	62.3	0.2	55.2	0.2	112.9
社会物流总额	30 553.6	100.0	25 406.4	100.0	120.3

（二）物流主体的现状

与城市资源循环利用相关的物流主体包括生产商、销售商、消费者、回收商、物流服务提供商和城市管理者等，对于北京市而言，主要可以分为城市物流的管理主体和运营主体两类。

1. 城市物流的管理主体

根据机构设置、职能划分等情况，目前北京市政府对于物流业进行管理、监督的部门主要有市发展和改革委员会、市商务委员会、市交通委员会、市经济和信息化委员会、市环境保护局等。

城市资源循环利用过程中最为关键的回收环节涉及多个政府管理部门。例如，生活垃圾收集工作由各区县街道办事处、居委会等有关部门负责；生活垃圾清运、处理工作由北京市市政市容管理委员会负责；再生资源回收、利用工作由北京市商务委员会负责；有毒有害垃圾处理由北京市环境保护局负责。

由于城市资源循环利用物流涉及的政府管理部门众多，在实际工作中，多头管理经常造成部门之间缺乏协调、职能交叉、信息沟通不充分、缺乏明确的分工协作机制等问题。

2. 城市物流的运营主体

北京市经营物流业务的企业为 5 000 家左右，从事物流业务的人员达到 40 多万人，占全市总就业人数的 6% 左右。此外，正向物流和逆向物流的运营主体相互独立，各自具有不同的特点。

（1）正向物流的运营主体。正向物流的运营主体由生产商、销售商和物流服务提供商等三类主体组成。北京市的自营物流与社会物流的比例约为 3 ∶ 1。其中，自营物流的运营主体为生产商和销售商，社会物流的运营主体为物流服务提供商。

（2）逆向物流的运营主体。逆向物流的运营主体以回收商为主，物流过程和商流过程结合在一起，同时进行，基本上都是自营物流的方式。目前，北京市的回收商由国有回收企业、私营回收企业和个体回收者 3 类主体组成，并且以个体回收者为主。截至 2009 年，北京市各区县回收企业的从业人员为 11 507 人。个体回收者由于流动性大、分布广，总人数难以统计，估计人数约为 10 万人，绝大多数为外地来京人员。个体回收者从专业分工来看，约有 4 万人蹬三轮车沿街收购废品，人均年收入 1.5 万元；约有 2.5 万人在商场收废品或在饭店收泔水，人均年收入 1.2 万元；约有 2.1 万人扒垃圾桶捡垃圾，人均年收入 1 万元；约有 1 万人在城乡结合部从事废品交易；约有 1 500 人在垃圾堆放场和转运站拾捡垃圾，人均年收入约 8 000 元。

（三）物流载体的现状

下面选取城市物流节点作为城市循环物流系统的载体要素，并分为城市正向物流节点和城市逆向物流节点两类，物流节点同时包含了运输载体、储存载体等基于物流功能划分的物流载体。

对于北京市而言，城市正向物流节点以承载城市产品资源为主，主要包括物流基地、物流中心（综合物流区）和配送中心（专业物流区）3 个层次的物流节点。

目前，北京市基本形成了基于点、线、面相互协调的"三环、五带、多中心"的物流节点布局。最外层是物流基地，主要解决多种运输方式之间的衔接问题，是连接城市内部物流和辐射物流的几个重要的功能最强的节点。中间层是物流中心，解决多个产业的物流问题。最里层是工业、商业及一些专业化的冷链、化工等服务的配送中心。

城市正向物流节点在空间布局上逐步优化，集中度也不断提高。近年来，北京市加快了空港、马驹桥和良乡三大物流基地以及一批物流中心和配送中心的规划与建设，引导全市物流资源由城市中心区向城市外围集中发展。目前，四环路以外的仓库已占全市仓库总数的 75% 以上，大部分物流仓储设施已完成向四环、五环、六环及临近国道和高速公路等交通便利地区移动的空间调整。各类物流节点的年物流处理总量达到 5 000 万 t，约占全市物流总量的 12%。

现阶段，北京市的回收站点以非公有制为主，普遍存在物流设施设备简陋、物流作业方式原始落后等特征。大多数回收站点采取户外作业方式，露天堆放回收品，每个站点基本上只有一台秤，基本上靠手工完成分拣、装卸、搬运等作业。每个回收站点拥有一辆小型载货卡车，因回收品数量的限制，一般隔天运输，物流效率低，规模效益差。回收站点的载货卡车大多比较破旧，存在运输安全隐患，通常情况下在夜间将回收品运往再生资源集散市场，超限超载现象时有发生。

现有的再生资源集散市场多数为摊群式，规模普遍较小，空间布局不合理，物流设施设备和管理水平落后，经营规模小且形式单一，并存在违章用地问题。通常情况下，再生资源集散市场以人工作业为主进行收购和分拣，对回收品进行简单处理，将塑料制品进行打包，将纸制品进行块状压缩后露天堆放，等待运往各个再生资源利用企业。

二、北京市低碳循环物流网络规划方案

北京市是我国的首都、政治文化中心和特大型城市。北京市人口增长迅速，资源相对匮乏，是典型的资源输入型城市。当前，北京市已步入工业化的后半期和城市化快速发展时期，资源供应不足问题必将日益突出，生态建设和环境保护的形势日益严峻。为改变这一现状，北京市积极发展循环经济，建设循环型城市。以北京市为例进行城市循环物流系统构建分析，可以为我国其他特大型城市构建城市循环物流系统提供借鉴。

（一）设计依据与思路

设计依据对制定出合理可行的构建方案具有非常重要的作用。就北京市循环物流系统构建方案而言，设计依据从总体上分为现实依据和理论依据两个方面。现实依据包括北京市资源循环利用的总体现状和发展趋势，资源循环利用相关物流客体、主体总体现状和存在的问题，这些内容在前面已经进行过论述和分析，在此不再赘述。理论依据包括城市循环物流系统的要素、结构、功能和构建机理，以及客体、主体、载体三大要素的构建研究成果。

北京市循环物流系统的构建方案由系统客体构建方案、系统主体构建方案、系统载体构建方案组成，每个方案包括构建基础、构建策略和具体内容等。

（二）系统客体构建方案

1. 构建基础

从城市资源循环的总体情况来看，北京市是资源输入型和资源消费型城市。从城市资源循环相关的物流客体情况来看，北京市再生资源物流总额只占社会物流总额的1%左右，数量和比例均呈下降趋势，说明城市逆向物流所占比重远低于城市正向物流，并且两者在发展上存在不均衡性。

从纸、塑料、电子产品、汽车等重点领域的资源循环各环节来看，其在物流流量和流向等方面具有很多共同特点：在资源生产方面，以外省市和国外制造为主，北京市本地生产物品所占比例很小；在资源消费方面，北京市产品使用量和固体废弃物产生量都很大，环境压力重；在资源回收方面，北京市再生资源的回收率普遍较低；在资源利用方面，北京市主要利用外省市的资源，再生资源的利用率和利用水平不高。

2. 构建策略

由上述构建基础可知，资源回收和利用环节是目前北京市资源循环过程中的薄弱环节，城市产品资源与再生资源的相互联系和转化水平较低，城市资源循环过程中各个环节之间缺乏合理有效的衔接。

北京市循环物流系统的客体构建策略为基于产品生命周期的全过程优化策略，包括时间、空间和循环方式3个层面：优化在城市资源循环利用过程中各环节的时间分配，如延长产品在资源消费环节所用的时间，缩短产品在资源回收和利用环节所用的时间；优化产品在城市资源循环利用过程中各环节的空间配置，如缩短资源回收环节和利用环节之间的距离；优化产品生命周期内的循环方式，优先顺序依次为产品整体的循环、产品零部件的循环和产品材料的循环。

3. 具体内容

根据上述构建策略，同时结合纸、塑料、电子产品和汽车等重点领域资源循环利用的物流特性，针对城市资源循环利用过程中的各个环节制定了下列措施。

（1）资源生产环节。从产品设计的角度考虑以下几个方面：一是提高产品的耐用性，以降低资源消耗的速度，减少生产、运输和废物处理等方面的费用；二是提高产品的功能扩展性，从而在方便产品功能更新的同时降低对资源的利用强度；三是设计有利于资源回收利用的产品，包括产品设计标准化、零部件易于拆卸等。

在选择制作产品的材料时可以考虑以下几点：一是提高单位材料消耗所产生的附加值，能够用更少的材料生产更多的产品；二是尽量降低材料中有害物质的含量，从而提高产品生命周期内的整体环境效益；三是增加再生资源在所用材料中的比例，从而提高城市再生资源的回收率和利用率。

（2）资源销售环节。销售是联系生产和消费的中间环节，不仅可以影响消费者对产品的选择，还可以将市场信息及时提供给生产环节，使生产的产品满足消费需求。因此，销售环节需要引导消费者购买利用再生资源制造的产品，鼓励消费者返还废旧产品及包装物以便重新利用，并提供长期便捷的产品售后维修和保养服务；还需要引导生产者加强对再生资源的利用，同时减少对有害物质的使用。

（3）资源消费环节。在消费环节的前端，鼓励消费者购买简易包装或散装产品，购买使用寿命长、环境友好型的产品，减少一次性产品消费和奢侈性产品消费。在消费环节的末端，引导消费者对可回收利用的城市再生资源进行合理分类，并积极参与废旧产品的回收活动。

（4）资源回收环节。资源回收环节的主要目标是增加城市再生资源的回收种类，提高城市再生资源的回收率，加快城市再生资源的回收速度。在回收环节应考虑以下几个方面：一是拓宽城市再生资源的回收渠道，对经济效益、环境效益和社会效益进行综合考虑，从而增加回收种类和数量；二是减少不必要的回收环节，将资源回收环节扁平化，从而降低物流成本和提高物流效率；三是对城市产品资源进行分类管理，针对不同类别的产品采用不同的循环利用方式，如电子产品和汽车适合对产品或零部件进行循环利用，而纸和塑料产品适合对材料进行循环利用。

（5）资源还原环节。鉴于目前再生资源主要流向外省市的现实情况，北京市应尽量整合和充分利用现有的再生资源加工企业，以重点领域资源循环利用为突破口，集中力量支持一批规模较大的废纸、废塑料、电子废弃物、报废汽车等再生资源加工企业的发展，扩大其生产规模，提高其产业化水平。提高再生资源的本地化利用率，既可以降低北京市对外界资源的依赖程度，又可以减少因再生资源运往外省市而增加的物流成本。

（三）系统主体构建方案

1. 构建基础

目前，在城市物流的管理主体层面，尤其是资源回收环节，政府管理部门众多，因此出现了部门之间缺乏协调、职能交叉、信息沟通不充分、缺乏明确的分工协作机制等问题。在城市物流的运营主体层面，正向物流和逆向物流的运营主体相互独立，各自具有不同的特点，处在不同的发展阶段。逆向物流的发展落后于正向物流，其运营主体以个体回收者为主，物流和商流不分，基本上都是自营物流方式，处于分散、无序状态。

2. 构建策略

根据上述构建基础，北京市循环物流系统的主体构建策略为由城市物流管理主体、城市物流运营主体和消费者3类主体参与的，市场治理和政府治理相结合的治理机制。市场治理机制主要协调生产商、销售商、消费者、回收商和物流服务提供商等主体要素之间的相互关系，以经济手段为主。政府治理机制主要协调以政府为主的城市管理者和其他主体要素之间的相互关系，以法律手段和行政手段为主，以经济手段和其他手段为辅。

3. 具体内容

（1）针对城市管理者的措施。目前城市资源循环利用过程中及相关物流活动中存在多头管理现象，因此需要建立城市资源循环管理体制与工作机制。应借鉴国际经验并结合北京市的实际情况，设立相应管理机构，突出其对城市资源循环利用及相关物流管理的主导作用，发挥制定政策、统筹规划、组织协调、提供服务和市场监控等职能作用。

（2）针对生产商的措施。生产商作为城市产品资源的提供者，既是城市循环物流系统商流的起点，也是物流的起点，其一方面将自然资源转化为城市产品资源，另一方面将城市再生资源转化为城市产品资源。因此，参与式治理策略中的市场治理机制应以生产商为核心，并建立生产商与相关市场交易主体之间长期稳定的合作关系。对北京市而言，应通过法律手段延伸生产商责任，使其不仅对产品制造负责，还对产品消费后产生的废弃物的回收负责，回收业务可以委托销售商和回收商等其他主体完成。

（3）针对销售商的措施。销售商作为联结生产商和消费者的中介，目前主要负责城市资源循环过程中的销售环节。一般来说，销售商回收模式优于生产商回收模式和回收商回收模式。此外，从北京市开展家电"以旧换新"活动的效果来看，销售商在城市再生资源回收方面具有显著优势。因此，应鼓励销售商参与城市资源循环利用过程中的回收工作，将销售业务与回收业务相结合，促进新产品的销售和废旧产品的回收利用。

（4）针对消费者的措施。消费者将城市产品资源转化为城市固体废弃物，既是城市正向物流活动的终点，也是城市逆向物流活动的起点，对于城市资源循环利用过程中各个环节的有效衔接非常重要。因此，一方面，需要引导消费者形成资源节约型和环境友好型的消费模式；另一方面，需要通过经济激励、法律约束等手段促进消费者积极参与和配合城市再生资源的回收利用。

（5）针对回收商的措施。鉴于目前回收商存在的组织化程度低、产业水平低、运营不规范、环境效益差等问题，应采取以下措施：一是规范回收商的收购行为，避免出现扰民等问题，做到既方便消费者出售废旧产品，又严格控制对环境和交通造成的负面影响；二是用公司制管理逐步代替个体经营加摊群市场的运作模式，通过培植集团化企业形成规模效益，提升城市再生资源流通的产业水平；三是加强回收商和生产商之间的合作，提高城市再生资源回收利用的稳定性。

（6）针对物流服务提供商的措施。目前北京市的物流服务提供商主要经营正向物流业务，逆向物流运营主体是各类回收商，城市逆向物流的发展水平远落后于正向物流。因此，引导和鼓励物流服务提供商加入城市再生资源的回收体系，将有助于加快回收行业的组织化和产业化进程，并且能够在整体上提高城市循环物流系统的运作效率。

（四）系统载体构建方案

1. 构建基础

现阶段，北京市的正向物流节点与逆向物流节点在城市管理层面各自规划和建设，在具体经营层面各自独立运行，两者处于相互隔离的状态。物流基地、物流中心、配送中心等城市正向物流节点在政府统一的专项规划下已经形成空间布局比较合理、集中度相对较高的物流网络。城市逆向物流节点依附于以各类回收站点和再生资源集散市场为主的城市再生资源回收体系，建设规模普遍较小，空间布局分散且不合理。

2. 构建策略

根据上述构建基础，北京市循环物流系统的载体构建策略可以是由城市正向物流节点和逆向物流节点组成的物流共同化策略，包括正向物流载体共同化、逆向物流载体共同化和双向物流载体共同化 3 个层面。针对目前北京市的城市逆向物流所占比重远低于城市正向物流，并且两者发展不均衡的问题，在具体措施上应侧重逆向物流载体共同化和双向物流载体共同化两个层面。

3. 具体内容

（1）逆向物流载体共同化。针对目前城市逆向物流节点空间布局分散且不合理、建设规模普遍较小、物流设施设备落后的现实情况，北京市应统一规划包括再生资源回收点和再生资源集散市场在内的城市逆向物流节点，并在收购车辆、收购标志、计量工具、收购价格、收购品种等方面设定统一标准，对逆向物流设施设备进行升级改造。

对于城市再生资源回收点的规划布局，根据《北京市"十一五"时期固体废弃物处理规划》提出的布局原则设置。

对于城市再生资源集散市场的规划布局，可根据目前运营较好的再生资源集散市场的处理能力，估计北京市再生资源集散市场的用地规模，进行布局。

对城市再生资源回收点和再生资源集散市场进行统一规划和布局之后，可以较大程度上减少城市逆向物流节点的数量和需用地量，从而降低城市循环物流系统的整体物流成本，并且有利于实现兼顾经济效益、环境效益和社会效益的系统构建目标。

（2）双向物流载体共同化。双向物流载体共同化是整合具有相似物流特性的城市产品资源和城市再生资源，对城市正向物流节点和逆向物流节点在设施、设备和运输路线等方面建立合作关系。对于北京市而言，可以采取下列措施。

将部分城市再生资源回收点设置在超市、商场等具有物流设施设备的销售终端，这样便于消费者参与再生资源回收活动，也有助于建立销售商回收模式。

将部分城市再生资源集散市场设置在物流中心、物流基地等正向物流节点内部或附近，这样有助于提升城市逆向物流的专业化和产业化水平，也有助于提高城市正向物流设施设备的利用率。

建设集产品制造、再生资源利用于一体的综合工业园区，并配置物流作业区域和物流设施设备，这样有助于整合城市正向物流节点和逆向物流节点的运输路线，也有助于建立城市产品资源和再生资源的双向流通渠道。

三、北京市低碳循环物流系统构建建议

城市低碳物流体系是建立在循环物流的基础上的。城市循环物流系统的建立需要各相关主体的支持，尤其是处于复杂的社会经济系统中时，要确定城市循环物流系统的地位，要协调与其他系统之间的关系，需要法律体系、经济政策、管理机制、宣传教育等方面的支持和配合。因此，对于北京市循环物流系统的构建，提出以下建议。

（一）通过立法明确各主体的责任和义务

法律对于发展循环经济、建设循环型社会至关重要，世界循环经济发展领先的国家无不是通过立法逐步推进循环经济发展的，而我国与循环经济相关的法律不够完善。城市循环物流系统涉及生产商、销售商、消费者、回收商、物流服务提供商和城市管理者等相关主体，在城市资源循环利用过程中存在各主体之间的责任分配问题。因此，有必要分阶段制定、出台相关法规规章及规范性文件，通过立法明确各相关主体的责任和义务，形成有利于促进城市循环物流系统构建的法治环境。

（二）制定经济激励政策，拓宽投资渠道

经济政策是通过一定的经济刺激形式对经济活动进行调节的方法，在实施和操作中具有较大的灵活性，能够降低政策实施成本及社会控制成本。因此，为构建北京市循环物流系统，可以采取有利于城市资源回收利用的税收优惠政策，通过资金补助、贷款贴息等金融政策鼓励和扶持资源回收利用企业，通过押金返还、排污权交易等手段激发公众和企业的积极性。同时，还需要拓宽投资渠道，积极推进城市资源循环利用，推进相关物流企业的市场化、产业化进程，鼓励各类投资主体以多种形式投资发展城市资源循环项目。

（三）健全分类标准，推动城市资源分类循环

从北京市的纸循环现状可以看出，由于废纸分类过于简单，大量废纸中混入了生活垃圾，难以回收。因此，为构建北京市循环物流系统，有必要完善城市再生资源的分类标准，推动城市资源分类循环。具体措施包括出台城市再生资源分类指南，完善社区分类收集设施，引导社会公众对固体废弃物进行分类，并推进分类运输及集中分选设施的建设。

（四）建设物流信息平台

物流信息平台是提供物流信息、技术、设备等资源共享服务的信息平台，具有基础信息服务和管理决策支持的功能。现代物流强调货物流与信息流的同步流动，物流信息

平台对于构建城市循环物流系统这样的大跨度系统具有重要的支持作用，所以有必要建设物流信息平台。物流信息平台建设可以分为3个阶段：第1个阶段是进行城市资源循环利用各参与主体内部的物流信息化建设；第2个阶段是进行城市物流信息平台建设；第3个阶段是实现与外部其他信息网络的对接。

（五）通过宣传教育促使城市居民主动参与

资源循环利用与全体社会成员息息相关，每个社会成员都参与和重视资源循环利用活动，将有利于解决我国的资源与环境问题。因此，为构建北京市循环物流系统，需要通过各种宣传教育手段，促使城市居民积极主动参与。可以充分利用广播、电视、报刊、网络等现代化的宣传工具，广泛开展多层次、多形式的宣传和科普教育，加大对资源循环利用重要性的宣传力度，提高全体社会成员的资源意识和环境意识，使城市居民树立节约资源、保护环境的观念，主动参与城市资源循环利用活动及相关物流活动。

通过在物流活动中循环利用资源，提高资源的利用率，达到在物流活动不减少的情况下，降低物流活动中的碳排放的目的，从而实现低碳物流。

第二节　长江航运的低碳物流创新工程

一、概述

中国是能源消耗大国，节能减排责任重大。在中国，物流业是仅次于制造业的石油消费第二大行业，全行业石油制品消耗占全国的34%左右，二氧化碳排放量占18.9%，并且这一比例仍在逐年上升。而船舶，尤其是内河航运发达的长江流域的船舶，长期以来都是中国物流行业内的能耗和排放大户。因此，以技术创新为先导，以金融创新为依托，提升长江流域物流系统的节能减排能力，走绿色发展之路，已经成为贯彻落实科学发展观，建设资源节约型、环境友好型社会，提高生态文明建设水平的必然选择。

二、长江航运物流现状

（一）航运基础设施和运输装备水平不断提高

长江是中国第一大河，优越的自然条件、悠久的航运历史、广袤的经济腹地和丰富的人文精神使长江享有"黄金水道"的盛名，其货运量大，位居中国内河航运第一位。经过多年的建设，长江航运基础设施和运输装备水平不断提高。目前，长江干线航道南京以下可常年通航30 000 t级海船，乘潮通航50 000 t级海船，武汉以下可通航5 000 t级海船和3 000～5 000 t级内河船舶及其组成的船队，宜昌以下可通航1 000～5 000 t

级内河船舶及其组成的船队。运输船舶总吨位和平均吨位不断提高，船舶运力结构进一步优化，干线船舶平均载重吨位达 750 t。2008 年，长江干线货运量达到了 12.2 亿 t，是美国密西西比河的 2 倍、欧洲莱茵河的 3 倍，成为世界上内河运输最繁忙、运量最大的通航河流。

（二）与内河物流的繁荣相比，长江是能耗和排放大户

在长江流域，共计拥有各种类型运输船舶 60 余万艘，仅省际长途运输船舶年消耗柴油总量就逾 1 462 万 t，折合向大气中排放了 3 964 万 t 二氧化碳和 43.8 万 t 二氧化硫，分别占全国现阶段物流运输行业二氧化碳、二氧化硫排放总量的 4.6% 和 6.1%，随着长江沿岸经济的增长和长江航道通航能力的提升，船舶废气排放量也将随之快速增长。

据有关资料显示，到 2010 年末，长江流域注册在籍的 300 t 以上船舶约有 50 万艘，2008 年中国内贸船用燃油消费量约为 1 900 万 t，其中船用燃料油约为 1 000 万 t，船用柴油约为 900 万 t。随着国内贸易和内河水路运输量的稳定增长，船用燃油需求量还将继续保持增长。因此，以技术创新为先导，以金融创新为依托，大力提升航运物流行业的节能减排能力，走低碳发展之路，将成为贯彻落实科学发展观、建设节约型社会的必然选择。

三、长江航运低碳物流实施方案

（一）总体思路

根据低碳物流的定义，长江航运低碳物流创新工程是典型的直接减排型低碳物流系统问题，其总体思路是理念上强调合同能源管理，组织中强调物流企业与能源管理企业及其他相关企业的合作与利益共享，技术上强调依靠发动机技术的进步，实施中强调物流信息系统发挥的"可视化"作用。因此，其重点工作是通过技术进步与管理创新，如采用清洁能源技术、利用现代信息技术优化运输路线等，在创造经济效益的同时，直接降低航运过程中的能源消耗和温室气体排放。难点是如何通过技术进步与管理创新，实现航运企业经济效益与节能减排的双赢。

长江航运低碳物流创新工程的方案是基于合同能源管理模式，建立长江航运企业、节能服务企业、液化天然气供应企业及其他相关企业的合作机制；进行船舶发动机双燃料技术改造，以新型清洁能源——液化天然气替代大部分柴油；设计基于通信卫星的双燃料船舶燃料消耗远程无线监控系统，由通信卫星来实现双燃料船舶燃料消耗的远程无线监控，并建立相应的液化天然气保障系统，采用公正、公平、公开的手段计量能源节约的"利润"，减少航运企业的资金压力，保障参与各方的经济利益，实现提升长江航运物流企业的技术水平，降低长江流域船舶燃料成本和污染物排放水平的目的。

（二）合同能源管理机制

合同能源管理（Energy Performance Contracting，EPC）从字面上解释即"将能源使用以合同的形式约定"。国家发展改革委员会、财政部、中国人民银行和国家税务总局 2010 年联合上报国务院办公厅并获同意批复的《关于加快推行合同能源管理促进节能服务产业发展的意见》将能源合同管理制度定义为"发达国家普遍推行的、运用市场手段促进节能的服务机制。节能服务公司与用户签订能源管理合同，为用户提供节能诊断、融资、改造等服务，并以节能效益分享方式回收投资和获得合理利润，可以大大降低用能单位节能改造的资金和技术风险，充分调动用能单位节能改造的积极性，是行之有效的节能措施"。

节能服务公司（Energy Management Company，EMC）通过与用能客户签订节能服务合同，为用户的节能项目进行投资或融资，并提供包括节能项目方案设计、原材料和设备采购、施工、监测、培训、运行管理在内的一整套的节能服务。其具有以下优点。

（1）专业的节能技术和成熟的实施方案为项目的实施消除了技术风险。

（2）利用减少的能源费用来支付节能改造项目的成本，降低了用户实施节能项目的资金风险。

（3）EMC 向用户的节能项目投资或提供融资服务，资金来源可能是 EMC 的自有资金、银行商业贷款或者其他融资渠道，帮助用户降低了节能项目的融资风险。

（4）以签订节能服务合同的方式保证用户获得约定的节能效率和足够的节能量，避免用户因项目可能存在的风险而对实施节能项目持保留态度。

（5）EMC 为用户培训设备运行管理人员，负责所安装的设备系统的保养和维护，确保设备系统安全、稳定地运行，从而规避了项目的运行管理风险。

EPC 项目的成功实施，不但提高了能源的利用效率，降低了用户的能耗成本，而且将使介入项目的各方，包括 EMC、用户、节能设备制造商和银行等，都能从中获得相应的收益，从而形成多赢的局面。

同时，EPC 业务也有着良好的社会效益，进行节能技术改造后可有效减少企业污染物（如二氧化硫、二氧化碳等）排放，有助于完成国家提出的节能减排工作目标，有利于建设和谐社会。

在长江低碳物流创新工程实施过程中，长江航运企业、节能服务企业、液化天然气供应企业及其他相关企业签署相关战略合作协议，基于自有知识产权的"液化天然气/柴油船舶双燃料发动机电控系统"核心技术，由节能服务企业承担船舶双燃料改造成本，以自建的沿江液化天然气加气站提供气源保障，在不需要航运企业支付工程成本的基础上，对航运船舶进行升级改造，由于液化天然气价格比柴油便宜，对因使用液化天然气而节约的运营成本，长江航运企业、节能服务企业可按一定比例共享，实现双方共赢。实施合同能源管理，可以在大幅度降低船舶运营成本和有害物质排放的同时，提高船舶在途管理的数字化水平，为加快绿色长江、数字长江建设做出了贡献。

合同能源管理这种节能投资方式允许客户用未来的节能收益为工厂和设备升级，以降低目前的运行成本。通过市场调研发现，目前对内河船舶进行双燃料改造推广的障碍有两方面：一是航运企业面临较大压力，前期一次性投入的工程费用较高，约为60万元，如果全部费用都由航运企业支付，企业难以承受；二是企业缺乏对新技术可靠性、必要性的认识，不愿承担技改风险，难以从国家战略高度来认识和推进项目。因此，引入合同能源管理机制，能够有效规避航运企业的风险，缓解企业在船舶改造过程中的资金压力，提升企业的改造积极性，对于扩大项目影响力具有至关重要的作用。

（三）基于通信卫星的双燃料船舶燃料消耗远程无线监控系统

缺乏公正、公平、公开的手段计量能源节约的"利润"是合同能源管理的实施难点。为了解决这个问题，长江低碳物流创新工程基于"全程可视化"思想，利用北斗卫星系统，设计了基于通信卫星的双燃料船舶燃料消耗远程无线监控系统，由通信卫星来实现对双燃料船舶燃料消耗的远程无线监控，可以对液化天然气物流环节、双燃料船舶和加气站进行全方位、全天候的安全监控。

1. 数据采集系统

数据采集系统由数据采集硬件系统和数据采集软件系统构成。数据采集硬件系统由北斗卫星船载型用户机、工业控制计算机、液体流量计、气体流量计、尾气排放监测仪、通信线路、电源模块、设备数据接口设备等组成；数据采集软件系统采用VC++可视化编程语言和SQL Server 2000数据库技术，对船舶工况信息进行实时采集、处理、存储、显示和打包，通过北斗数据通信链路发送给监控指挥系统。

数据采集系统的具体功能主要有以下几个方面。

（1）实时数据采集和显示功能。由数据采集终端通过串口向各个传感器发送实时数据采集指令，传感器接收到数据采集终端的数据采集指令后，返回相关实时数据；数据采集终端接收到实时数据后，进行处理和存储，最后显示在监控界面上，实现对发动机工况、油气消耗量、排放监测数据等信息的采集和显示。

（2）历史数据查询和报表导出功能。可以选择具体查询的时间段，查询该时间段内所有的历史数据记录，并且可以将所查询的历史数据以Excel表格形式导出。

（3）导航定位与短报文通信功能。可以实时获取船舶的地理位置（经纬度），并通过北斗通信链路将位置信息发送给监控指挥系统，同时可以实现船舶与船舶及船舶与监控指挥系统之间的短报文通信。

（4）预警功能。系统具有预警功能，如果某个工况节点反馈的信息超出正常范围，会发送预警信息（如提示音等），提醒驾驶员采取相关措施，同时会把预警信息发送给监控指挥系统。

2. 监控指挥系统

监控指挥系统由监控指挥硬件系统和监控指挥软件系统构成。监控指挥硬件系统由用户指挥机、数据服务器、监控中心服务器、电源模块、传输线路和通信接口等组成；监控指挥软件系统采用 VC++ 可视化编程语言、SQL Server 2005 数据库技术和 MapX 技术，接收所控船舶的实时工况信息和定位信息，实现所控船舶的实时定位导航、显示等 GIS 系统的相关功能。

监控指挥系统的具体功能主要包括以下几个方面。

（1）定位导航和短报文通信功能。监控指挥软件系统利用 MapX 技术，在电子海图上显示所控船舶的实时地理位置信息，并能对地图进行放大、缩小、漫游、图层管理、鹰眼、历史轨迹回放等功能，还能实现指挥中心与船舶之间的短报文通信功能。

（2）实时数据显示和历史数据查询功能。监控系统软件接收所控船舶发送过来的实时工况信息，并进行处理、存储，最后显示在监控系统界面上，同时还可以查询某个船舶某一时间段内的历史数据，并能把查询结果以 Excel 表格的形式导出。

（3）预警功能。监控系统软件接收所控船舶发送过来的实时工况预警信息，并发出相应的预警信息，如提示音和相关数据颜色的变化等，来提示监控人员采取相应措施，远程指挥所控船舶，从而达到提前预警和消除安全隐患等目的。

（4）系统管理功能。系统按照用户的不同级别，提供一级用户管理权限和二级用户管理权限。其中，一级用户管理员不仅可以监控所控船舶的实时工况信息，还可以修改系统相关参数。二级管理员只能监控所控船舶的实时工况信息，不能修改系统参数。

（5）信息提示功能。对接收和发送的数据有相应的提示功能。三级指挥系统级别划分如下。

①集团企业用户使用的内部监控指挥中心：仅对该企业的船舶进行监控，方便企业统一进行调度指挥并跟踪船舶，提高船舶运营效率和安全。

②地方港区调度指挥中心：向该港区监管部门提供船舶进出港信息数据，以供港区调度参考，提升港区监管部门的工作效率，降低工作难度。

③总控制中心：负责对整个长江物流体系进行监控，通过收集数据、综合分析，及时掌握长江航运状况，能够有效监管航运业，并为国家领导机构提供详尽的数据，方便其了解航运现状，调整航运政策。

该系统对长江航运船舶污染物排放情况进行监控，记录船舶排放总量，汇总后即可得到长江整体节能减排的实际情况，为国家进一步推进低碳经济的发展保驾护航。

基于通信平台的"通信卫星船舶信息采集系统"，通过将燃料消耗计量仪器（燃气、燃油流量计和通信传感器）并入通信监测系统，对船舶燃料消耗情况进行全天候的监控，既避免了占用大量人员进行手工统计节能利润所支出的高昂人力成本，又使得统计的结果透明、公正，对于推进合同能源管理的应用有着现实而深远的意义。

（四）液化天然气供应保障系统

1. 液化天然气供气能力保障

经过十多年的技术开发、市场培育和投资建设，中国已经形成了强大的液化天然气供应能力，液化天然气成为整个天然气供应体系中市场化程度最高、供应能力最强的能源。依托国内陆海气田和油田伴生气资源，目前已经建成液化天然气工厂 60 座，年供气能力为 20 亿 m³；正在建设的大型液化天然气工厂超过 20 座，年供气能力 40 亿 m³。三大石油公司建成或正在建设的液化天然气进口码头 9 个，另外多个项目正在规划中。在此大背景下，项目公司通过 4 个关联公司签订长期供气合同，为长江船舶改造提供供气保障。富地石油投资开发的柳林煤层气区块将为项目供气提供双保险。

2. 液化天然气供气运输能力保障

运输方面，中兴恒和投资集团属下的锦州物流有限公司是中国第三大液化天然气专业物流公司，完全能够满足项目发展需要。另外，北京中兴恒和能源科技有限公司已经开始规划液化天然气运输船的建造，利用长江水路通道，从沿海液化天然气进口码头采购天然气。

在液化天然气仓储与加注方面，北京中兴恒和能源科技有限公司沿长江规划建设 20 个液化天然气仓储与固定式加气设施，第一期约建设 10 个。为满足项目发展需求，将首选通过加气趸船和撬装站满足船舶加气需求。

（五）船舶双燃料发动机技术

燃用柴油、天然气的双燃料动力系统是为了使天然气能够作为柴油发动机的燃料而开发的一种发动机燃料供给控制系统。该系统已经在陆地汽车上得到了成功应用，但用到内河船舶尚属首次。

之所以使用双燃料而非彻底使用天然气单燃料，主要是因为只使用天然气作为燃料需要对原发动机进行较大改动，发动机点火方式应由压燃变为点燃，需要增加点火装置（点火线圈、高压线、火花塞等），需要改变压缩比，并对活塞或缸盖进行改装。而且天然气的润滑作用差，气缸磨损增加，需要使用天然气发动机专用机油，这样除了造成一次性投入过高的问题，还会提高后续的运营成本及维护难度。

系统采用微电子控制技术，通过控制用于引燃的微量柴油量和用于主燃的天然气供给量，使柴油发动机转换成为燃用柴油、天然气的双燃料发动机。与常规动力装置相比，使用这种双燃料发动机不但最大限度地利用了气体燃料，而且大大降低了燃油消耗，可节约燃料 20% ～ 30%。同时，双燃料发动机具有较低的排放。双燃料发动机可以在气体燃料和液体燃料两种模式下交替工作，而且两种模式可自动切换（在停止气体燃料供应时，自动切换到液体燃料模式），发动机不会停止运行。其设计上考虑了系统可靠性、载货量、燃料经济性和环保等各方面因素，系统在安全可靠性、冗余度、机动性、灵活性、可维修性等方面都有良好表现，同时在保护环境方面具有积极意义。

参考文献

［1］ 乔竹.低碳经济下我国"一带一路"省域物流业效率评价［D］.太原：中北大学，2021.

［2］ 王佳南.基于混沌猫群算法的低碳冷链物流配送路径优化［D］.沈阳：沈阳大学，2021.

［3］ 李婧华.低碳发展视角下天津市物流业效率评价研究［D］.昆明：昆明理工大学，2020.

［4］ 姬晓环.物流外包下低碳电商供应链决策与协调研究［D］.济南：山东财经大学，2020.

［5］ 谷丽云.低碳约束下第三方物流F公司综合业绩评价研究［D］.长沙：中南林业科技大学，2020.

［6］ 冒瑞华.低碳经济视角下农村物流演化研究［D］.镇江：江苏大学，2020.

［7］ 舒键.低碳视角下冷链物流配送路径优化研究［D］.西安：西安电子科技大学，2020.

［8］ 王露.低碳背景下中欧生鲜农产品冷链多式联运方案研究［D］.大连：大连海事大学，2020.

［9］ 关婷.低碳经济视角下广东省物流节能减排系统研究［D］.大连：大连理工大学，2020.

［10］ 宋宝磊.低碳视角下区域物流产业效率评价研究［D］.兰州：兰州财经大学，2020.

［11］ 肖林功.物流企业低碳物流商业模式创新的演化博弈研究［D］.邯郸：河北工程大学，2020.

［12］ 张如云.低碳约束下城市建设项目物流优化研究［D］.武汉：武汉理工大学，2020.

［13］ 冷龙龙.低碳物流选址路径问题及超启发算法研究［D］.杭州：浙江工业大学，2020.

［14］ 于萌.基于低碳发展视角下的河北省物流业的效率评价研究［D］.保定：河北大学，2019.

［15］ 王渭.低碳物流网络设计与评价研究［D］.北京：北京交通大学，2019.

［16］ 张祥龙.低碳下技术创新对物流行业可持续发展的驱动作用及对策研究［D］.淮南：安徽理工大学，2019.

［17］李丹丹 . 低碳经济下基于面板数据的区域物流货运结构优化分析［D］. 成都：西南交通大学，2019.

［18］刘海莉 . 基于低碳的欧尚连锁超市农产品冷链配送路径优化研究［D］. 徐州：中国矿业大学，2019.

［19］张刘进 . 低碳政策下电子垃圾逆向物流网络设计研究［D］. 北京：华北电力大学，2019.

［20］陈曲 . 中国物流业低碳发展路径研究［D］. 北京：华北电力大学，2019.

［21］蒋海青 . 开放式低碳选址：路径模型及其算法研究［D］. 杭州：浙江工业大学，2019.

［22］徐俏斌 . 基于软时间窗约束整车低碳配送路径优化问题研究［D］. 南昌：南昌大学，2019.

［23］居加旭 . 回应视角下我国低碳物流发展对策研究［D］. 南昌：华东交通大学，2018.

［24］赵子琪 . 低碳经济视角下果蔬类农产品物流信息系统设计研究［D］. 镇江：江苏大学，2018.

［25］马丁 . 低碳物流影响因素及绩效评价研究［D］. 西安：西安工程大学，2018.

［26］LI M J, WANG J. Spatial-temporal evolution and influencing factors of total factor productivity in China's logistics industry under low-carbon constraints［J］. Environmental science and pollution research, 2022, 29: 883 - 900.

［27］QIAO Z Z, WU P J. Visual analysis of international green logistics research in the past ten years: Research hotspots and evolutionary trends［J］. Open Access Library Journal, 2021, 8: 1–14.

［28］ZHU X N, ZHAO Z Q, YAN R. Low carbon logistics optimization for multi-depot CVRP with backhauls-model and solution［J］. Tehnički vjesnik, 2020, 27（5）: 1617–1624.

［29］CAO L L. Changing port governance model: Port spatial structure and trade efficiency［J］. Journal of Coastal Research, 2020, 95（sp1）: 963.

［30］HOMAYOUNI Z, PISHVAEE M S. A robust bi-objective programming approach to environmental closed-loop supply chain network design under uncertainty［J］. International Journal of Mathematics in Operational Research, 2020, 16（2）: 257.

［31］WANG Z Q, WEN P H. Optimization of a low-carbon two-echelon heterogeneous-fleet vehicle routing for cold chain logistics under mixed time window［J］. Sustainability, 2020, 12（5）: 1–22.

［32］WANG Z, LENG L, WANG S, et al. A hyperheuristic approach for location-routing problem of cold chain logistics considering fuel consumption［J］. Computational Intelligence and Neuroscience, 2020（22）: 1–17.

［33］LI X L. implementation of green logistics management strategy in low carbon economy［J］.

Advances in Higher Education, 2019, 3（4）: 64.

［34］ LIANG Z J, CHIU Y H, LI X C, et al. Study on the effect of environmental regulation on the green total factor productivity of logistics industry from the perspective of low carbon ［J］. Sustainability, 2019, 12（1）: 1–19.

［35］ ZHANG S Y, CHEN N, SONG X M, et al. Optimizing decision-making of regional cold chain logistics system in view of low-carbon economy ［J］. Transportation Research Part A, 2019, 130: 844–857.

［36］ LIU Z K, JIANG Y F, BOLAYOG D. Does "replacing business tax with value-addedtax" promote the energy efficiency of the logistics industry in China? ［J］. Environmental science and pollution research, 2019, 26（32）: 33169–33180.

［37］ Zhang L Y, Tseng M L, Wang C H, et al. Low-carbon cold chain logistics using ribonucleic acid-ant colony optimization algorithm ［J］. Journal of Cleaner Production, 2019, 233, 1: 169–180.

［38］ WANG W, REN Y, BIAN W L, et al. Low-carbon marine logistics network design under double uncertainty of market demand and carbon trading price ［J］. Journal of Coastal Research, 2019, 94（sp1）: 30.

［39］ SHEN L, TAO F M, SHI Y H, et al. Optimization of location-routing problem in emergency logistics considering carbon emissions ［J］. International Journal of Environmental Research and Public Health, 2019, 16（16）: 1–18.

［40］ REN Y J, WANG C X, LI B T, et al. A genetic algorithmfor fuzzy random and low-carbon integrated forward/reverse logistics network design ［J］. Neural Computing and Applications, 2020, 32（7）:2005–2025.